Harjoitellaan!

Salli-Marja Bessonoff • Eila Hämäläinen

Harjoitellaan!

Harjoituksia oppikirjaan *Aletaan ja jatketaan!*

ISBN 978-952-10-7619-0

Copyright	© Salli-Marja Bessonoff
	© Eila Hämäläinen
	© Suomen kielen, suomalais-ugrilaisten ja pohjoismaisten kielten ja kirjallisuuksien laitos
Kuvat	Irma Ahlgrén-Nissinen
Taitto	Olli Örnmark
Ulkoasu ja kansi	Kaisa Ranta
Paino	Hakapaino Oy, Helsinki 2012
Julkaisija	Suomen kielen, suomalais-ugrilaisten ja pohjoismaisten kielten ja kirjallisuuksien laitos
	PL 3 (Fabianinkatu 33)
	00014 Helsingin yliopisto

Tämän julkaisun osittainenkin jäljentäminen ilman kustantajan ja tekijöiden lupaa painamalla, monistamalla, äänittämällä tai muilla tavoin kielletään tekijänoikeuslain nojalla.

Lukijalle

Tämä harjoituskirja on *Aletaan ja jatketaan!*-oppikirjan pari, joka on tarkoitettu käytettäväksi oppikirjan rinnalla. Harjoituskirja seuraa oppikirjan rakennetta. Jokaista kappaletta varten olemme laatineet tehtäviä, joissa harjoitellaan opittavina olevia asioita. Harjoitukset auttavat kieliopin ja sanaston omaksumista ja ohjaavat lukemaan tekstejä. Kunkin kappaleen lopussa on erikseen *Jutellaan!*-osio, josta saa aineksia suullisen taidon harjoitteluun. Kappalekohtaisten harjoitusten jälkeen on tarjolla erillisiä lisäharjoituksia, joissa kiinnitetään huomiota mm. eräisiin pronominen ja verbien käytön kysymyksiin. Kiinnitämme huomiota myös suomeksi kirjoittamiseen, ja siksi kirjassa on kirjoitustehtäviä, jotka liittyvät oppikirjan kappaleiden sisältöön. Kirjoitustehtävät on koottu omaksi osiokseen lisäharjoitusten jälkeen.

Harjoituksia on runsaasti, jotta opiskelijoilla ja opettajalla olisi valinnan varaa. Koska oppikirja on suunniteltu suomen kielellä tapahtuvaan ryhmäopetukseen, yksin opiskeleva tarvitsee ainakin aluksi suomen kieltä osaavan ohjaajan. Harjoituksia voi tehdä kurssilla opettajan johdolla sekä kotitehtävinä. Useat harjoitukset on suunniteltu tehtäviksi pari- tai ryhmätyönä. Korostamme, että kaikkia muitakin harjoituksia tehdessään opiskelijat voivat harjoitella kommunikaatiossa tarvittavia taitoja. Harjoitustekstit ja lauseet voi esimerkiksi aina lukea ääneen, ja lukiessaan niitä voi elävöittää eleillä, ilmeillä ja intonaation vaihtelulla. Tällä tavalla pääsee parityöskentelyssä harjaannuttamaan myös kuuntelutaitoa. Työskentely ei saa

To the reader

This exercise book is a complement to the *Aletaan ja jatketaan!* textbook, has the same outline, and is intended for use alongside it. For each lesson we have designed exercises that allow you to practise what you have learned. They will help you to retain the grammar and vocabulary, and encourage you to read further. All lessons end with a *Jutellaan!* section that gives you material for practising your oral skills. Various additional exercises focus on questions such as the use of certain pronouns and verbs. We also give some attention to writing in Finnish, and therefore include a separate section after the additional exercises containing composition tasks related to the lessons in the textbook.

There are plenty of exercises to give you and your teacher abundant choice. The textbook is intended for group teaching in Finnish, and students studying on their own will need a tutor who knows Finnish, at least at the initial stage. The exercises can be done in class, supervised by the teacher, or as homework. Many of them are designed for pair or group work. We would like to emphasise that you can also practise your communication skills when you are working on the other exercises. You can always read the texts aloud and liven them up with gestures, facial expressions and variations in intonation. In this way, working in pairs, you can also improve your listening olla mekaanista, vaan opiskelijan kannattaa ajatella, mitä lauseissa todella sanotaan ja kuvitella ympärille mahdollisia tilanteita.

Vaikka harjoitukset muuten seuraavat oppikirjan kappaleita, niin sanastoa on oppikirjan ulkopuoleltakin. Avuksi on joihinkin harjoituksiin liitetty sanaluettelo.

Kirjan lopussa on harjoitusten ratkaisut aina silloin kun on mahdollista antaa "oikea vastaus".

Liitteenä on opettajalle tarkoitettuja ideoita ääntämisen harjoitteluun ja siihen, miten kieliympäristöä voisi hyödyntää, jos opettaa suomea Suomessa.

Toivotamme kaikille kirjan käyttäjille työn iloa!

abilities. Your approach should not be mechanical: it is well worth considering what messages the sentences really convey, and imagining potential real-life situations.

On the whole the exercises correspond to the textbook lessons, but they do include some vocabulary that does not feature there. By way of support, a word list is given after some of the exercises.

When there is a "right answer" in the exercises, it is given in the final section of the book.

The Appendix provides the teacher with some ideas for practising pronunciation, and for exploiting the Finnish linguistic environment. Have fun!

Helsingissä huhtikuussa 2012

Helsinki, April 2012

Salli-Marja Bessonoff Eila Hämäläinen

Translation by
Joan and Henrik Nordlund

Sisällys

Kappale 1 9
Kappale 2 11
Kappale 3 12
Kappale 4 15
Kappale 5 22
Kappale 6 25
Kappale 7 32
Kappale 8 35
Kappale 9 41
Kappale 10 47
Kappale 11 51
Kappale 12 55
Kappale 13 63
Kappale 14 66
Kappale 15 68
Kappale 16 70
Kappale 17 76
Kappale 18 85
Kappale 19 94
Kappale 20 98
Kappale 21 107
Kappale 22 110
Kappale 23 114
Kappale 24 118
Kappale 25 128
Kappale 26 135
Kappale 27 141
Kappale 28 146
Kappale 29 152
Kappale 30 158
Kappale 31 162
Kappale 32 166
Kappale 33 173
Kappale 34 175
Kappale 35 179

Kappale 36 183
Kappale 37 188
Kappale 38 191
Kappale 39 195
Kappale 40 198
Kappale 41 200
Kappale 42 206
Kappale 43 211
Kappale 44 214
Kappale 45 220
Kappale 46 224
Kappale 47 229
Kappale 48 234
Kappale 49 237
Kappale 50 244
Kappale 51 250
Kappale 52 255
Kappale 53 263
Kappale 54 265
Kappale 55 268
Kappale 56 277
Lisäharjoituksia 280
Kirjoitustehtäviä 291
Harjoitusten ratkaisut 300
Liite: Ideoita opettajalle 341

Kappale 1

Kappale 1, harjoitus 1

Täytä lomake!

Sukunimi/Sukunimet _____
Etunimi/Etunimet   _____
Maa   _____
Kansallisuus   _____
Kotikieli/Kotikielet _____
Osoite   _____
Puhelinnumero   _____
Sähköposti   _____

Malli:

Sukunimi:	Kiss
Etunimi:	János
Maa:	Suomi
Kansallisuus:	unkarilainen
Kotikielet:	unkari, ruotsi
Osoite:	Kirjakatu 12, 01234 Koulukaupunki
Puhelinnumero:	01 234567
Sähköposti:	janos.kiss@harjoitellaan.fi

täytä (imperatiivi) < täyttää   malli
lomake   sähköposti

Kappale 1, harjoitus 2

Lue mallilauseet!

Suomi on maa, **suomi** on kieli. Minä puhun **suomea**.

Kirjoita samanlaiset lauseet!
Ruotsi – ruotsi, Tanska – tanska, Norja – norja, Islanti – islanti, Viro – viro, Unkari – unkari, Ranska – ranska, Espanja – espanja, Italia – italia, Kreikka – kreikka, Saksa – saksa, Hollanti – hollanti, Venäjä – venäjä, Japani – japani, Kiina – kiina
Jatka!

malli
lauseet < lause

samanlaiset < samanlainen
jatka (imperatiivi) < jatkaa

Kappale 1, harjoitus 3

Jutellaan!

Lue opiskelutoverin kanssa:
– Kuka sinä olet?
– Minä olen Pekka Punttila.
– Oletko sinä suomalainen?
– Kyllä, olen suomalainen.

– Kuka sinä olet?
– Minä olen Erik.
– Oletko sinä suomalainen?
– Ei, en ole. Minä olen ruotsalainen.

Puhu opiskelutoverin kanssa:

– Kuka sinä olet?
– Minä olen ....
– Oletko sinä ....?
– ....

Kysy! Opiskelutoveri vastaa.
Kuka sinä olet? Mikä sinun nimesi on?
Kuka Te olette? Mikä Teidän nimenne on?
Oletko suomalainen? / Oletteko suomalainen?
Puhutko suomea? / Puhutteko suomea?
Puhutko hyvin englantia? / Puhutteko hyvin englantia?
Kuka on Suomen presidentti?
Kuka on Suomen pääministeri?

Kysy vielä jotakin!

jutellaan < jutella
lue (imperatiivi) < lukea
opiskelutoveri
puhu (imperatiivi) < puhua
kysy (imperatiivi) < kysyä
vastaa < vastata

KAPPALE 2

KAPPALE 2, HARJOITUS 1

Katso kuvaa (oppikirjan sivu 17)! Lue seuraavat lauseet!

Opiskelijat ovat kurssilla. He opiskelevat suomea. He istuvat pöydän ääressä.
Opettaja seisoo taulun luona ja kirjoittaa. Vasemmalla on ovi. Se on kiinni.

    katso (imperatiivi) < katsoa   ääressä
    kuvaa < kuva   taulun < taulu
    oppikirjan < oppikirja   luona
    sivu   vasemmalla
    seuraavat < seuraava   ovi
    lauseet < lause   se
    pöydän < pöytä   kiinni

KAPPALE 2, HARJOITUS 2

Jutellaan!

<u>Lue opiskelutoverin kanssa!</u>
– Anteeksi, puhutteko englantia?
– Kyllä, puhun.
– Puhutteko te ruotsia?
– Minä en puhu, mutta opettaja puhuu.

– Puhutteko te ranskaa?
– Emme puhu.

<u>Kysy, kuka puhuu englantia, kuka puhuu ruotsia, kuka puhuu venäjää jne.!</u>

    anteeksi
    kuka
    jne. = ja niin edelleen

Kappale 3

Kappale 3, harjoitus 1

Katso oppikirjan kuvat (sivut 19–20)! Lue seuraavat lauseet! Ovatko ne totta?

a) Ensimmäisen kuvan ihmiset istuvat pienessä huoneessa.
b) Huoneessa on pöytä.
c) Toisessa kuvassa on kauppa.
d) Kaupassa on kuusi asiakasta.
e) Bussissa yksi ihminen seisoo.
f) Puistossa mies seisoo ja lukee.
g) Koira istuu penkin vieressä.
h) Vanha mies ja lapset kävelevät tiellä.

totta	koira
ensimmäisen < ensimmäinen	penkin < penkki
pienessä < pieni	vieressä
pöytä	vanha
toisessa < toinen	mies
kuusi	lapset < lapsi
asiakasta < asiakas	kävelevät < kävellä

Kappale 3, harjoitus 2

Vastaa KYLLÄ tai EI!
Malli: Onko Rooma Italiassa? → Kyllä, se on Italiassa.
　　　　Onko Ateena Italiassa? → Ei, se ei ole Italiassa.

Onko Oslo Norjassa?
Onko Lontoo USA:ssa?
Onko Ateena Kreikassa?
Onko Amsterdam Puolassa?

Jatka! Kysy ja vastaa!

Madrid, Espanja
Wien, Saksa
Lyon, Sveitsi　　　Huomaa: Sveitsissä!
Belgrad, Bulgaria
Vaasa, Suomi

Bern, Sveitsi
Budapest, Unkari
Lissabon, Espanja
Napoli, Kreikka
Tanger, Algeria
Nairobi, Kenia
Addis Abeba, Somalia
Kairo, Egypti   Huomaa: Egyptissä!
Sapporo, Japani
Dhaka, Thaimaa
Sydney, Australia
Chicago, Kanada
Montreal, Kanada
Tokio, Kiina
Hanoi, Vietnam
Praha, Tšekki   Huomaa: Tšekissä!
Pietari, Venäjä   Huomaa: Venäjällä!

Onko Namibia Australiassa?
Onko Hollanti Euroopassa?
Onko Venezuela Etelä-Amerikassa?
Onko Suomi Etelä-Euroopassa?
Onko Islanti Pohjois-Euroopassa?
Onko New York Pohjois-Amerikassa?

    jatka (imperatiivi) < jatkaa   etelä
    vastaa (imperatiivi) < vastata   pohjois- < pohjoinen

KAPPALE 3, HARJOITUS 3

Etsi kartasta seuraavat järvet ja joet! Kirjoita maan nimi!

Nimi   **Maa**
Saimaa (järvi)   Suomi
Seine (joki)
Tonava (joki)
Volga (joki)
Laatokka (järvi)
Niili (joki)
Amazon (joki)
Victoriajärvi

    kartasta < kartta
    järvet < järvi
    joet < joki

Jutellaan!

Lue opiskelutoverin kanssa!
– Missä sinä asut?
– Asun Helsingissä.
– Millä kadulla?
– Meritullinkadulla.
– Oletko opiskelija?
– Olen.
– Missä sinä opiskelet?
– Kielikurssilla.
– Mitä sinä opiskelet?
– Englantia.

Puhu opiskelutoverin kanssa!
– Missä sinä asut?
– Asun ....
– Millä kadulla?
– ....
– Oletko opiskelija?
– ....
– Missä sinä opiskelet?
– ....
– Mitä sinä opiskelet?
– ....

Kysy! Opiskelutoveri vastaa.
Missä maassa sinä asut? Missä maassa sinun kotisi on?
Missä kaupungissa sinun kotisi on?
Opiskeletko kurssilla?
Millä kurssilla?
Missä kurssi on? Missä koulussa? Missä huoneessa?

Kysy vielä jotakin!

kotisi = koti + si
koulu

Kappale 4

Kappale 4, harjoitus 1

Lue seuraavat verbit! Opiskele persoonamuodot, myönteiset ja kielteiset!

opiskele (imperatiivi) < opiskella   kielteiset < kielteinen
myönteiset < myönteinen

olla, puhua, kysyä, seisoa, istua, opiskella, kirjoittaa, opettaa, lukea

minä olen, puhun, kysyn, seison, istun, opiskelen
sinä olet, puhut, kysyt, seisot, istut, opiskelet

me olemme, puhumme, kysymme, seisomme, istumme, asumme, opiskelemme
te olette, puhutte, kysytte, seisotte, istutte, opiskelette

hän on, puhuu, kysyy, seisoo, istuu, opiskelee
he ovat, puhuvat, kysyvät, seisovat, istuvat, opiskelevat

minä kirjoitan, opetan, **luen**   me kirjoitamme, opetamme, **luemme**
sinä kirjoitat, opetat, **luet**   te kirjoitatte, opetatte, **luette**
hän kirjoittaa, opettaa, **lukee**   he kirjoittavat, opettavat, **lukevat**

minä en ole, en puhu, en kysy, en seiso, en istu, en opiskele
sinä et ole, et puhu, et kysy, et seiso, et istu, et opiskele

me emme ole, emme puhu, emme kysy, emme seiso, emme istu, emme opiskele
te ette ole, ette puhu, ette kysy, ette seiso, ette istu, ette opiskele

hän ei ole, ei puhu, ei kysy, ei seiso, ei istu, ei opiskele
he eivät ole, eivät puhu, eivät kysy, eivät seiso, eivät istu, eivät opiskele

minä en kirjoita, en opeta, en **lue**   me emme kirjoita, emme opeta, emme **lue**
sinä et kirjoita, et opeta, et **lue**   te ette kirjoita, ette opeta, ette **lue**
hän ei kirjoita, ei opeta, ei **lue**   he eivät kirjoita, eivät opeta, eivät **lue**

Kappale 4, harjoitus 2

Kirjoita kielteiset lauseet!
Malli: Tänään on maanantai. → Tänään ei ole maanantai.

Pekka on opiskelija. Pekka on ruotsalainen. Hän opiskelee matematiikkaa. Hänen sukunimensä on Virtanen. Minä puhun turkkia. Opiskelet espanjaa. Opettaja kirjoittaa. Opiskelijat lukevat. Tämä on valokuva. Opiskelijat ovat ulkona. Olen kotona. Nyt on syyskuu. Minun syntymäpäiväni on joulukuussa.

    matematiikka   valokuva
    turkki

Kappale 4, harjoitus 3

Kirjoita myönteiset lauseet!
Malli: Pekka ei ole opiskelija. → Pekka on opiskelija.

Tämä opiskelija ei ole ruotsalainen. Minä en ole Pekka. En puhu hyvin suomea. Te ette opiskele englantia. Opettaja ei puhu paljon. Opiskelijat eivät kysy paljon. Tämä ei ole valokuva. Opiskelija ei istu pöydän ääressä. Lauantai ei ole vapaapäivä. Nyt ei ole tiistai. Emme ole kurssilla tiistaina. Hän ei kirjoita hyvin. He eivät lue oikein.

    paljon

Kappale 4, harjoitus 4

Opiskele uudet sanat!
toissapäivänä eilen tänään huomenna ylihuomenna

Vastaa!
Mikä päivä tänään on?
Mikä päivä huomenna on?
Entä ylihuomenna?
Mikä päivä eilen oli?
Entä toissapäivänä?

    opiskele (imperatiivi) < opiskella   sanat < sana
    uudet < uusi   entä

Kappale 4, harjoitus 5

Kirjoita seuraava teksti vihkoon!

Vuodenajat ovat kevät, kesä, syksy ja talvi.
Talvi on pitkä. Se alkaa marraskuussa ja päättyy maalis- tai huhtikuussa.
Marras- ja joulukuussa on pimeä. Tammi- ja helmikuussa on joskus hyvin kylmä.
Kesä on lyhyt mutta kaunis. Kesäkuussa yöt ovat aivan valoisat.

vihkoon < vihko
vuodenajat < vuodenaika
pitkä
tai
pimeä
hyvin
kylmä

lyhyt
mutta
kaunis
yö
aivan
valoisa

KAPPALE 4, HARJOITUS 6

Opiskele seuraavat järjestysluvut!

ensimmäinen, toinen, kolmas, neljäs, viides, kuudes, seitsemäs, kahdeksas, yhdeksäs, kymmenes, yhdestoista, kahdestoista

järjestysluku

Lue!
Tammikuu on vuoden ensimmäinen kuukausi.
Helmikuu on vuoden toinen kuukausi.

> **Jatka!**
> Maaliskuu on ....
> Huhtikuu on ....
> Toukokuu on ....

Lue!
Vuoden kuudes kuukausi on kesäkuu.
Vuoden seitsemäs kuukausi on heinäkuu.

> **Jatka!**
> Vuoden kahdeksas kuukausi on ....
> Vuoden yhdeksäs kuukausi on ....
> Vuoden kymmenes kuukausi on ....

Vastaa!
Monesko kuukausi marraskuu on? Entä joulukuu?

Huomaa kysymys **monesko**! Vastaus on järjestysluku.

huomaa (imperatiivi) < huomata

Kappale 4, harjoitus 7

Opiskele seuraavat päivämäärät!

1.1. = ensimmäinen tammikuuta / tammikuun ensimmäinen päivä
2.2. = toinen helmikuuta / helmikuun toinen päivä
3.3. = kolmas maaliskuuta / maaliskuun kolmas päivä
4.4. = neljäs huhtikuuta / huhtikuun neljäs päivä
5.5. = viides toukokuuta / toukokuun viides päivä
6.6. = kuudes kesäkuuta / kesäkuun kuudes päivä
7.7. = seitsemäs heinäkuuta / heinäkuun seitsemäs päivä
8.8. = kahdeksas elokuuta / elokuun kahdeksas päivä
9.9. = yhdeksäs syyskuuta / syyskuun yhdeksäs päivä
10.10. = kymmenes lokakuuta / lokakuun kymmenes päivä
11.11. = yhdestoista marraskuuta / marraskuun yhdestoista päivä
12.12. = kahdestoista joulukuuta / joulukuun kahdestoista päivä

Järjestysluvut jatkuvat näin:

kolmastoista, neljästoista, viidestoista, kuudestoista, seitsemästoista, kahdeksastoista, yhdeksästoista
kahdeskymmenes
kahdeskymmenesensimmäinen / kahdeskymmenesyhdes
kahdeskymmenestoinen / kahdeskymmeneskahdes
kahdeskymmeneskolmas
kahdeskymmenesneljäs
kahdeskymmenesviides
kahdeskymmeneskuudes
kahdeskymmenesseitsemäs
kahdeskymmeneskahdeksas
kahdeskymmenesyhdeksäs
kolmaskymmenes
kolmaskymmenesensimmäinen / kolmaskymmenesyhdes

Kirjoita seuraavat päivämäärät!
Malli:
1.1. = ensimmäinen tammikuuta / tammikuun ensimmäinen päivä

1.5.
20.6.
25.7.
15.8.
10.9.
2.11.

6.12.
25.12.
19.4.

    päivämäärät < päivämäärä

Kappale 4, harjoitus 8

Opiskele seuraavat sanat!
aamu, päivä, ilta, yö
vuorokausi
vuorokaudenaika

Vuorokaudenaika	Milloin?
aamu	aamulla
aamupäivä	aamupäivällä
keskipäivä	keskipäivällä
päivä	päivällä
iltapäivä	iltapäivällä
ilta	illalla
yö	yöllä

Milloin sanomme "huomenta"?

Kellonaika	Vuorokaudenaika	Tervehdys
Kello on yksi.	On yö.	
Kello on neljä.	On aamu.	
Kello on viisi, kuusi, seitsemän...	On aamu.	Huomenta. Hei!
Kello on puoli yksitoista.	On aamupäivä.	Päivää. Hei!
Kello on kaksitoista.	On keskipäivä.	Päivää. Hei!
Kello on kolmetoista, neljätoista...	On iltapäivä.	Päivää. Hei!
Kello on seitsemäntoista, kahdeksantoista, yhdeksäntoista...	On ilta.	Iltaa. Hei!
Kello on kaksikymmentäneljä.	On keskiyö.	

Kun menemme nukkumaan, sanomme "Hyvää yötä".

    puoli
    mennä nukkumaan

Kappale 4, harjoitus 9

Lue!

Kuinka paljon/Paljonko on viisi plus kaksi (5 + 2)?
Kuinka paljon/Paljonko on yhdeksän miinus kuusi (9–6)?
Kuinka paljon/Paljonko on neljä kertaa kolme (4 x 3)?

Kysy ja vastaa!
Malli: 5 + 2 → Paljonko on viisi plus kaksi? – Viisi plus kaksi on seitsemän.

7 + 16	31 + 13	2 + 19	36 + 8
74 –5	100–82	47–13	90–9
3 x 7	8 x 6	4 x 5	9 x 2

kuinka paljon   paljonko

Kappale 4, harjoitus 10

Lue! Opiskelutoveri sanoo, onko vastaus oikein vai väärin.

Yksi plus seitsemän on yhdeksän.
Kaksi plus kolme on viisi.
Neljä miinus kolme on kaksi.
Kymmenen miinus kaksi on kahdeksan.
Kolme kertaa kolme on yhdeksän.
Kaksi kertaa neljä on kuusi.
Kaksitoista miinus yksitoista on yksi.
Kaksitoista miinus kaksi on yksitoista.
Kaksikymmentäyksi plus kymmenen on kolmekymmentäyksi.

Kappale 4, harjoitus 11

Etsi lehdestä tai Internetistä seuraavien kaupunkien lämpötilat! Lue ne! Opiskelutoveri kuuntelee ja kirjoittaa ne.

Helsinki, Turku, Tampere, Lahti, Lappeenranta, Joensuu, Kuopio, Jyväskylä, Oulu, Rovaniemi
Ateena, Berliini, Budapest, Istanbul, Lissabon, Lontoo, Madrid, Moskova, New York, Oslo, Pariisi, Peking, Pietari, Reykjavik, Rooma, Singapore, Sydney, Tallinna, Tokio, Tukholma, Vancouver, Venetsia, Wien, Zürich

lehdestä < lehti   lämpötilat < lämpötila
seuraavien < seuraava   ne
kaupunkien < kaupunki   kuuntelee < kuunnella

Kappale 4, harjoitus 12

Jutellaan!

<u>Kysy! Opiskelutoveri vastaa.</u>
Oletko aina illalla kotona? Oletko väsynyt aamulla? Opiskeletko yöllä? Oletko kurssilla illalla? Opiskeletko heinäkuussa? Asutko kesällä kesämökissä? Luetko tai katsotko aamulla uutiset? Milloin sinun kotimaassasi on talvi? Onko sinun kotimaassasi talvella kylmä? Onko sinun syntymäpäiväsi talvella?

kesämökki   uutiset
katsoa   kylmä

Kappale 5

Kappale 5, harjoitus 1

Kirjoita oikea pääte!

Hän asuu Tukholma........., Ruotsi........... Hän puhuu ruotsi..........
Hän asuu Moskova........... Hän puhuu venäjä..........
Opiskelet.......... sinä yliopisto..........?
Me opiskelemme englanti..........
Asun Puistokadu........... Me asumme Mäntykadu........... Kuka asuu Kuusitie..........?
Opiskelijat kirjoitta.........., luke.........., kysy.......... ja vastaa..........
Mitä te haluatte kysy..........?
Mi.......... kaupungi.......... sinä asut?
Mi.......... kurssi.......... sinä opiskelet?
Asun tässä talo..........
Kurssi alkaa syyskuu..........
Talve.......... on kylmä, kesä.......... on lämmin.

       oikea   lämmin

Kappale 5, harjoitus 2

Seuraavat nimet eivät ole aakkosjärjestyksessä. Järjestä ne!

A.
Sanna, Minna, Katja, Johanna, Hanna, Heidi, Mari, Anne, Tiina, Satu, Mikko, Jani, Sami, Mika, Janne, Juha, Antti, Marko, Petri, Timo

B.
Virtanen, Korhonen, Nieminen, Mäkinen, Hämäläinen, Laine, Mäkelä, Koskinen, Järvinen, Lehtonen, Heikkinen, Lehtinen, Salminen, Saarinen, Heinonen

C. (Katso ensin sukunimi! Jos on sama sukunimi, katso sitten etunimi!)
Anni Virtanen, Tuula Virtanen, Jorma Virtanen, Eeva Laine, Markku Niemi, Ritva Salonen, Maija Turunen, Seppo Heikkilä, Onni Tuominen, Hannele Salo, Lauri Laitinen, Ville Laitinen, Kari Kinnunen, Matti Jokinen, Erkki Rantanen, Leena Mattila

D.
Helsinki, Tampere, Espoo, Turku, Vantaa, Oulu, Lahti, Kuopio, Pori, Jyväskylä, Kotka, Lappeenranta, Vaasa, Joensuu, Hämeenlinna

aakkosjärjestyksessä < aakkosjärjestys   jos
järjestä (imperatiivi) < järjestää   sama
ensin   sitten

Kappale 5, harjoitus 3

Lue seuraavat nimet ja kotipaikat! Valitse oma nimi!

Jaana Salonen	Eero Eronen	Liisa Virolainen
Lahti	Vesanto	Vihti
Noora Tonteri	Jussi Juusela	Tyyne Hytönen
Posio	Turku	Hyvinkää
Väinö Pääkkönen	Östen Öman	
Närpiö	Töölö	
Toimi Piiroinen	Tuire Kuivanen	Yrjö Lyijy
Soini	Huittinen	Kyyjärvi
Kyösti Hyökki	Väinö Kekäläinen	Saimi Tarvainen
Ryömä	Äiniö	Kainuu
Heikki Leino	Vieno Hietala	Tiina Liukkonen
Seinäjoki	Sievi	Niukka
Jouko Voutila	Lauri Kaukonen	Teuvo Seuranen
Kouvola	Hauho	Peuranka
Tuovi Suominen	Börje Töyry	Kauko Väyrynen
Luopioinen	Töysä	Läyliäinen

kotipaikat < kotipaikka   oma
valitse (imperatiivi) < valita

Kappale 5, harjoitus 4

Jutellaan!

Kysy, mikä opiskelutoverin sukunimi on! Pyydä, että hän sanoo nimen kirjaimet! Kuuntele ja kirjoita nimi!
Malli:
– Mikä sinun sukunimesi on? Voitko sanoa kirjaimet?
– Bessonoff. Bee ee äs äs oo än oo äf äf.

Sano sitten oman nimesi kirjaimet! Opiskelutoveri kuuntelee ja kirjoittaa nimen.

pyydä (imperatiivi) < pyytää
että
sanoa
kirjaimet < kirjain
kuuntele (imperatiivi) < kuunnella
kirjoita (imperatiivi) < kirjoittaa
voitko < voida
oma

Kappale 6

Kappale 6, harjoitus 1

Etsi seuraavat nimipäivät almanakan nimipäiväluettelosta!

Nimi	Miehen vai naisen nimi?	Missä kuussa?
Leena	Naisen nimi	Heinäkuussa
Jouko		
Noora		
Katariina		
Mies		
Tuomas		
Ville		
Maarit		
Kyllikki		
Markus		
Pasi		
Taru		
Matti		
Kyösti		
Lauri		
Sirpa		
Urho		
Harri		
Kalevi		
Satu		

nimipäivä
almanakka
nimipäiväluettelo

miehen < mies
vai
naisen < nainen

Kappale 6, harjoitus 2

Katso almanakkaa ja vastaa: Kenen nimipäivä on ...?
Malli:
– Kenen nimipäivä on kahdeskymmenesyhdeksäs kesäkuuta?
– Pekan ja Pietarin.

ensimmäinen helmikuuta
yhdeksäs joulukuuta
kahdeksastoista tammikuuta

kolmaskymmenes lokakuuta
kolmastoista toukokuuta
viides maaliskuuta
kahdeskymmeneskolmas huhtikuuta
kahdeskymmenesneljäs joulukuuta
toinen heinäkuuta
kymmenes marraskuuta
kymmenes kesäkuuta
yhdeksästoista elokuuta

Milloin sinun syntymäpäiväsi on?
Kenen nimipäivä on silloin, kun on sinun syntymäpäiväsi?

   silloin   kun

Kappale 6, harjoitus 3

Kirjoita maan nimi genetiivissä!
Malli 1: Minkä maan pääkaupunki on Tukholma? → Ruotsin.

Minkä maan pääkaupunki on Oslo?
Minkä maan pääkaupunki on Tallinna?

Malli 2: Wien on Itävallan pääkaupunki.

Kööpenhamina on .... pääkaupunki.
Pariisi on .... pääkaupunki.

Jatka!
Lontoo, Lissabon, Ateena, Ankara, Teheran, Nairobi, Kairo, Peking, Hanoi, Helsinki, Reykjavik

Kappale 6, harjoitus 4

Opiskele seuraavat genetiivit!

Paikan nimi	Nimen genetiivi
Lahti	Lahden
Kristiinankaupunki	Kristiinankaupungin
Lappeenranta	Lappeenrannan
Outokumpu	Outokummun
Tampere	Tampereen
Turku	Turun
Harjavalta	Harjavallan

Opiskele seuraavat muodot!

Genetiivi	Missä?
Lahden	Lahdessa
Kristiinankaupungin	Kristiinankaupungissa
Lappeenrannan	Lappeenrannassa
Outokummun	Outokummussa
Tampereen	Tampereella
Turun	Turussa
Harjavallan	Harjavallassa

KAPPALE 6, HARJOITUS 5

Kirjoita genetiivit!
Malli: tämä vanha opettaja + nimi → tämän vanhan opettajan nimi

tuo vihreä kirja + nimi
tämä paperi + väri
tuo opiskelija + laukku
ranskalainen opiskelija + sanakirja
tämä hyvä hammaslääkäri + osoite

Kirjoita genetiivit!
Malli: opiskelija Pekka Punttila + kuva → opiskelija Pekka Punttilan kuva

opettaja Börje Töyry + työpäivä
tohtori Saimi Tarvainen + puhelinnumero
arkkitehti Noora Tonteri + työpaikka
leipuri Yrjö Lyijy + perhe

KAPPALE 6, HARJOITUS 6

Opiskele seuraavat sanatyypit (nominatiivit ja vartalot)!

-i / -e-   Tämän suuren järven nimi on Päijänne.

-si / -de-   Ensimmäisen kuukauden nimi on tammikuu.

-e / -ee-   Tämän huoneen numero on kolme.

-nen / -se-   Tuon naisen nimi on Liisa.

-in -ime-	Tämän kirjaimen nimi on "see" (C).

-us -ukse-	-ys -ykse-	-os -okse-	-ös -ökse-	Rakennuksen väri on keltainen. Kyproksen pääkaupunki on Nikosia.

-is -ii-	-as -aa-	-äs -ää-	Mikä tuon kauniin tytön osoite on? Missä tuon sairaan lapsen koti on?

sanatyyppi
suuri
järvi
kuukauden < kuukausi
kirjaimen < kirjain
rakennuksen < rakennus

väri
keltainen
kauniin < kaunis
tytön < tyttö
sairaan < sairas
koti

Kappale 6, harjoitus 7

Kirjoita genetiivit ja opiskele sanat!

nimi, kieli, pieni, sieni, saari, vuori, niemi
vuosi, käsi, vesi, susi, uusi
kirje, virhe, kappale, moniste, terve
aikuinen, sininen, valkoinen, punainen, keltainen, suomalainen, ulkomaalainen
avain, puhelin
vastaus, kysymys, harjoitus, rakennus
kallis

Etsi parit! Opiskele sanat! Piirrä maisema!

Genetiivi	Nominatiivi
lammen	joki
mäen	lahti
joen	lampi
lahden	mäki

etsi (imperatiivi) < etsiä
parit < pari
piirrä (imperatiivi) < piirtää
maisema

Kappale 6, harjoitus 8

Kirjoita nominatiivit!

Kenen?	**Kuka?**
Sepon	Seppo
Annikin	Annikki

Mauno Koiviston, rehtori Lahden, ahkeran opiskelijan, suomalaisen opettajan, tumman naisen, kauniin tytön

Minkä?	**Mikä?**
Lappeenrannan	Lappeenranta
Turun	Turku

Marokon, Helsingin, hauskan päivän, punaisen pöydän, mustan tuolin, vihreän taulun, minkä maan, ruman sanan, tämän rakennuksen, vanhan avaimen, ikävän päivän

Kirjoita genetiivit!

Kuka?	**Kenen?**
Ahmed	Ahmedin
Pekka Vuori	Pekka Vuoren

Marjatta, Olli Niemi, kuningatar Silvia, pieni vauva

Mikä?	**Minkä?**
suuri järvi	suuren järven
Itävalta	Itävallan

Englanti, Suomi, tuo mäki, valkoinen paperi, ruskea takki, pitkä katu, uusi yliopisto, mukava kaupunki, keltainen kynä

ahkera	vauva
tumma	mäki
hauska	valkoinen
punainen	paperi
musta	ruskea
tuoli	takki
vihreä	pitkä
ruma	yliopisto
avain	mukava
ikävä	keltainen
kuningatar	kynä

6

Kappale 6, harjoitus 9

Jutellaan!

Lue opiskelutoverin kanssa!

– Mikä sinun kotimaasi on?
– Suomi.
– Mikä Suomen pääkaupunki on?
– Helsinki.

Puhu opiskelutoverin kanssa!

– Mikä sinun kotimaasi on?
– ....
– Mikä .... pääkaupunki on?
– ....

Lue opiskelutoverin kanssa seuraava pieni, vanha puhelinluettelo!

Aho Kaarina Porvoonkatu 6 ....441 289
Alko Kauppakatu 15 ....22 466
Apteekki Karjalankatu 10 .... 28 490
Dahlman Tom insinööri..417 412
Eronen Eero professori Mannerheimintie 95 .... 445 001
Hotelli Hospiz Vaasankatu 14 ....790 754
Jokinen Vesa muusikko Mannerheimintie 95 ....445 887
Kielikoulu Keskuskatu 1 ....431 326
Kuusioja Kirsti valokuvaaja Mäkitie 4 .... 980 650
Lahtinen Ilmari merikapteeni Merikatu 33 ....12 346
Luoma Elli kampaaja Aurorankatu 11 ....445 907
Ojala Irmeli ja Veikko Malminkatu 9 ....456 987
Posti Postikatu 8 ....12 881
Savolainen Urho vahtimestari Kalliontie 7 .... 622 694
Tamminen Eeva hammaslääkäri Minna Canthin katu 1 .... 417 412
Wiik Paavo farmaseutti Helsingintie 53 ....778 643
Ylätalo Esko fil.maist. Rantakatu 4 ....665 111

vanha	merikapteeni
puhelinluettelo	kampaaja
Alko	posti
apteekki	vahtimestari
insinööri	hammaslääkäri
professori	farmaseutti
muusikko	fil. maist. = filosofian maisteri
valokuvaaja	

Kysy! Opiskelutoveri vastaa. Sitten opiskelutoveri kysyy ja sinä vastaat.
Kenen puhelinnumero on ....?
Minkä puhelinnumero on ....?
Mikä on ....:n puhelinnumero?
Mikä on ....:n osoite?

Malli:

Kysymys:	Vastaus:
Kenen puhelinnumero on 417 412?	Se on insinööri Tom Dahlmanin puhelinnumero.
Minkä puhelinnumero on 790 754?	Se on hotelli Hospizin puhelinnumero.
Mikä on Urho Savolaisen puhelinnumero?	Se on 622 694.

Kysy lisää! Opiskelutoveri vastaa ja kysyy sitten.
Kenen puhelinnumeron viimeinen numero on 9?
Kenen puhelinnumeron ensimmäinen numero on 9?
Kenen etunimi on Elli?
Kenen ammatti on muusikko?
Kenen mies on Veikko?
Kenen työpaikka on – ehkä – Karjalankadulla?
Kenen katuosoite on sama kuin professori Erosen?
Minkä kadun nimessä on etunimi ja sukunimi?

    viimeinen   ehkä
    ammatti   sama
    katuosoite   kuin

Tiedätkö sinä ...? Jos et tiedä, arvaa tai kysy, tietääkö opiskelutoveri!

Tiedätkö, missä maassa Kaarle XVI Kustaa ja Silvia asuvat?
Tiedätkö, missä kaupungissa Yhdysvaltojen presidentti asuu?
Tiedätkö, kuka on Venäjän presidentti?
Tiedätkö, kuka on Suomen presidentti?
Tiedätkö, mitä kieltä hampurilaiset puhuvat?
Tiedätkö, mitä kieltä pariisilaiset puhuvat?
Tiedätkö, missä maassa Wien on?
Tiedätkö, missä maanosassa Kiina on?
Tiedätkö, milloin ja missä seuraavat olympialaiset ovat?
Tiedätkö, mitä kello on Ruotsissa, kun se on Suomessa puoli yhdeksän?
Tiedätkö, mitä kello on nyt?

    tiedätkö < tietää   pariisilaiset < pariisilainen
    arvaa (imperatiivi) < arvata   maanosa
    Yhdysvaltojen (genetiivi) < Yhdysvallat   olympialaiset
    presidentti   kello
    hampurilaiset < hampurilainen

Kappale 7

Kappale 7, harjoitus 1

Kirjoita oikea verbin muoto!

mennä	....	sinä tänään illalla ulos?
puhua	....	sinä joka päivä ystäväsi kanssa puhelimessa?
kuunnella	....	sinä musiikkia yöllä?
syödä	....	sinä joka päivä ravintolassa?
pelata	....	sinä jalkapalloa/tennistä/golfia?
käydä	....	sinä saunassa joka lauantai?
opiskella	....	sinä kiinaa?
kirjoittaa	....	sinä runoja?
kysyä	....	sinä usein kelloa?
vastata	....	sinä aina oikein?
istua	....	sinä sisällä viikonloppuna?
jutella	....	sinä junassa ihmisten kanssa?
juoda	....	sinä kahvia kuusi kuppia päivässä?
lähteä	....	sinä nyt kotiin?
riittää	....	kysymykset?

illalla < ilta
tennis
golf
runoja (monikko) < runo
usein
kysyä kelloa = kysyä, mitä kello on
kelloa < kello
aina

viikonloppuna < viikonloppu
juna
ihmisten (monikon genetiivi) < ihminen
kuppi
lähteä
kotiin
kysymykset < kysymys

Jos olet kurssilla, kysy kysymykset! Opiskelutoverit vastaavat.

Kappale 7, harjoitus 2

Opiskele tehdä-verbin persoonamuodot!

minä teen   me teemme
sinä teet   te teette
hän **tekee**   he **tekevät**

Kappale 7, harjoitus 3

Lue oppikirjan teksti "Liian vähän ulkona?" (s. 36)! Teksti on isän ja pojan dialogi. Vastaa kysymyksiin!

1. Mitä poika tekee?
2. Mitä isä haluaisi? (Hän haluaisi, että ....)
3. Miksi poika ei pelaa jalkapalloa?
4. Lähteekö poika heti isän kanssa ulos?

    isä
    pojan < poika
    että

    miksi
    heti

Kappale 7, harjoitus 4

Kertaa vokaaliharmonia! Valitse oikea infinitiivin tunnus!

kuunnel	la/lä	pelä	ta/tä
kävel	la/ä	ajatel	la/lä
men	na/nä	opiskel	la/lä
syö	da/dä	kysy	a/ä
juo	da/dä	nous	ta/tä
pela	ta/tä		

    kertaa (imperatiivi) < kerrata

Kappale 7, harjoitus 5

Kirjoita infinitiivit!

Persoonamuoto	Infinitiivi	Persoonamuoto	Infinitiivi
syön	syödä	kävelevät	
teet		puhun	
opiskelemme		luen	
kysyvät		kuuntelemme	
istutte		pelaa	
juttelen		käy	
juon		kirjoitat	
olemme		vastaan	
menet			

Kappale 7, harjoitus 6

Jutellaan!

Kysy! Opiskelutoveri vastaa.
Mitä haluaisit tehdä tänään?
Mitä teet tänään?

Sitten opiskelutoveri kysyy samat kysymykset ja sinä vastaat.

Näyttele kappaleen verbit! Opiskelutoveri sanoo, mitä teet.

    samat < sama
    kysymykset < kysymys
    näyttele (imperatiivi) < näytellä
    kappaleen < kappale

Kappale 8

Kappale 8, harjoitus 1

Kirjoita lauseeseen sopiva verbin muoto (infinitiivi tai persoonamuoto)!

häiritä	Anteeksi, saanko .... ?
häiritä	Anteeksi, jos minä ....
kysyä	Haluaisin .... jotakin.
opiskella	Kuinka kauan minun täytyy .... suomea,
oppia	jos haluan .... sitä hyvin?
oppia	En tiedä, kuinka nopeasti sinä ....
asua	Missä te .... ?
alkaa	Milloin kielikurssit .... ?
polttaa	Tässä huoneessa ei saa ....
polttaa	.... sinä paljon?
herätä	Minä .... aina aikaisin, myös sunnuntaina.
herätä	Miksi sinun täytyy .... niin aikaisin?
kuunnella	.... te, mitä minä sanon?

lauseeseen < lause jos
sopiva sitä < se
kuinka kauan nopeasti

Kappale 8, harjoitus 2

Opiskele seuraavat verbit!

tietää
minä tiedän, sinä tiedät, hän tietää, me tiedämme, te tiedätte, he tietävät

nousta
minä nousen, sinä nouset, hän nousee, me nousemme, te nousette, he nousevat

levätä
minä lepään, sinä lepäät, hän lepää, me lepäämme, te lepäätte, he lepäävät

valita
minä valitsen, sinä valitset, hän valitsee, me valitsemme, te valitsette, he valitsevat

Kirjoita kielteiset muodot, kaikki persoonat!
tietää, nousta, levätä, valita

Kappale 8, harjoitus 3

Kirjoita myönteinen vastaus!
Malli: Eikö hän tiedä? → Kyllä hän tietää.

Eikö hän lue? Eikö hän kirjoita? Eikö hän opi? Eikö hän opiskele? Eikö hän opeta? Eikö hän ymmärrä? Eikö hän työskentele? Eikö hän lepää? Eikö hän syö? Eikö hän tee ruokaa? Eikö hän osaa tanssia?

    tehdä ruokaa
    ruokaa < ruoka

Kirjoita samat lauseet monikossa, he-muodossa!
Malli: Eivätkö he tiedä? → Kyllä he tietävät.

Kappale 8, harjoitus 4

Kirjoita kielteinen kysymys!
Malli: Tiedätkö sinä? → Etkö sinä tiedä?

Ymmärrätkö sinä? Tuleeko hän? Riittääkö se? Kuunteletko sinä? Muistatteko te? Herääkö hän? Jatkuuko kurssi? Juoko hän kahvia? Juovatko he kahvia? Voitko sinä auttaa? Ovatko he kotona? Tuleeko Pekka? Arvaatko?

    muistaa   arvata
    auttaa

Kappale 8, harjoitus 5

Vastaa!
Malli: Täytyykö sinun herätä aamulla kello viisi? → Täytyy. / Ei tarvitse.

Täytyykö sinun puhua suomea joka päivä?
Täytyykö hänen käydä saunassa joka viikko?
Täytyykö teidän usein seisoa bussissa?
Täytyykö ihmisen olla aina ahkera?
Täytyykö heidän työskennellä yöllä?
Täytyykö minun vastata kysymyksiin?
Täytyykö sinun lähteä?

Kappale 8, harjoitus 6

Muuta lauseet mallin mukaan!

Malli 1: Kuka tekee? → Kenen täytyy tehdä?

Opiskelija lukee. Opettaja puhuu. Pappi työskentelee sunnuntaina. Maalari maalaa. Siivooja siivoaa. Leipuri leipoo. Mikko käy koulua.

    pappi
    maalari
    maalata
    siivooja
    siivota

    leipuri
    leipoa
    käydä koulua
    koulua < koulu

Malli 2: Kenen täytyy tehdä? → Kuka tekee?

Sinun täytyy ymmärtää. Meidän täytyy auttaa teitä. Äidin täytyy tietää. Vahtimestarin täytyy avata ovet. Pienen lapsen täytyy nukkua paljon.

    teitä < te
    äidin < äiti
    avata

    ovet < ovi
    nukkua

Malli 3: Kuka ei tee? → Kenen ei tarvitse tehdä?

Sinä et juo kahvia. Hän ei herää kello kuusi. Me emme pelaa. Isoisä ei käy koulua. Vanha ihminen ei ole työssä. Pekka ei kävele kotiin.

    isoisä

Malli 4: Kenen ei tarvitse tehdä? → Kuka ei tee?

Minun ei tarvitse käydä saunassa. Johnin ei tarvitse kuunnella. Teidän ei tarvitse odottaa. Heidän ei tarvitse tulla. Antin ei tarvitse lähteä kotiin. Kellosepän ei tarvitse kysyä kelloa.

    kelloseppä

Kappale 8, harjoitus 7

Valitse lauseisiin sopivat imperatiivit!

avaa, herää, häiritse, kuuntele, kysy, lue, lähde, odota, osta, valitse, vastaa

Kello on jo kahdeksan. ....!

Opettaja kysyy jotakin. Ole hyvä ja .... !
Ovi on kiinni. .... se!
Tämä on hyvä kirja. .... se!
Haluan kuunnella musiikkia. Ole kiltti, älä .... !
Jorma Hynninen laulaa radiossa. .... !
Jos et tiedä, missä posti on, ... !
Tämä on kaunis ruusu, ja tuo on kaunis, ja myös tuo. Mikä on paras? .... !
.... vain yksi ruusu! Se on kallis.
Älä .... vielä, ... ! Minäkin tulen.

    valitse (imperatiivi) < valita   myös
    lauseisiin < lause   paras
    jo   vain
    kiltti   kallis
    laulaa   vielä
    radiossa < radio   minäkin = myös minä
    ruusu

Kappale 8, harjoitus 8

Valitse -kaa tai -kää!

ol..... hyvä! kuunnel.....! kirjoitta.....! kysy.....! luke.....! vastat.....! arvat.....! muista.....! autta.....! tul.....! men.....! herät.....! nous.....! lähte.....

Kappale 8, harjoitus 9

Kirjoita imperatiivit monikossa!
Malli: Tule tänne! → Tulkaa tänne!
       Älä tule tänne! → Älkää tulko tänne!

Mene pois!
Istu ja odota tässä!
Herää!
Sano jotakin!
Kirjoita tähän nimi ja osoite!

Puhu hitaasti!
Vastaa heti!
Kuuntele!
Osta kumisaappaat!

Älä mene vielä!
Älä odota enää!
Älä kysy niin paljon!
Älä puhu niin nopeasti!

Älä häiritse!
Älä tule tänne!
Älä kuuntele!

tänne
pois
tässä
hitaasti < hidas
heti
tähän
kumisaappaat < kumisaapas

kumi
saapas
(ei) vielä
(ei) enää
niin
paljon
nopeasti < nopea

Kappale 8, harjoitus 10

Jutellaan!

<u>Sano imperatiivimuoto! Opiskelutoveri vastaa kielteisesti.</u>
Malli: tulla → (Sinä sanot:) Tule tänne!
(Opiskelutoveri sanoo:) En tule.

kysyä
vastata
kuunnella
opiskella
lukea

istua
mennä ulos
kirjoittaa postikortti
syödä jotakin

kielteisesti < kielteinen   postikortti

<u>Jatkakaa näin:</u>

– Tule tänne!
– En tule.
– Miksi et tule?
– En halua.
– Tule nyt vaan!
– No hyvä on, minä tulen.

– Kysy!
– En ....
– Miksi et ....?
– En halua.
– Kysy nyt vaan!
– No hyvä on, minä kysyn.

jatkakaa < jatkaa
näin
nyt

vaan = vain
no
hyvä on

8

Sano samat verbit monikon imperatiivissa! Opiskelutoverit vastaavat kielteisesti.
Malli: tulla → (Sinä sanot:) Tulkaa tänne!
(Opiskelutoverit sanovat:) Emme tule.

kysyä   istua
vastata   mennä ulos
kuunnella   kirjoittaa postikortti
opiskella   syödä jotakin
lukea

Jatkakaa näin:

– Tulkaa tänne!
– Emme tule.
– Miksi ette tule?
– Emme halua.
– Tulkaa nyt vaan!
– No hyvä on, me tulemme.

Kysy! Opiskelutoveri vastaa. Sitten hän kysyy ja sinä vastaat.

Pelaatko jalkapalloa?
Käytkö usein saunassa?
Juotko kahvia?
Kuunteletko usein musiikkia?
Luetko paljon?
Osaatko tanssia?
Nukutko hyvin?

Kappale 9

Kappale 9, harjoitus 1

Oppikirjan sivulla 43 on Timon ja Kirsin keskustelu. Lue se ja vastaa kysymyksiin!

Milloin Timo tuli kaupunkiin?
Mitä hän tekee kaupungissa?
Missä hän asuu? (Millä kadulla?)
Kenen luona hän asuu?
Mikä häntä kiinnosti koulussa?
Mikä häntä kiinnostaa nyt?
Mitä Timon äidille kuuluu?
Mitä tiedät nyt Timon siskosta?
Miksi Timo ei kysy, mitä Kirsille kuuluu?

Kirjoita uusi keskustelu! Aloita näin:

KIRSI: Hei, Timo, odota!
TIMO: Kirsi! Hei!
KIRSI: Mitä kuuluu?
TIMO: Kiitos, ei mitään erikoista. Entä sinulle?
KIRSI:
Jatka!

Kappale 9, harjoitus 2

Kirjoita päätteet!
Malli 1: Nousen bussi**in**.   **Malli 2:** Istun bussi**ssa**.

Nousen taksi ....   Istun taksi ....
Nousen juna ....   Istun juna ....
Nousen laiva ....

Malli 3: Nousen pois bussi**sta**.

Nousen pois auto ....
Nousen pois taksi ....

Malli 4: Menen bussi**lla**.

Menen taksi ….. .
Menen juna ….. .
Menen lentokonee ….. .
Menen polkupyörä ….. . (**-lla** vai **-llä**?)

Malli 5: Bussi**n** numero on 18.

Laiva…. nimi on Prinsessa.
Auto…. rekisterinumero on XYZ-123.

Malli 6: Hän on minun ystävä**ni**.

Hän on minun äiti ….. .
Hän on minun isä ….. .

Malli 7: Soitan ystävä**lle**ni.

Soitan äidi…. ni.
Soitan isä…. ni.
Soitan sisko…. ni.
Soitan perhee…. ni.

Malli 8: Soitan ystävi**lle**ni.

Soitan opettaj…. ni.
Soitan sisko…. ni.

päätteet < pääte

Kappale 9, harjoitus 3

Oppikirjan sivulla 44 on Erikin postikortti ystäville. Kortin lopussa Erik pyytää: "Kirjoittakaa!"
Kirjoita vastaus Erikille! Kirjoita, missä olet ja mitä teet ja mitä sinulle kuuluu!

lopussa < loppu
pyytää < pyytää
mitä kuuluu?
kuuluu < kuulua

Kappale 9, harjoitus 4

Lue seuraava teksti! Jos et ymmärrä, arvaa! Lue nopeasti! Älä etsi joka sanaa sanakirjasta! Kuuden sanan alla on viiva. Etsi ne sanat!

Hän herää, kun herätyskello soi. Hän nousee heti sängystä ja avaa ikkunan. Sitten hän käy suihkussa ja <u>pukeutuu</u>. Sen jälkeen hän alkaa lukea sanomalehteä. Hän lukee ja odottaa, että teevesi <u>kiehuu</u>. Hän juo teetä ja syö voileipää. Sitten hän <u>huomaa</u>, että hänen täytyy lähteä. Hän kävelee nopeasti asemalle.

Hän on työssä kahdeksasta neljään. Hän syö kello puoli kaksitoista pienessä kahvilassa työpaikan lähellä. Kello kaksi hän juo kahvia. Kello neljä hän lähtee kotiin. Hän käy kaupassa ja ostaa ruokaa. Kun hän tulee kotiin, hänen koiransa odottaa häntä. Hän menee ulos koiran kanssa. Hän kävelee koiran kanssa metsässä. Sitten hän tulee kotiin ja tekee ruokaa ja syö. Sitten hän nukkuu vähän aikaa.

Mitä hän tekee illalla? Maanantaina hän pelaa tennistä, tiistaina hän soittaa trumpettia pienessä orkesterissa, keskiviikkona hän opiskelee englantia, perjantaina hän käy saunassa. Joskus hän käy elokuvissa. Joskus hän on kotona ja katsoo televisiota tai kuuntelee musiikkia. Joskus hän puhuu ystävänsä kanssa puhelimessa monta tuntia.

Mitä hän tekee sunnuntaina? Joskus hän kirjoittaa ystävilleen, jotka asuvat ulkomailla. Joskus hän käy ystävänsä luona. Usein hän pyöräilee. Ja joka sunnuntai hän tietysti kävelee ulkona koiransa kanssa.

joka = jokainen viiva
kuuden < kuusi ne
alla

Vastaa kysymyksiin!

Kun herätyskello soi, haluaako hän nukkua vielä viisi minuuttia?
Käykö hän aamulla uimahallissa?
Kuunteleeko hän radiota, kun hän odottaa, että teevesi kiehuu?
Syökö hän aamulla paljon?
Meneekö hän junalla työhön?
Kuinka monta tuntia hän on työssä?
Täytyykö hänen käydä kaupassa?
Onko joku kotona, kun hän tulee kotiin?
Mitä koira haluaa?
Kuka tekee hänelle ruokaa?
Nukkuuko hän ruoan jälkeen?
Soittaako hän trumpettia kotona?
Mitä kieltä hän opiskelee?
Minä päivänä hän käy saunassa?
Käykö hän usein elokuvissa?
Katseleeko hän televisiota monta tuntia joka ilta?
Kenelle hän kirjoittaa?
Mitä muuta hän tekee sunnuntaina?

Jos sinä olet tekstin "hän", sinä tiedät, ovatko seuraavat väitteet totta. Kirjoita:
On totta **tai:** Ei ole totta.
Malli: Sinä nouset heti, kun herätyskello soi. → On totta.
Sinä juot aamulla kahvia. → Ei ole totta.

Sinä avaat ikkunan.
Sinä käyt suihkussa aamulla.
Sinä pukeudut ennen kuin alat lukea lehteä.
Sinä juot aamulla teetä.
Sinä syöt aamulla voileipää.
Sinä kävelet bussipysäkille.
Sinun ei tarvitse kävellä nopeasti.
Sinä syöt työpöydän ääressä eväät kello puoli kaksitoista.
Sinä et juo kahvia päivällä.
Sinä käyt joka päivä kaupassa.
Sinä menet ulos koirasi kanssa ennen kuin teet ruokaa.
Sinä vuokraat filmejä kioskista.
Sinä soitat kaupunginorkesterissa.
Sinä puhut joka ilta ystäväsi kanssa puhelimessa.
Sinä pyöräilet paljon.
Sinä poltat.
Sinä siivoat usein.
Sinä et käy saunassa.

      väitteet < väite   eväät
      totta < tosi   ennen kuin

KAPPALE 9, HARJOITUS 5

Opiskele, miten voit vastata, kun joku ei kysy vaan väittää jotakin!

Väite: Sinä olet suomalainen.
Myönteinen vastaus: Niin olen.
Kielteinen vastaus: En ole.

Vertaa:
Kysymys: Oletko sinä suomalainen?
Myönteinen vastaus: Olen. / Kyllä olen. / Joo, olen.
Kielteinen vastaus: En ole.
Joskus kysymme näin:
Väite + kysymys:
Sinä olet suomalainen, eikö niin?
Vastaus: Niin olen.
        En ole.

Voimme kysyä myös näin:
Väite + kysymys:
Sinä olet suomalainen, etkö olekin?
Vastaus: Olen kyllä. / Niin olen.
　　　　En ole.

    miten　　　　　　　　　　vaan
    joku　　　　　　　　　　　väittää < väittää

Kun haluamme tarkistaa, tiedämmekö oikein, voimme kysyä myös niin, että kysymyksessä on pieni lisätavu: -han /-hän:

Sinä**hän** olet suomalainen, eikö niin?
Sinähän olet suomalainen, eikö totta?
Sinähän olet suomalainen, vai mitä?

    tarkistaa　　　　　　　　tavu
    lisätavu

Keskustele opiskelutoverisi kanssa niin, että hän on tekstin henkilö ja sinä teet tarkistuskysymyksiä! Hän sanoo, onko se totta vai ei.
Malli:
– Sinä käyt aamulla suihkussa, eikö niin?
– Niin käyn.
– Sinähän olet työssä kahdeksasta viiteen, vai mitä?
– En ole.

    keskustele < keskustella
    tarkistus

KAPPALE 9, HARJOITUS 6

Jutellaan!

Jatka opiskelutoverin kanssa Timon ja Kirsin keskustelua! Aloittakaa näin:
TIMO: Mutta mitä sinulle kuuluu?
KIRSI: Minä olen ....

Lue opiskelutoverin kanssa seuraavat lauseet! Ne ovat Timon ja Kirsin keskustelusta, mutta puhekielellä. Miten ne ovat kirjakielellä? Etsikää kirjakielen lauseet oppikirjasta sivulta 43!

9

Hei Kirsi! Oota!
Mitä sä teet?
Koulussa sä sanoit aina et sä haluut opiskella englantia.
No joo, sillon mä ajattelin niin. Mut nyt historia kiinnostaa mua.
Mitäs sun äidille kuuluu?
Joo, se on työssä Tukholmassa, yhes sairaalas.
Kuule, anteeks nyt mut nyt mun täytyy mennä.

KAPPALE 10

KAPPALE 10, HARJOITUS 1

Lue oppikirjan dialogit "Arkipäivän tilanteita" (s. 46)! Vastaa kysymyksiin!

Mikä vuorokaudenaika kahdessa ensimmäisessä dialogissa on?
Miksi nainen sanoo: Hsss, hiljaa!
Mikä on uunissa?
Mitä viimeisen dialogin henkilöt haluavat?

kahdessa < kaksi	viimeinen
uuni	henkilö

KAPPALE 10, HARJOITUS 2

Etsi seuraavat verbit sanakirjasta! Kirjoita persoonamuodot ja imperatiivit!
Malli: kirjoittaa →
minä kirjoitan, sinä kirjoitat, hän kirjoittaa,
me kirjoitamme, te kirjoitatte, he kirjoittavat
kirjoita! kirjoittakaa!

odottaa, ottaa, auttaa, soittaa, pitää, lähteä, kääntää, kieltää, ymmärtää, liikkua, lukea, onkia, oppia, kylpeä

Etsi seuraavat sanat sanakirjasta! Kirjoita genetiivi, missä-muoto (-ssa/-ssä ja -lla/-llä) ja monikon nominatiivi!
Malli: pankki → pankin, pankissa, pankilla, pankit

paikka, kirkko, kortti, matto, kauppa,
katu, pöytä, sota, ilta, ranta, virta,
ruoka, jalka, kaupunki, kylpy, kampa

KAPPALE 10, HARJOITUS 3

Opiskele seuraavat verbit!

pelätä: pelkään, pelkäät, pelkää, pelkäämme, pelkäätte, pelkäävät
levätä: lepään, lepäät, lepää, lepäämme, lepäätte, lepäävät

kammata: kampaan, kampaat, kampaa, kampaamme, kampaatte, kampaavat
kerrata: kertaan, kertaat, kertaa, kertaamme, kertaatte, kertaavat
hypätä: hyppään, hyppäät, hyppää, hyppäämme, hyppäätte, hyppäävät
mitata: mittaan, mittaat, mittaa, mittaamme, mittaatte, mittaavat
hakata: hakkaan, hakkaat, hakkaa, hakkaamme, hakkaatte, hakkaavat
pudota: putoan, putoat, putoaa, putoamme, putoatte, putoavat

Kappale 10, harjoitus 4

Lue seuraava teksti ja opiskele uudet sanat!

Haluaisin usein lukea illalla sängyssä, mutta tavallisesti en jaksa kauan valvoa. Kun yritän lukea, parin kolmen sivun jälkeen kirja putoaa. Sammutan lampun ja alan nukkua. Joskus nukahdan kirja kädessä ja silmälasit silmillä, ja silloin lampussa on valo koko yön.

usein
sängyssä < sänky
tavallisesti
en jaksa < jaksaa
kauan
valvoa
yritän < yrittää
pari kolme

joskus
nukahdan < nukahtaa
kädessä < käsi
silmälasit
silmillä < silmä
silloin
koko yön

Kappale 10, harjoitus 5

Jutellaan!

Harjoittele opiskelutoverin kanssa konsonanttivaihtelun konsonanttien ääntämistä!

pp	p	loppu	loput	hyppiä	hypin
p	v	papu	pavut	saapua	saavun
mp	mm	kampa	kammat	kampaan	kammata
tt	t	hattu	hatut	muuttaa	muutan
t	d	katu	kadut	huutaa	huudan
nt	nn	ranta	rannat	kantaa	kannan
lt	ll	silta	sillat	kieltää	kiellän
rt	rr	virta	virrat	siirtää	siirrän
kk	k	kukka	kukat	nukkua	nukun
k	_	laki	lait	lukea	luen
nk	ng	kenkä	kengät	penkoa	pengon

harjoittele (imperatiivi) < harjoitella
konsonanttivaihtelu
konsonanttien (monikon genetiivi) < konsonantti
ääntämistä < ääntäminen
harjoittele ääntämis**tä**

Esitä oppikirjan sivun 46 dialogit opiskelutoverin kanssa! Jos olette kurssilla, esittäkää ne muiden edessä! Kuvitelkaa, missä ne tapahtuvat! On hyvä, jos opiskelette dialogit ensin ulkoa.

esitä < esittää
dialogi
muiden < muut
edessä

kuvitelkaa < kuvitella
tapahtuvat < tapahtua
ensin
ulkoa: opiskella ulkoa

Lue seuraava keskustelu ääneen opiskelutoverin kanssa!

– Onko Suomessa aina kylmä ja pimeä?
– Ei! Nyt on syksy. Sinä tulit tänne myöhään syksyllä. Syksyllä ja talvella on kylmä, ja valoisa aika on silloin lyhyt, päivät ovat lyhyet.
– Niin. Jo kello neljä iltapäivällä on pimeä.
– Mutta kesällä ovat yötkin valoisat.
– Ihanko totta?
– Ihan totta. Etkö tiedä, että Pohjolassa ovat yöt kesäkuussa niin valoisat, että näemme ihan hyvin lukea yöllä ilman lamppua.
– Älä nyt!
– Kyllä. Odota, haen valokuva-albumini. Katso nyt, tässä on hyvä valokuva. Tässä kuvassa on päiväys: 22.6.1990 kello 23.30. Ja kuvassa minä istun ulkona ja luen.
– Uskomatonta. Milloin aurinko laskee?
– Kesäkuun lopussa aurinko laskee Etelä-Suomessa vähän vaille kello 11 illalla ja nousee noin kello 4 aamulla. Mutta vaikka aurinko laskee, ei ole pimeä. Lapissa aurinko ei laske heinäkuussa ollenkaan. Se on koko ajan horisontin yläpuolella.
– Miten ihmiset voivat nukkua, kun koko ajan on valoisa?
– Siihen tottuu.
– Onko Lapissa sitten talvella päivälläkin pimeä?
– Kyllä on. Lapissa on talvella pitkä pimeä aika. Päivällä on vain vähän valoa, on hämärä.
– Kesän ja talven kontrasti on hyvin suuri.
– Niin on.

ääneen
pimeä
myöhään
lyhyt (yksikkö): lyhyet (monikko)
ihanko totta?
ihan totta
Pohjola
näemme < nähdä
ihan hyvin
ilman
ilman lamppua
haen < hakea
valokuva-albumi
valokuva
nyt
päiväys
uskomatonta < uskomaton
laskee < laskea

aurinko
aurinko laskee
yötkin = myös yöt
vaille
nousee < nousta
noin
vaikka
(ei) ollenkaan
koko ajan
horisontin < horisontti
yläpuolella
älä nyt!
siihen < se
tottuu < tottua
siihen tottuu
valoa < valo
hämärä
kontrasti

Keskustelkaa asiasta! Minkälaisia kokemuksia teillä on talvesta ja kesästä?

keskustelkaa < keskustella
asia

minkälaisia (monikko) < minkälainen
kokemuksia (monikko) < kokemus

Sanokaa vastakohdat!

valoisa
pitkä
päivä
sisällä
aurinko laskee

alussa
pieni
nukkua
herätä

KAPPALE 11

KAPPALE 11, HARJOITUS 1

Lue oppikirjan dialogit "Kysymyksiä ja vastauksia" (s. 50)! Vastaa kysymyksiin!

Kenen kanssa laboratoriohoitaja keskustelee? Missä he ovat työssä?
Missä insinöörin isä oli työssä?
Puhuuko dialogin henkilö Savon murretta?
Mitä sana "suomenruotsalainen" tarkoittaa?

KAPPALE 11, HARJOITUS 2

Kirjoita lauseet mallin mukaan!
Malli: Anni Virtanen, Vaasa, Helsinki → Anni Virtanen on kotoisin Vaasasta. Nyt hän asuu Helsingissä.

Erkki Ovaska, Oulu, Espoo
Sirkka Nieminen, Pori, Kemi
Esko Miettinen, Jyväskylä, Kouvola
Hilkka Virolainen, Hämeenlinna, Kuopio
Tuija Nyström, Helsinki, Joensuu

Malli: Ranska, Ruotsi → Hän on kotoisin Ranskasta, mutta asuu nyt Ruotsissa.

Italia, Norja
Espanja, Tanska
Unkari, Suomi
Puola, Saksa
Irlanti, Hollanti
Ruotsi, Kreikka

Turkki, Iran
Vietnam, Belgia
Intia, Pakistan
Portugal, Brasilia
Brasilia, Meksiko
Kiina, Yhdysvallat
    (Yhdysvalloi-)

mukaan: mallin mukaan

Kappale 11, harjoitus 3

Lue luettelo!

Kuuluisia rakennuksia:
Helsingin Musiikkitalo
Turun linna
Tampereen tuomiokirkko
Ruotsalainen teatteri
Eremitaasi
Kumu, Tallinnan taidemuseo
Tukholman kuninkaanlinna
Oslon Viikinkilaivamuseo

Kirjoita sitten, missä turistit ovat ja mistä he tulevat!
Malli: Turistit ovat Ateneumissa. Turistit tulevat Ateneumista.

luettelo
kuuluisia (monikko) < kuuluisa
rakennuksia (monikko) < rakennus
musiikki
talo
Turun < Turku
linna
Tampereen < Tampere
tuomiokirkko
kirkko

teatteri
taidemuseo
taide
museo
kuninkaanlinna
kuninkaan < kuningas
viikinkilaiva
viikinki
laiva

Kappale 11, harjoitus 4

Kirjoita, mistä katsot seuraavat asiat!

Katson ...., mikä hänen puhelinnumeronsa on.
Katson ...., mitä tämä sana tarkoittaa.
Katson ...., mitä televisiossa on tänään.
Katson ...., missä Jyväskylä on.
Katson ...., mitä kaupungin teatterit esittävät.

KAPPALE 11, HARJOITUS 5

Kirjoita, mistä ostat seuraavat tavarat!

Ostan lehdet kioskista.
Ostan kukat ....   Ostan kirjat ....
Ostan postimerkit ....   Ostan hedelmät ....

    tavara   postimerkki
    lehdet < lehti   hedelmä
    kioski

KAPPALE 11, HARJOITUS 6

Kirjoita lauseisiin sopivat sanat!
kuppi, lasi, muki, pullon suu

Juon kahvia pienestä .... ja teetä .... Vettä ja mehua
juon .... Monet juovat olutta ....

    lauseisiin (monikko, Mihin?) < lause   kahvia < kahvi
    kuppi   teetä < tee
    lasi   vettä < vesi
    pullo   mehua < mehu
    suu   monet < moni
    pullon suu   olutta < olut

KAPPALE 11, HARJOITUS 7

Muuta sanat mallin mukaan! Etsi uudet sanat sanakirjasta!

Malli 1: iso lasi → isot lasit

punainen kuppi, halpa kirja, uusi avain, postikortti, hyvä kopiokone, ikävä päivä, rikas ihminen, mukava mies

Malli 2: kalliit liput → kallis lippu

keltaiset lusikat, mustat kissat, kotieläimet, kopiokortit, osoitteet, ihanat illat, kuukaudet, viikot, köyhät ihmiset, vaaleat naiset, terveet lapset

Malli 3: pieni kahvila → pienessä kahvilassa
      suuri tori → suurella torilla

vihreä metsä, valkoinen talo, likainen lattia, kaunis kaupunki, uusi asuntola, kiva huone, sininen tuoli, iso puisto, tämä sauna

Malli 4: pienessä kahvilassa → pieni kahvila
suurella torilla → suuri tori

kuumassa maassa, punaisella matolla, suuressa yliopistossa, päärakennuksessa, tuolla seinällä, vanhassa kirjastossa, uudella pöydällä, harmaassa hatussa, pitkällä kadulla, pienessä kirjakaupassa

muuta (imperatiivi) < muuttaa

KAPPALE 11, HARJOITUS 8

Jutellaan!

Missä ihmiset ovat työssä? Puhu opiskelutoverin kanssa! Etsikää uudet sanat sanakirjasta!
Malli: Opettaja on työssä koulussa.

Missä he ovat työssä?
pankkivirkailija, lääkäri, myyjä, tarjoilija, kirjastonhoitaja, merikapteeni, konduktööri, puutarhuri, leipuri, lipunmyyjä, kokki, näyttelijä
Jatkakaa!

Lue opiskelutoverin kanssa!

– Anteeksi, missähän täällä on posti? Onko täällä jossakin lähellä posti?
– Posti? Joo, tuota, Kauppakadulla on posti.
– Aha. Kiitos.

Tehkää samanlaiset kysymykset ja vastaukset seuraavista sanoista!
pankki, kukkakauppa, ravintola, kahvila, ruokakauppa, kirjasto

Jatkakaa!

Kappale 12

Kappale 12, harjoitus 1

Piirrä pitkä katu ja pitkä rivi rakennuksia! Kirjoita, mitä rakennuksia ne ovat! Kuvittele, että menet kadulla rakennuksesta rakennukseen! Kirjoita lauseita mallin mukaan!
Malli: Menen kauppaan. Olen kaupassa. Lähden kaupasta ja menen postiin. Sitten menen . . .

piirrä (imperatiivi) < piirtää
pitkä
rivi
kuvittele (imperatiivi) < kuvitella

Kappale 12, harjoitus 2

Jos olet kurssilla, tee opiskelutoverisi kanssa seuraava harjoitus! Ota mukaan jonkin kaupungin kartta tai piirrä itse mielikuvituskartta! Kuvittele, että selität puhelimessa jonkin reitin, esimerkiksi asemalta johonkin paikkaan! Toverisi kuuntelee ja kirjoittaa muistiin, mistä mihin reitti kulkee. Sitten annat kartan hänelle, ja hän etsii reitin kartasta.
Malli:
Sinä: Sanon sinulle, kuinka tulet rautatieasemalta meille. Tule ensin Asematielle. Käänny sitten Asematieltä Postikadulle. Jne.
Opiskelutoveri: Lähden rautatieasemalta. Tulen ensin Asematielle. Sitten käännyn Postikadulle. Jne.

ota (imperatiivi) < ottaa
mukaan
ottaa mukaan
jonkin (genetiivi) < jokin
piirrä (imperatiivi) < piirtää
itse
mielikuvitus
mielikuvituskartta

selität < selittää
reitin < reitti
kirjoittaa muistiin
muisti
kulkee < kulkea
annat < antaa
käänny, käännyn < kääntyä

KAPPALE 12, HARJOITUS 3

Vastaa kysymykseen: Mihin menet?

Mihin menet, kun sinun täytyy ostaa kahvia?
                kun sinun täytyy saada lääkettä?
                kun sinun täytyy puhua opettajan kanssa?
                kun sinun täytyy lainata kirja?
                kun sinun täytyy lähettää pikakirje?
                kun sinun täytyy ostaa junalippu?

saada	lähettää
lääkettä < lääke	pikakirje
lainata	junalippu

KAPPALE 12, HARJOITUS 4

Huomaa!
Esine voi olla toisen esineen sisässä tai päällä, pinnalla.
Vertaa:
    Maljakko on kaapissa. Otan sen kaapista. Laitan sen takaisin kaappiin.
    Maljakko on pöydällä. Otan sen pöydältä. Laitan sen takaisin pöydälle.

Joskus sijapääte (-lla/-llä, -lta/-ltä, -lle) ei riitä, vaan meidän täytyy sanoa "päällä", "päältä" ja "päälle":
    Maljakko on kaapin päällä. Otan sen kaapin päältä. Laitan sen takaisin kaapin päälle.

Missä esineet ovat, kun ne ovat pinnalla?
    Tavallisesti: pöydällä, tuolilla, penkillä, sohvalla, hyllyllä, lattialla.
    Mutta esimerkiksi: kaapin päällä, television päällä, uunin päällä, pesukoneen päällä jne.

esine	tavallisesti
sisässä	penkillä < penkki
päällä	hyllyllä < hylly
pinnalla < pinta	lattialla < lattia
ei riitä < riittää	esimerkiksi < esimerkki
päältä	uunin < uuni
päälle	pesukoneen < pesukone

Kappale 12, harjoitus 5

Valitse jokaiseen lauseeseen sopiva sana ja kirjoita se missä-muotoon lauseeseen!

astianpesukone, hella, jääkaappi, kattila, kuppi, lasi, lautanen, maljakko, mikroaaltouuni, pakastin, pesukone, pöytä

Kukkamaljakko on ....
Ruusut ovat ....
Ruoka on ....
Jäätelö on ....
Likaiset sukat ovat ....
Kissa istuu ....

Perunat ovat ....
Kattila on ....
Kala on ....
Lautaset ovat ....
Kahvi on ....
Viini on ....

astianpesukone
hella
jääkaappi
kattila
lautanen
maljakko
mikroaaltouuni
aalto
pakastin
ruusu

kukkamaljakko
ruoka
jäätelö
likaiset < likainen
sukat < sukka
kissa
perunat < peruna
kala
lautaset < lautanen
viini

Kappale 12, harjoitus 6

Kirjoita sanat missä-muotoon (-ssa/-ssä tai -lla/-llä)! Muista että myös adjektiivissa on pääte!

iso kaupunki, tuo katu, vanha kirkko, ruskea matto, köyhä maa, tuo baari, tämä kahvila, tämä tori, vaalea seinä, kylmä lattia, suuri metsä, pieni tuoli, uusi pöytä, sininen bussi, valkoinen talo

muista (imperatiivi) < muistaa
adjektiivi
kirkko
ruskea
matto

köyhä
baari
vaalea
seinä
bussi

Kappale 12, harjoitus 7

Kirjoita sana oikeaan muotoon (Missä? tai Mihin?)

Koira nukkuu (kori). Koira hyppää (kori). Mies istuu (vene) ja onkii. Haluaisin matkustaa (Tokio). Lapset istuvat (lattia) ja leikkivät. Lähdetkö minun kanssani (ravintola)? Opiskelijat eivät tule (kurssi) huomenna. Timo ja Kirsi tapaavat (katu). He juovat kahvia (baari). Lapset menevät (kylpyhuone). He menevät (kylpy). He ovat (kylpy) kauan. Haluaisitko muuttaa (Järvenpää)? Haluaisin muuttaa (pieni kaupunki), esimerkiksi (Porvoo). On mukava asua (pieni kaupunki). Näyttelijät ovat työssä (teatteri). Haluaisitko lähteä lauantaina (teatteri)? Ystäväni asuu (Rovaniemi). Matkustan (Rovaniemi) ensi torstaina. Pekka pelaa jalkapalloa (urheilukenttä). Jaana Salonen laulaa (kirkkokuoro). Menen (kirkko). (Kirkko) on konsertti. Saat polttaa vain (parveke). Ole hyvä ja mene (parveke), jos haluat polttaa.

koira
hyppää < hypätä
kori
vene
onkii < onkia
leikkivät < leikkiä
minun kanssani
kylpyhuone
kylpy

kauan
muuttaa
näyttelijät < näyttelijä
teatteri
urheilukenttä
kirkkokuoro
kuoro
konsertti
parveke

KAPPALE 12, HARJOITUS 8

Kertaa konsonanttivaihtelu!

Vahva	Heikko
kk	k
k	–
nk	ng
pp	p
p	v
mp	mm
tt	t
t	d
nt	nn
lt	ll
rt	rr

Kirjoita illatiivimuodot! Illatiivissa on vahva konsonantti!

Missä?   **Mihin?**
kirkossa
joessa (joki)
mäessä (mäki)

kengässä
Helsingissä
lampussa
kaupassa
kylvyssä
kammassa
lammessa (lampi)
hatussa
sodassa
rannassa
Englannissa
kullassa
parrassa

kertaa (imperatiivi) < kerrata   lampi
joki   sota
mäki   ranta
kenkä   kulta
kampa   parta

KAPPALE 12, HARJOITUS 9

Muuta sanat mallin mukaan!
Malli 1: Mistä? → Mihin?
    isosta talosta → isoon taloon
    pitkältä kadulta → pitkälle kadulle

pienestä kahvilasta, pitkältä penkiltä, valkoisesta talosta, kauniista kaupungista, puhtaalta lattialta, uudesta asuntolasta, siniseltä tuolilta, kivasta huoneesta, isosta puistosta, tästä saunasta

penkki   lattia
valkoinen   uudesta < uusi
talo   tuoli
kauniista < kaunis iso
puhtaalta < puhdas tästä < tämä

Malli 2: Mihin? → Mistä?
    isoon taloon → isosta talosta
    pitkälle kadulle → pitkältä kadulta

kuumaan maahan, suureen yliopistoon, punaiselle matolle, päärakennukseen, tuolle seinälle, vanhaan kirjastoon, uudelle pöydälle, harmaaseen hattuun, vihreään metsään

punainen	vanha
matto	harmaa
päärakennus	hattu
seinä	metsä

Malli 3: Mikä? → Mihin?
  talo → taloon
  tori → torille

päärakennus, matto, uimahalli, vene, nurkka, pöytä, kaunis kaupunki, Lappeenranta, Porvoo, Jyväskylä, Tampere, Pietari, Bryssel, Kypros

uimahalli	nurkka
vene

Malli 4: Mihin? → Mikä?
  taloon → talo
  torille → tori

Lahteen, Espooseen, Madridiin, Vantaalle, parvekkeelle, huoneeseen, puhelimeen, kenkään, jokeen, järveen, rannalle, samaan kerrokseen

joki	kerros

Kappale 12, harjoitus 10

Muuta lause mallin mukaan!
Malli: Helsingistä on pitkä matka Ouluun. → Oulu on kaukana Helsingistä.

Turusta on pitkä matka Lappeenrantaan.
Kouvolasta on pitkä matka Kuopioon.
Kouvolasta ei ole pitkä matka Lahteen.
Onko Helsingistä pitkä matka Espooseen?
Suomesta on pitkä matka Afrikkaan.
Täältä on pitkä matka kotiin.

Kappale 12, harjoitus 11

Jos olet kurssilla, tehkää tämä harjoitus yhdessä! Jokainen kirjoittaa pienelle lapulle jotakin, mitä toisen täytyy tehdä. Kerätkää laput! Jokainen ottaa sitten yhden lapun ja lukee, mitä hänen täytyy tehdä, ja tekee sen. Tehtävä on sellainen, että opiskelijan täytyy siirtää esine paikasta toiseen.

Esimerkiksi:

Pöydällä on sanomalehti. Etsi lehdestä suomalaisen poliitikon (urheilijan, taiteilijan jne.) kuva. Leikkaa kuva lehdestä. Pane kuva seinälle.

Ota sanakirja opettajan pöydältä. Pane se pieneen muovipussiin. Pane muovipussi isoon paperikassiin.

Oven vieressä on roskakori ja tuoli. Pane roskakori tuolille.

Jne.

yhdessä
jokainen
lapulle < lappu
toisen < toinen (= toinen opiskelija)
kerätkää (imperatiivi) < kerätä
yhden lapun < yksi lappu
tehtävä
sellainen
siirtää
paikasta < paikka
toiseen < toinen
paikasta toiseen
 = yhdestä paikasta toiseen paikkaan

etsi (imperatiivi) < etsiä
poliitikko
urheilija
taiteilija
leikkaa (imperatiivi) < leikata
pane (imperatiivi) < panna
muovipussi
iso
paperikassi
roskakori

KAPPALE 12, HARJOITUS 12

Jutellaan!

Lue opiskelutoverin kanssa!
– Meneekö tämä bussi Lahteen?
– Ei mene. Tämä menee Porvooseen.

Tehkää samanlaiset dialogit seuraavista nimistä ja sanoista!
– Meneekö tämä bussi ....?
– Ei mene. Tämä menee ....

Pori, Jyväskylä, Oulu, Vaasa, Tampere, Espoo, Vantaa; Mannerheimintie, Hämeentie, Kauppatori, rautatieasema, Rantakatu, keskusta
Jatkakaa!

nimistä < nimi   sanoista < sana

12

<u>Lue opiskelutoverin kanssa!</u>
– Tiedätkö sinä, mistä Anni Virtanen on kotoisin?
– Hän on kotoisin Vaasasta. Hänen isänsä ja äitinsä asuvat Vaasassa. Lomalla hän matkustaa Vaasaan.

<u>Tehkää yhdessä samanlaiset dialogit seuraavista nimistä!</u>
Tuija Nyström, Helsinki
Erkki Ovaska, Oulu
Sirkka Nieminen, Pori
Esko Miettinen, Jyväskylä
Hilkka Virolainen, Hämeenlinna
Ulla Mattsson, Maarianhamina
Bengt Lindfors, Tukholma
Hans Hofmann, Köln
Rosemarie Schreiber, Wien
Anna Molnár, Budapest
Cecile Dumont, Pariisi
Ernesto Ricci, Rooma
Irina Stepanova, Petroskoi
Akiko Tanaka, Tokio

Kappale 13

Kappale 13, harjoitus 1

Kirjoita kaikki kulkuneuvon nimet, jotka tiedät suomeksi!
auto, bussi ...

Kirjoita sitten lauseet mallin mukaan! (Millä kulkuneuvolla mihin?)
Malli:
  Haluaisin matkustaa autolla Lappiin.
  Haluaisin matkustaa bussilla Keski-Eurooppaan.
  Jne.

> kulkuneuvo
> jotka (monikko) < joka
> Lappi
> Keski-Eurooppa

Kappale 13, harjoitus 2

Harjoittele käydä- ja mennä-verbiä!
Malli: kahvila, ravintola → Käyn tavallisesti kahvilassa, mutta nyt menen ravintolaan.

kirjasto, kirjakauppa
teatteri, konsertti
tori, kauppa
pieni kauppa, tavaratalo
suihku, kylpy
työ, kurssi
Vantaa, Espoo
Tampere, Lappeenranta
Länsi-Suomi, Itä-Suomi
Kreikka, Espanja

> tavaratalo
> suihku
> kylpy
> Länsi-Suomi
> Itä-Suomi

Kappale 13, harjoitus 3

Valitse jokaiseen lauseeseen sopiva kysymyssana! Katso, minkälainen vastaus on!
Kysymyssanat:
mikä? kuka? kenen? missä? mistä? mihin? millä? milloin? miksi? mitä? minkämaalainen? minkälainen?

Kysymys	Vastaus
.... he olivat?	Teatterissa.
.... tulet kotiin?	Huomenna.
.... haluaisit käydä?	Uudessa kirjastossa.
.... tämä kirja on?	Annin.
.... kello on?	Puoli viisi.
.... matkustat?	Lentokoneella.
.... matkustat?	Joensuuhun.
.... tuo poika on?	Pekka Punttila.
.... hän asuu?	Vantaalla.
.... sinä opiskelet?	Suomea.
.... hän tulee?	Kaupasta.
.... hän on?	Tanskalainen.
.... sinä menet?	Espooseen.
.... he ovat?	Kotona.
.... he menevät?	Kotiin.
.... posti on?	Aseman lähellä.
.... et tule?	Koska en halua.
.... hän tekee?	Hän opettaa.
.... tämä on?	Purkinavaaja.
.... tämä kirja on?	Oikein hyvä.

valitse (imperatiivi) < valita
minkälainen

purkinavaaja

Kappale 13, harjoitus 4

Lue oppikirjasta (sivuilta 55–56) Erikin neljä postikorttia! Kirjoita sitten kolme luetteloa:
a) Kaupungit, joissa Erik kävi tai käy
b) Mielenkiintoiset paikat, jotka Erik mainitsee
c) Kulkuneuvot, joilla Erik matkusti

kävi (imperfekti) < käydä
mielenkiintoiset < mielenkiintoinen
paikat < paikka

mainitsee < mainita
joilla < joka
matkusti (imperfekti) < matkustaa

KAPPALE 13, HARJOITUS 4

Jutellaan!

Tee muutama kysymys tekstistä, joka on oppikirjassa sivulla 55 (Junalla ja bussilla)!
Opiskelutoveri vastaa.

muutama

Kirjoita yhdessä opiskelutoverin kanssa uusi teksti! Tässä ovat faktat:
Antti Virolainen
Antin vaimo
Antin tytär
asuvat Imatralla (Imatra)
työpaikat: posti, sairaala, ravintola
Antin äiti asuu Oulussa
Antin vaimo on venäläinen
Antin vaimon isä ja äiti asuvat Pietarissa

Kun teksti on valmis, lukekaa se ääneen!

faktat < fakta
vaimo
tytär
työpaikka

sairaala
isä
äiti
Pietari

Kappale 14

Kappale 14, harjoitus 1

Kirjoita seuraavat kellonajat sanoilla!
Malli:
8.30 = kahdeksan kolmekymmentä / puoli yhdeksän (aamulla)
16.10 = kuusitoista kymmenen / kymmenen yli neljä (iltapäivällä)

10.00   00.15   14.15   9.45   20.10   8.55   10.30   18.10   2.20   20.30   6.30
22.25   4.40   11.05

Kirjoita seuraavat kellonajat numeroilla!
Malli: Tulen tasan kello kahdeksan aamulla. = Tulen klo 8.00.

Tulen kello puoli yhdeksän aamulla. Tulen kello puoli yhdeksän illalla. Tulen viisitoista yli kymmenen aamupäivällä. Juna lähtee kello viisitoista viisitoista. Lentokone saapuu kello seitsemäntoista ja lähtee kello kahdeksantoista nolla viisi. Bussi lähtee kaksikymmentä yli yksitoista aamupäivällä. Juna saapuu asemalle kymmentä vaille yhdeksän illalla.

> kymmentä vaille = kymmenen minuuttia vaille

Kappale 14, harjoitus 2

Kirjoita sana sopivassa muodossa lauseeseen!

Mihin aikaan sinun herätyskellosi (soida)?
Mihin aikaan sinä (nousta)?
Mihin aikaan sinä (lähteä) kotoa?
Mihin aikaan sinun bussisi/junasi/metrojunasi (lähteä)?
Mihin aikaan kurssi/työpäivä (alkaa)?
Mihin aikaan kurssi/työpäivä (päättyä)?
Mihin aikaan sinä (palata) iltapäivällä tai illalla kotiin?
Mihin aikaan sinä (syödä) iltapalaa?
Mihin aikaan sinä (mennä) suihkuun/kylpyyn/saunaan/pesulle?
Mihin aikaan sinä (sammuttaa) valot?

Kun lauseet ovat valmiit, vastaa kysymyksiin!

sopivassa muodossa < sopiva muoto
palata
pesulle < pesu

iltapala
mennä pesulle
sammuttaa

Kappale 14, harjoitus 3

Jutellaan!

Puhu opiskelutoverin kanssa: Hän on Anni, joka on oppikirjassa sivun 58 tekstissä. Tee muutama kysymys, ja "Anni" vastaa.

Lue opiskelutoverisi kanssa Sinin ja Mirjan puhelinkeskustelu oppikirjasta (s. 60)! Vastatkaa kysymyksiin!
Miksi Mirja on myöhässä?
Missä Mirja on, kun hän soittaa Sinille?
Onko Mirjalla vielä pitkä matka?
Missä Sinin kotitalo on?

Kappale 15

Kappale 15, harjoitus 1

Kirjoita lauseet mallin mukaan! Valitse oikea lauserakenne!
Malli: Jorma, mies → Jorma on mies.
Jorma, poika → Jormalla on poika.

Jorma, suomalainen mies
Jorma, suomalainen vaimo
Tuula ja Jorma, kolme lasta
Mika ja Jari, sisko
Sari, Mikan ja Jarin pikkusisko
Perhe, oma talo

    lauserakenne   pikkusisko
    sisko

Kappale 15, harjoitus 2

Kirjoita lauseet mallin mukaan! Etsi uudet sanat sanakirjasta!
Malli: poika ja hänen autonsa → Pojalla on auto.

tyttö ja hänen postikorttinsa, nainen ja hänen kampansa, lapsi ja hänen kuvansa, naapuri ja hänen avaimensa, hän ja hänen partansa, me ja meidän koiramme, te ja teidän hevosenne, he ja heidän kauppansa, pieni tyttö ja hänen pieni nukkensa

    avaimensa < avain   hevonen
    parta   nukke

Kappale 15, harjoitus 3

Kirjoita mallin mukaan kysymykset ja vastaukset!
Mallit:

– Oletko sinä suomen kurssilla?   – Onko sinulla oppikirja?
– Olen. / En ole.   – On. / Ei ole.

Kysy: Oletko sinä ...? **tai:** Onko sinulla ...?

sanakirja, uusi kirja, kirjastossa, kirjastonhoitaja, pääkaupungissa, työssä, lääkäri, sairas, työtön, vihko, kotona, ulkona, virolainen, koira, televisio, Suomessa, suomalainen, suomalainen ystävä, ystäväni

Kappale 15, harjoitus 4

Kertaa sanatyyppejä! Taivuta sanat mallin mukaan! Etsi uudet sanat sanakirjasta!

Malli 1: talo → talosta taloon

maa, pääkaupunki, kunta, tehdas, apteekki, kauppa, liike, kirkko, sairaala, rakennus, tavaratalo, huone, sauna, kirjasto, bussi, juna, auto, kenkä, saapas, järvi, joki, ryhmä, työ, tunti, päivä, viikko, kuukausi, vuosi, käsi, suu

Malli 2: pöytä → pöydältä pöydälle

tuoli, matto, hylly, katto, parveke, lautanen, mäki, kivi, katu, tori, silta, pysäkki, asema, rannikko, kurssi

taivuta (imperatiivi) < taivuttaa

Kappale 15, harjoitus 5

Oppikirjan sivulla 61 on kuvaus Jorma Virtasen perheestä. Kirjoita samanlainen kuvaus omasta perheestäsi tai jostakin perheestä!

kuvaus
perheestä < perhe
samanlainen

omasta < oma
jostakin < jokin/joku

Kappale 15, harjoitus 6

Jutellaan!

<u>Lue opiskelutoverin kanssa dialogit oppikirjan sivuilta 62–64! Vastatkaa sitten seuraaviin kysymyksiin!</u>

Kun Sari tulee koulusta, mitä mummo kysyy?
Onko Sarilla nälkä?
Mitä Sari haluaa tehdä?

Mitä Mika haluaa tietää, kun hän tulee koulusta?
Mitä Jarin pitää tehdä illalla?

Miksi Arto tulee Virtaselle?
Milloin Mika tekee läksyt?

Ovatko kaikki kotona, kun Jorma tulee kotiin työstä?
Oliko Jormalla kova työpäivä?
Mitä Jorma ja Tuula aikovat tehdä illalla?
Miksi Jorman ei tarvitse herätä aikaisin seuraavana aamuna?

Kappale 16

Kappale 16, harjoitus 1

Kirjoita lauseet mallin mukaan!
Malli: Jorma, kauppa → Jorma on työssä kaupassa.
Mikko, asema → Mikko on työssä asemalla.

Tuula, posti
Seppo, kunnantalo
Antti, pankki
Elina, apteekki
Kaarina, terveysasema
Aila, kunnan pääkirjasto
Eero, huonekaluliike
Ville, pesula

Oili, kampaamo
Salla, linja-autoaseman kahvila
Eeva, kenkäkauppa
Veikko, tehdas
Heikki, urheilukenttä
Hannu, paloasema
Olli, uimahalli
Liisa, peruskoulu

huonekaluliike
pesula
kampaamo

linja-autoasema
paloasema

Kappale 16, harjoitus 2

Jatka lausetta!
Malli 1: Kylä, maalaiskunta → Kylä, jossa he asuvat, on maalaiskunnassa.
Malli 2: Kylä, iso → Kylä, jossa he asuvat, on iso.

Kunta, Etelä-Suomi
Kunta, keskikokoinen
Kunta, maalaiskunta, ei kaupunki
Talo, aseman lähellä
Talo, vanha

Kappale 16, harjoitus 3

Kirjoita sanat sopivaan muotoon!

Virtasen (perhe) koti on maalla, (eräs) kunnassa Etelä-Suomessa. Kunta ei ole suuri, siellä on noin 8 000 (asukas). Virtaset asuvat (rautatieasema) lähellä.
 Virtaset sanovat, että (he) kotikylänsä on hyvä paikka. He eivät (haluta)

asua (kaupunki). (He) ei tarvitse matkustaa usein kaupunkiin. (Kotikylä) on hyvät palvelut: kaupat, pankki, posti, kirjasto, koulut jne.

(Jorma ja Tuula Virtanen) on myös työpaikka omassa kylässä. (Moni) naapurit käyvät (työ) kaupungissa. Heidän työmatkansa on kuitenkin melko lyhyt, junalla vain noin puoli (tunti). Jorman ja Tuulan työmatka on niin lyhyt, että he (kävellä) työhön. Lapset (voida) samoin kävellä (koulu).

    paikka   vain
    palvelut < palvelu   niin
    kuitenkin   samoin

KAPPALE 16, HARJOITUS 4

Kirjoita sanat partitiivissa!
Malli: talo → taloa
        perhe → perhettä
        maa → maata

opiskelija, suomalainen, kurssi, opettaja, kynä, kirja, vihko, kuva, sivu, kirjain, numero, päivä, viikko, vuosi, kuukausi, nimi, osoite, rakennus, katu, kaupunki, kylä, kauppa, liike, pankki, kortti, kirje, ystävä, puhelin, sairaala, mies, nainen, tyttö, poika, ihminen, lapsi, pieni, suuri, kieli, kysymys, vastaus, lyhyt, pitkä, vesi, uusi, kallis, kartta, lamppu, silta, tori, asema, tehdas, eläkeläinen, bussi, juna, laiva, lentokone, puu, suu, pää, minuutti, tunti, tie, eräs, asunto, lukio

KAPPALE 16, HARJOITUS 5

Katso oppikirjaa ja täydennä seuraavat lauseet! Valitse sanat tästä luettelosta! Kirjoita ne partitiivissa lauseisiin!
kappale, kirjain, konsonantti, kuva, nimi, rakennus, sivu, vokaali

Kirjassa on 280 ....
Kirjan nimessä on 18 .... ja huutomerkki.
Kirjassa on 56 ....
Sivulla 15 on Pekka Punttilan kuva. Pekan sukunimessä on 3 ....
ja 5 ....
Sivulla 32 on dialogissa 4 pääkaupungin ....
Sivulla 34 on 4 ....
Sivulla 61 on 8 ....

    täydennä (imperatiivi) < täydentää
    huutomerkki

KAPPALE 16, HARJOITUS 6

Vastaa kysymyksiin! Jos olet kurssilla, kysy nämä asiat opiskelutoveriltasi!

1. Suomalainen lapsi menee kouluun, kun hän on 7-vuotias. Milloin lapsi menee kouluun sinun kotimaassasi?
2. Suomessa peruskoulu kestää 9 vuotta. Kuinka monta vuotta peruskoulu kestää sinun kotimaassasi?
3. Peruskoulun jälkeen nuori voi mennä lukioon, ammattikouluun tai työhön. Mitä nuoret sinun kotimaassasi tekevät peruskoulun jälkeen?
4. Lukion viimeisellä luokalla nuoren täytyy kirjoittaa ylioppilaskirjoitukset (monta koetta). Jos ne menevät hyvin, hän pääsee ylioppilaaksi ja voi pyrkiä esimerkiksi yliopistoon. Minkälainen loppututkinto sinulla on?

7-vuotias
kestää
jälkeen
viimeisellä < viimeinen
luokalla < luokka
ylioppilaskirjoitukset
ylioppilas

kirjoitukset < kirjoitus
pääsee < päästä
päästä ylioppilaaksi
pyrkiä
yliopisto
loppututkinto

KAPPALE 16, HARJOITUS 7

Opiskele seuraavat ilmaukset!

1 e = (yksi) euro
1 s = (yksi) sentti

100 e = sata euroa
50 s = viisikymmentä senttiä

1 kg = (yksi) kilo
1 g = (yksi) gramma

60 kg = kuusikymmentä kiloa
250 g = kaksisataaviisikymmentä grammaa

1 l = (yksi) litra
1 dl = (yksi) desilitra

10 l = kymmenen litraa
2 dl = kaksi desilitraa

1 km = (yksi) kilometri
1 m = (yksi) metri
1 cm = (yksi) senttimetri
1 mm = (yksi) millimetri

10 km = kymmenen kilometriä
5 m = viisi metriä
15 cm = viisitoista senttimetriä
5 mm = viisi millimetriä

ilmaukset < ilmaus

Lue ääneen, kuinka monta metriä yksi maili on! (, = pilkku)
maili = 1609,344 m

Lue samoin seuraavat!
jalka = 30,48 cm
tuuma = 2,54 cm
naula = 453,592 g
unssi = 28,35 g

Opiskele seuraavat mittasanat! Mittasanan jälkeen seuraa ainesana partitiivissa.

Mitta	Aine
pullo	vettä, olutta, viiniä,
tölkki/purkki	maitoa, kermaa, jogurttia, rahkaa, olutta, mehua, hilloa, ananasta, hernekeittoa, tomaattisosetta, parsaa
paketti	kahvia, voita, keksejä, jäätelöä
rasia = aski	pastilleja, tulitikkuja
pussi	lakritsia, karkkeja = karamelleja, sokeria, pakasteherneitä, juustoraastetta
levy	suklaata
rulla	talouspaperia

seuraa < seurata
pullo
vettä < vesi
olutta < olut
viiniä < viini
tölkki
purkki
maitoa < maito
kermaa < kerma
jogurttia < jogurtti
rahkaa < rahka
mehua < mehu
hilloa < hillo
ananasta < ananas
hernekeittoa < hernekeitto
herne
keitto
tomaattisosetta < tomaattisose
tomaatti
sose
parsaa < parsa
paketti

kahvia < kahvi
voita < voi
keksejä (monikko) < keksi
jäätelöä < jäätelö
rasia
aski
pastilleja (monikko) < pastilli
tulitikkuja (monikko) < tulitikku
pussi
lakritsia < lakritsi
karkkeja (monikko) < karkki
karamelleja (monikko) < karamelli
sokeria < sokeri
pakasteherneitä (monikko) < pakasteherne
pakaste
juustoraastetta < juustoraaste
juusto
raaste
levy
suklaata < suklaa
rulla
talouspaperia < talouspaperi

Jos mittasanan edessä on lukusana (2–), mittasana on partitiivissa. Harjoittele mallin mukaan!

Malli: kaksi pulloa olutta, kuusi rullaa vessapaperia

    kolme tölkkiä ....
    neljä pussia ....
    kaksi pakettia ....

Jatka!

    vessapaperi   vessa = WC

KAPPALE 16, HARJOITUS 8

Suomen rahayksikkö oli ennen markka. Yksi markka oli sata penniä. Kirjoita luettelo muutaman maan rahayksiköistä! Jos olet kurssilla, kysy opiskelutoverien kotimaiden rahayksiköt!

Esimerkiksi:
Mikä sinun kotimaasi rahayksikkö on?
Mikä Ruotsin rahayksikkö on?
Kuinka monta äyriä kruunussa on?
Jne.

Kysy sitten, kuinka monta euroa jonkin maan rahalla saa!

    rahayksikkö   kotimaiden (monikon genetiivi) < kotimaa
    muutaman < muutama   äyri
    luettelo rahayksiköistä (monikko)   kruunu
    opiskelutoverien (monikon genetiivi)

KAPPALE 16, HARJOITUS 9

Jutellaan!

Piirrä yhdessä opiskelutoverisi kanssa kartta, jossa on rautatieasema ja sen ympäristö! Piirtäkää karttaan seuraavat paikat ja rakennukset! Neuvotelkaa samalla kun piirrätte!

rautatie, asema, tiet, iso kauppa, liiketalo (jossa on monta pientä kauppaa ja liikettä), pankki, posti, terveysasema, apteekki, kaksi koulua, päiväkoti, kirjasto, kunnantalo, urheilukenttä ja uimahalli

piirrä, piirtäkää (imperatiivi) < piirtää
kartta
ympäristö   liiketalo
samalla kun   neuvotelkaa (imperatiivi) < neuvotella

Kysy! Opiskelutoveri vastaa ja kysyy sitten sinulta.
Mitä sinun kotikylässäsi/kaupunginosassasi/kotikadullasi on?

kaupunginosa

Kysy! Opiskelutoveri vastaa ja kysyy sitten sinulta.
Onko sinun nimesi tavallinen vai harvinainen?
Kuinka monta nimeä sinulla on? Mitkä ne ovat?

tavallinen   harvinainen

Lue opiskelutoverin kanssa oppikirjan teksti "Mummon muistoja kylästä" (s. 68)!
Esittäkää vuorotellen mummon ja Sarin roolit!

Vastatkaa kysymykseen:
Mitä Sari nyt tietää mummosta?

Kappale 17

Kappale 17, harjoitus 1

Lue oppikirjan tekstit s. 70–71! Vastaa kysymyksiin!

Tykkäätkö Sarin leikkimökistä? Miksi? Miksi et?
Mistä Jarille ja Mikalle joskus tulee riita?
Kuinka pojat ratkaisevat ongelman? (Mitä pojat tekevät, että riita päättyy?)
Mikä ongelma alakerrassa on?
Kenen näköinen Sari on?
Onko Jari vaaleampi kuin hänen isänsä?

Kappale 17, harjoitus 2

Kirjoita lauseet mallin mukaan! Etsi uudet sanat sanakirjasta!
Malli: minä, mopo, auto → Minulla on mopo, mutta ei autoa.

sinä, polkupyörä, moottoripyörä
hän, radio, televisio
me, jääkaappi, pakastin
te, tietokone, tulostin
he, koira, kissa

Harjoittele kysymyksiä! Jos olet kurssilla, kysy näin:
Onko sinulla .....?
Kenellä on .....?

Malli:
Onko sinulla navigaattori?
Onko meillä Pekan osoite?
Jne.
Kenellä on hyvä kynä?
Kenellä on paras käsiala?
Jne.

Opiskele uusia sanoja! Voit kysyä esimerkiksi nämä:
Onko sinulla ...
kissa, koira, hevonen, poni, lehmä, aasi, sika, kameli, lammas, kana, kukko
vasara, kirves, saha, lapio, puukko
jääkaappi, pakastin, pesukone, astianpesukone, mikroaaltouuni, sähköhella, kaasuhella, kahvinkeitin, leivänpaahdin
kattila, paistinpannu
ompelukone
kylpyamme

Etsi itse lisää sanoja!

    kysymyksiä (monikko) < kysymys   lisää
    uusia sanoja (monikko) < uusi sana   lisää sanoja

KAPPALE 17, HARJOITUS 3

Sano tai kirjoita lyhyet vastaukset!

Malli 1:

Kysymys	Vastaus
Onko sinulla skanneri? →	On. / Ei.
Onko heillä kylpyamme? →	On. / Ei.

Malli 2:

Kysymys	Vastaus
Oletko sinä sairas? →	Olen. / En.
Ovatko he kotona? →	Ovat. / Eivät.

Onko hänellä auto?   Onko teillä polkupyörä?
Onko hän opettaja?   Olenko minä oikeassa?
Oletteko te illalla kotona?   Oletko sinä ahkera?
Olemmeko me myöhässä?   Onko sinulla hyvä tuoli?
Onko meillä rahaa?

    skanneri   rahaa < raha
    sairas   oikeassa
    myöhässä   ahkera

KAPPALE 17, HARJOITUS 4

Muuta lauseet mallin mukaan! Tee kielteisestä lauseesta myönteinen ja päinvastoin!

Malli 1:
Minulla on ompelukone.   →   Minulla ei ole ompelukonetta.
Hänellä ei ole vedenkeitintä. →   Hänellä on vedenkeitin.

Malli 2:
Minä olen terve.   →   Minä en ole terve.
Hän ei ole oikeassa.   →   Hän on oikeassa.

Olen teatterikoulun opiskelija.   He ovat kotona.
Olen historian opiskelija.   Sinulla ei ole omaa huonetta.
Sinä et ole oikeassa.   Minulla on kirjoituspöytä.
Olet myöhässä.   Minulla ei ole muovikassia.
Sinulla on sanakirja mukana.   Hänellä on lämmin takki.
Hän ei ole täällä.   Hän on puhelias.
Hänellä ei ole hyvää ystävää.

    terve   lämmin
    asunto   takki
    kirjoituspöytä   puhelias
    muovikassi

KAPPALE 17, HARJOITUS 5

Kirjoita lauseet mallin mukaan! Etsi uudet sanat sanakirjasta!
Malli: olohuone, makuuhuone, pöytä → Olohuoneessa on pöytä. Makuuhuoneessa ei ole pöytää.

eteinen, parveke, naulakko
olohuone, makuuhuone, levysoitin
työhuone, lastenhuone, kirjoituspöytä
sauna, kylpyhuone, kiuas
keittiö, autotalli, ompelukone
kirjoituspöydän alla, ruokapöydän alla, roskakori

Kappale 17, harjoitus 6

Kirjoita kuvaus omasta huoneestasi tai omasta asunnostasi! Mitä siellä on ja mitä ei ole?

kuvaus
huoneestasi < huone
omasta < oma

asunnostasi < asunto
siellä

Kappale 17, harjoitus 7

Etsi harjoituksen adjektiivit sanakirjasta! Kirjoita komparatiivit!

Onko Amerikka (iso) kuin Afrikka? Onko juna (hidas) kuin bussi? Onko sinun kotimaasi (suuri) kuin minun kotimaani? Onko Rolls Royce (kallis) kuin Volvo? Onko tämä kirja (halpa) kuin tuo kirja? Onko Laine (harvinainen) nimi kuin Virtanen? Onko suomi (vaikea) kieli kuin ranska? Onko Suomen syksy (kylmä) kuin syksy sinun kotimaassasi? Onko suomalaisessa saunassa (kuuma) kuin sinun kotimaassasi heinäkuussa? Onko tämä huone (korkea) vai (matala) kuin se huone, jossa sinä asut? Onko Sari (pieni) kuin Jari? Onko Sari (nuori) kuin sinä? Oletko sinä (vanha) kuin minä? Oletko sinä (lyhyt) kuin minä? Onko Miss Universum (kaunis) kuin Tuula Virtanen? Oletko sinä (rikas) kuin Englannin kuningatar?

Kysy sitten nämä kysymykset opiskelutoverilta!

Kappale 17, harjoitus 8

Etsi vastakohtaparit!
Esimerkiksi: vanha – nuori; vanhempi – nuorempi

ahkera, hauskempi, helpompi, huono, hyvä, ikävämpi, iso, kauniimpi, kevyempi, korkea, kylmempi, laiha, laiska, lihava, lyhyempi, lämpimämpi, matala, ohut, painavampi, paksu, pieni, pitempi, rumempi, uusi, vaikeampi, vanha

vastakohtaparit   vastakohta

Kappale 17, harjoitus 9

Kirjoita lauseet mallin mukaan!

Malli 1: Matti, Jussi, pitkä → Matti on pitempi kuin Jussi. Jussi ei ole yhtä pitkä kuin Matti.

Malli 2: pöytä, tuoli, kallis → Pöytä on kalliimpi kuin tuoli. Tuoli ei ole yhtä kallis kuin pöytä.

Liisa, Leena, nuori
Alli, Elli, vanha
sinun laukkusi, minun laukkuni, painava
meidän työmatkamme, teidän työmatkanne, lyhyt
naapuritalo, tämä talo, korkea
Ville, Kalle, ahkera
romaani, runokirja, paksu
villapusero, silkkipusero, lämmin

laukku	villapusero
naapuritalo	villa
romaani	silkkipusero
runokirja	silkki

Kappale 17, harjoitus 10

Lue kirjan teksti "Sarin leikkimökki" (s. 70). Etsi postpositiot!
Esimerkki: Pöytä on ikkunan <u>vieressä</u>.

Opiskele seuraavat postpositiot! Kirjoita substantiivit genetiivissä!

alla — Kellari on (rakennus) alla.
Ruusupensas kasvaa (parveke) alla.
takana — Sauna on (autotalli) takana.
vieressä — Keittiö on (kylpyhuone) vieressä.
Virtasen sauna on (talo) vieressä.
Keittokomero on isoäidin (huone) vieressä.
välissä — Mopo on autotallissa (moottoripyörä ja polkupyörä) ja välissä.
edessä — Ruokapöytä on (ikkuna) edessä.
ympärillä — Tuolit ovat (ruokapöytä) ympärillä.
päällä — Saippua on (pesukone) päällä.
lähellä — Asuvatko Tuulan vanhemmat (paperitehdas) lähellä?

luona   Timo asuu (sukulainen) luona.
luokse   Menen illalla yläkertaan (isoäiti) luokse.
luota   Tule pois (uuni) luota, se on kuuma.

ruusupensas
ruusu
pensas
kasvaa < kasvaa

autotalli
saippua
vanhemmat = isä ja äiti
sukulainen

Kappale 17, harjoitus 11

Opiskele seuraavat vastakohdat!

Missä		Mihin		Mistä?	
ulkona	sisällä	ulos	sisään	ulkoa	sisältä
kaukana	lähellä	kauas	lähelle	kaukaa	läheltä
ylhäällä	alhaalla	ylös	alas	ylhäältä	alhaalta
täällä	tuolla	tänne	tuonne	täältä	tuolta
tässä	tuossa	tähän	tuohon	tästä	tuosta
päällä	alla	päälle	alle	päältä	alta
edessä	takana	eteen	taakse	edestä	takaa

Vastaa kysymyksiin!
Malli: Hän haluaa olla ulkona. Mihin hän menee? → Hän menee ulos.

Hän haluaa olla sisällä. Mihin hän tulee?
Hän haluaa istua ikkunan lähellä. Mihin hän vie tuolin?
Hän haluaa asua kaukana. Mihin hän muuttaa?
Hän haluaa, ettei kukkamaljakko ole television päällä. Mistä hän ottaa maljakon?
Hän haluaa, että ruokapöydän alla ei ole mattoa. Mistä hän ottaa maton pois?

vie < viedä
tuolin < tuoli
vie tuolin (objekti)
maljakon < maljakko

ottaa maljakon (objekti)
mattoa, maton < matto
ottaa maton (objekti)
pois

KAPPALE 17, HARJOITUS 12

Valitse lauseisiin sopivat adverbit tai postpositiot!

alas, alhaalta, alta, edestä, kauas, kaukaa, kaukana, lähellä, päälle, päällä, päältä, taakse, takana, ulkoa, ulkona, ulos, ylhäällä, ylhäältä, ylös

Pekka asuu Järvenpäässä. Hän tulee läheltä. Mutta Kalle asuu Rovaniemellä. Hän tulee ....
Ville matkustaa ensi kesänä hyvin............., Kiinaan. Kiina on .... Suomesta.
Porvooseen ei ole pitkä matka Helsingistä. Porvoo on ....
Älä seiso ikkunan edessä. En voi nähdä mitään. Tule pois ikkunan............!
Ota matto pois pöydän.............! Se on likainen. Minun täytyy pestä se.
Menemmekö ....? Haluaisin kävellä ....
Kun lapset tulevat............., heillä on ihan punaiset posket.
Panen kirjat tänne alas. Täältä .... on helpompi ottaa ne kuin tuolta ....
Maljakko on tuolla ylhäällä, kaapin ....
Toinen maljakko on ikkunalla, ikkunaverhon ....
Kissanpentu hyppää kaapin .... lattialle, lattialta pöydälle, pöydältä taas kaapin .... ja sieltä sohvalle.
Mihin kissanpentu meni? Se meni kaapin .... Se on nyt kaapin ja seinän välissä.
Hissi kulkee .... ja ....
Minun työhuoneeni on .... viidennessä kerroksessa.

likainen
pestä
ihan
posket < poski
kissanpentu

pentu
kaapin < kaappi
meni (imperfekti) < mennä
hissi
kulkee < kulkea

KAPPALE 17, HARJOITUS 13

A. Lue seuraavat tekstit!

Hannu kirjoittaa:
Asun pienessä kaupungissa. Täällä on vain 30 000 asukasta. Asun rautatieaseman lähellä. Olen työssä kirjastossa. Työpaikkani on keskustassa. Rautatieasema ei ole keskustan lähellä; minulla on parin kilometrin matka keskustaan. Kävelen työhön ja työstä kotiin.
Asun kerrostalossa, jossa on kolme kerrosta. Minulla ja vaimollani on kolme

huonetta ja keittiö. Nyt yhdessä huoneessa asuu siskoni, joka opiskelee tässä kaupungissa. Vaimoni opettaa yliopistossa naapurikaupungissa. Meillä on 7-vuotias tyttö.

Jukka kirjoittaa:
Kotikaupungissani on noin 100 000 asukasta. Asun kaukana keskustasta, mutta työpaikkani on keskustassa. Matkustan keskustaan bussilla. Matka on 4 kilometriä. Olen työssä eräässä tavaratalossa.

Asun omakotitalossa. Meillä on viisi huonetta ja keittiö. Minulla ja vaimollani on kolme lasta. Ensimmäinen lapsi on 5-vuotias, toinen 3-vuotias; kolmas on 8 kuukautta. Vaimoni opiskelee yliopistossa.

Minulla on veli ja sisko. He asuvat naapurikaupungissa. Siskoni opiskelee siellä, ja veljeni on työssä kirjastossa. Siskoni ei ole naimisissa, mutta veljelläni on vaimo ja 7-vuotias tytär.

B. Ovatko seuraavat väitteet oikein vai väärin?

Hannun kotikaupunki on isompi kuin Jukan.
Hannu ja Jukka asuvat keskustassa.
Hannu ja Jukka ovat työssä keskustassa.
Hannun työmatka on pitempi kuin Jukan.
Jukan asunto on suurempi kuin Hannun.
Hannulla on pienempi perhe kuin Jukalla.
Hannun vaimo on opiskelija.
Hannun tytär on nuorempi kuin Jukan lapset.
Hannu on Jukan veli.

C. Kirjoita neljä uutta tekstiä:

Olet Hannun ja Jukan äiti tai isä. Kerro pojista!
Olet Hannun vaimo. Kerro itsestäsi ja perheestäsi!
Olet Hannun ja Jukan sisko. Kerro itsestäsi ja veljistäsi!
Olet Jukka. Kerro Hannusta! **Tai**: Olet Hannu. Kerro Jukasta.

kerro (imperatiivi) < kertoa
pojista (monikko) < poika
kerro pojista
itsestäsi < itse
kerro itsestäsi
perheestäsi < perhe

kerro perheestäsi
veljistäsi (monikko) < veli
kerro veljistäsi
kerro Hannusta
kerro Jukasta

Kappale 17, harjoitus 14

Jutellaan!

Kysy opiskelutoverilta, onko hänellä kotona seuraavat esineet!
sohva, kirjoituspöytä, sähköhella, suihku, ...
Keksi itse lisää!

Kun kysyt, älä kirjoita mitään, vaan yritä muistaa, mitä hän vastaa! Kerro sitten hänelle, mitä hänellä on ja mitä ei ole!
Esimerkiksi:
Muistan, että sinulla on sohva ja kaksi tuolia, sinulla ei ole mattoa, ei ole televisiota... Olohuoneessa on pöytä, mutta keittiössä ei ole pöytää. Jne.

(ei) mitään
älä kirjoita mitään

Kysykää, vastatkaa ja verratkaa!

Malli 1:
Kuinka pitkä sinä olet? – 170 senttimetriä. – Aha. Sinä olet pitempi kuin minä. Minä olen 168 senttimetriä pitkä.

Kuinka vanha sinä olet?
Kuinka pitkä matka sinulla on tänne?
Kuinka iso asunto sinulla on?

Malli 2:
Oletko sinä yhtä ahkera kuin minä? – En ole, olen laiskempi. / Olen paljon ahkerampi.

Onko talvi sinun kotimaassasi yhtä kylmä kuin täällä?
Onko kesäkuun yö sinun kotimaassasi yhtä valoisa kuin täällä?
Oletko sinä yhtä hyvä hiihtäjä kuin minä?
Onko tämä kaupunki yhtä kaunis kuin sinun kotikaupunkisi?
Onko sinun äidinkielesi yhtä helppo kuin suomen kieli?

Lue opiskelutoverin kanssa oppikirjan teksti "Kumpi on kivempi?" (s. 72)!
Esittäkää vuorotellen Sarin ja isän roolit!
Kysy sitten samat kysymykset opiskelutoverilta, ja hän kysyy sinulta.

Kappale 18

Kappale 18, harjoitus 1

Valitse luettelosta sopiva sana seuraaviin lauseisiin!

kermaa, maitoa, puuroa, ruista, sokeria, suolaa, vehnää, voita, öljyä

Laitan kahviin .... ja .... tai ....
Tässä keitossa on liian paljon ....
Tässä sämpylätaikinassa on sekä .... että ....
Käytätkö leivän päällä ....?
Tarvitsen salaatin kastikkeeseen ....
Lapset syövät aamulla ....

    sämpylätaikina   käytätkö < käyttää
    sämpylä   salaatin < salaatti
    taikina   kastikkeeseen < kastike

Kappale 18, harjoitus 2

Olet hotellin aamiaispöydän ääressä. Mitä valitset? Valitse tästä luettelosta!

kahvia, teetä, mehua, maitoa
tummaa leipää, vaaleaa leipää, pullaa
voita, margariinia
juustoa, makkaraa
hilloa, marmelaatia
tomaattia, kurkkua
jogurttia, viiliä
puuroa, riisimuroja, maissihiutaleita, mysliä
munia

    aamiaispöytä   tomaatti
    aamiainen   kurkku
    ääressä   jogurtti
    tumma   viili
    leipä   puuro
    vaalea   riisimuroja < riisimurot
    pulla   riisi
    voi   maissihiutaleita < maissihiutale
    margariini   maissi
    juusto   hiutale
    makkara   mysli
    hillo   munia < muna
    marmelaati

KAPPALE 18, HARJOITUS 3

Seuraavassa luettelossa on ruokien ja juomien nimiä. Kirjoita, mitä luettelon ruokia ja juomia sinulla on jääkaapissa tai keittiön kaapissa! Kirjoita oma luettelosi partitiivissa!
Malli: Minulla on jääkaapissa maitoa, olutta, kalaa, ...

Ruokia	Juomia
liha	vesi
kala	kahvi
keitto	tee
pizza	maito
makkara	piimä
makaronilaatikko	kaakao
perunasose	tuoremehu
velli	vichy (vissy)
puuro	siideri
viili	viini
jogurtti	olut

Mitä muuta sinulla on jääkaapissa tai kaapissa?

> ruokien (monikon genetiivi) < ruoka
> juomien (monikon genetiivi) < juoma
> muuta < muu
> mitä muuta

KAPPALE 18, HARJOITUS 4

Opiskele mausteiden nimiä!

suola, pippuri, sokeri, kaneli, oregano, basilika

Kirjoita lisää! Mitä muita mausteita tunnet?

> mausteiden (monikon genetiivi) < mauste
> muita: muu
> tunnet < tuntea

Kappale 18, harjoitus 5

Haluat valmistaa jauhelihapizzan. Valitse seuraavasta luettelosta, mitä tarvitset pizzaa varten!

basilikaa, hiivaa, jauhelihaa, juustoa, kanelia, kermaa, maitoa, munia, omenasosetta, oreganoa, riisiä, sokeria, suolaa, tomaattia, tomaattisosetta, vehnäjauhoja, vettä, öljyä

    valmistaa
    jauheliha
    pizzan (objekti) < pizza
    varten
    pizzaa varten
    hiiva

    omenasose
    omena
    sose
    riisi
    tomaatti
    tomaattisose
    öljy

Kappale 18, harjoitus 6

Seuraavissa lauseissa on jotakin väärin. Vaihda sanat oikeaan paikkaan!

Saharassa on lunta ja jäätä.
Grönlannissa on hiekkaa.
Kylpyammeessa on savua.
Tuhkakupissa on kastiketta.
Lautasella on tuhkaa.
Savupiipusta tulee vettä.
Postimerkissä on sokeria.
Mustekynässä on liimaa.
Jäätelössä on mustetta.

    vaihda (imperatiivi) < vaihtaa
    lunta < lumi
    jäätä < jää
    hiekka
    kylpyamme
    savu
    tuhkakuppi
    kastiketta < kastike

    lautasella < lautanen
    tuhka
    savupiippu
    postimerkki
    sokeri
    mustekynä
    muste
    liima

Kappale 18, harjoitus 7

Kun sanomme, mitä materiaalia esine on (mistä aineesta esine on tehty), käytämme partitiivia.
Esimerkiksi: Tämä pöytä ja nämä tuolit ovat mäntyä.

Yhdistä esineet ja aineet!
jogurttipurkki, lautanen, peili, yöpaita, sormus, veitsi;
kultaa, lasia, muovia, posliinia, silkkiä, terästä

        materiaali   sormus
        mitä materiaalia   veitsi
        mistä aineesta < mikä aine   kultaa < kulta
        on tehty < tehdä   lasia < lasi
        käytämme < käyttää   muovia < muovi
        mäntyä < mänty   posliinia < posliini
        peili   silkkiä < silkki
        yöpaita   terästä < teräs

Kappale 18, harjoitus 8

A. Kirjoita kysymykset mallin mukaan! Etsi uudet sanat sanakirjasta!
   Malli 1 (esine): Onko sinulla hammasharja? (Nominatiivi!)
   Malli 2 (aine): Onko sinulla hammastahnaa? (Partitiivi!)

sampoo, peili, kampa, hajuvesi, partavesi, partakone, kynsilakka, deodorantti, huulipuna, talouspaperi, muovipussi, astianpesukone, astianpesuaine, hernekeitto, lautanen, lasi, viinipullo, punaviini, valkoviini, oluttölkki, voi, veitsi (partitiivi: veistä), haarukka, lusikka, suola, sinappi, ketsuppi, lautasliina, pöytäliina, raha

B. Kirjoita vastaukset mallin mukaan!
   Malli 1: Kyllä on. Minulla on kaksi hammasharjaa.
   Malli 2: Kyllä, minulla on hammastahnaa.

Kappale 18, harjoitus 9

Lue seuraavat lauseet! Huomaa, että ainesana on ensimmäisessä lauseessa partitiivissa, mutta toisessa lauseessa nominatiivissa!
Huomaa myös, että toisen lauseen lopussa on adjektiivi partitiivissa!

Kupissa on **kahvia**.   **Kahvi** on kuumaa.

Samoin monikossa:

Kaupassa on **ruusuja**.   **Ruusut** ovat kalliita.

Adjektiivin säännöt tulevat oppikirjan kappaleessa 32. Nyt riittää, että huomaat asian.

huomaa (imperatiivi) < huomata   säännöt < sääntö
kuumaa < kuuma   asian (objekti) < asia
kalliita (monikon partitiivi) < kallis

Kirjoita seuraaviin lauseisiin subjektisanat nominatiivissa!

Malli: Kupissa on kahvia.   → Kahvi on kuumaa.
 Kaupassa on ruusuja.   → Ruusut ovat kalliita.

Pullossa on olutta.   .... on lämmintä ja pahaa.
Lautasella on keittoa.   .... on kuumaa.
Lasissa on vettä.   .... on kylmää.
Lautasella on kastiketta.   .... on hyvää.
Kattilassa on perunoita.   .... ovat kuumia.
Puussa on omenoita.   .... ovat hyviä.
Jääkaapissa on lihapullia.   .... ovat kylmiä.

Jatka samalla tavalla! Kirjoita ensimmäiseen lauseeseen partitiivi ja toiseen nominatiivi! Keksi itse sopivat sanat!

Maljakossa on .... ovat kauniita.
Hyllyllä on .... ovat paksuja.
Naapurilla on .... ovat kauniita eläimiä.
Tavaratalossa on .... ovat ihania.
Kioskissa on .... eivät ole halpoja.
Tällä kadulla on .... ovat nyt kiinni.

 paha   samalla tavalla < sama tapa
 kattila   eläimiä < eläin
 perunoita < peruna   ihania < ihana
 puu   halpoja < halpa
 omenoita < omena   kiinni
 lihapullia < lihapulla

Kappale 18, harjoitus 10

Vaihda sanan muoto mallin mukaan!

Malli 1: Kaupungissa on monta puistoa. → Kaupungissa on paljon puistoja.

Kaupungissa on monta kirkkoa.
Huoneessa on monta lamppua.
Hyllyllä on monta levyä.
Hänellä on monta siskoa.
Heillä on monta tyttöä.

Malli 2: Kaupungissa on monta kauppaa. → Kaupungissa on paljon kauppoja.

Satamassa on monta laivaa.
Kaupungissa on monta siltaa.
Hyllyllä on monta kirjaa ja karttaa.
Laukussa on monta kampaa.

Malli 3: Pöydän vieressä on monta tuolia. → Pöydän vieressä on paljon tuoleja.

Kaupungissa on monta pankkia.
Kadulla on monta bussia.
Pöydällä on monta kuppia ja lasia.

Malli 4: Kirjassa on monta kuvaa. → Kirjassa on paljon kuvia.

Asemalla on monta junaa.
Pöydällä on monta kynää.
Hänellä on monta hyvää ystävää.
Suomessa on monta järveä.
Kalenterissa on monta nimeä.

Malli 5: Huoneessa on monta naista ja miestä. → Huoneessa on paljon naisia ja miehiä.

Kuvassa on monta suomalaista ihmistä.
Hänellä on monta lasta.
Tällä sivulla on monta kysymystä ja vastausta.
Meillä on monta puhelinta.

Malli 6: Postinjakajalla on monta kirjettä. → Postinjakajalla on paljon kirjeitä.

Talossa asuu monta perhettä.
Tänään tulee monta lentokonetta.
Meillä on monta huonetta.

Malli 7: Kylässä on monta asukasta. → Kylässä on paljon asukkaita.

Kaupungissa on monta tehdasta.
Euroopassa on monta maata.
Keski-Euroopassa on monta moottoritietä.
Suomessa on monta suota.

Malli 8: Kuinka monta opiskelijaa yliopistossa on? → Kuinka paljon opiskelijoita yliopistossa on?

Kuinka monta työntekijää tässä työpaikassa on?
Kuinka monta sairaalaa maassa on?
Kuinka monta kynttilää pöydällä on?

Malli 9: Onko koulussa paljon opettajia? → Kyllä, on monta opettajaa.

Onko sairaalassa paljon hoitajia?
Onko radiossa paljon hyviä ohjelmia?
Onko teatterin ohjelmassa paljon hyviä näytelmiä?

Malli 10: Sairaalassa on monta lääkäriä. → Sairaalassa on paljon lääkäreitä.

Meillä on monta naapuria.
Kaupungissa on monta teatteria ja orkesteria.
Lapissa on monta tunturia.

Malli 11: museo, turisti → Museossa on monta turistia / paljon turisteja.

kaupunki, poliisi
tehdas, insinööri
yliopisto, professori
maljakko, tulppaani

Malli 12: pari kysymystä ja vastausta → muutamia kysymyksiä ja vastauksia

pari rakennusta
pari ajatusta
pari tutkimusta
pari ehdotusta
pari sopimusta

Malli 13: monta mahdollisuutta → paljon mahdollisuuksia → vain yksi mahdollisuus

monta salaisuutta
monta onnettomuutta
monta nähtävyyttä
monta yhteyttä

Kappale 18, harjoitus 11

Tässä on monikon partitiiveja. Kirjoita monikon nominatiivit!
Malli: isoja taloja → isot talot

isoja kauppoja, pieniä huoneita, kauniita puistoja, pitkiä teitä, rikkaita ja köyhiä maita, mielenkiintoisia ihmisiä, hyviä työpaikkoja, vanhoja rakennuksia, kirkkaita värejä, rakkaita ystäviä, kalliita kirjoja, vanhoja luokkatovereita, suuria sairaaloita, uusia karttoja, työttömiä nuoria, moderneja puhelimia, uusia naapureita, hauskoja postikortteja, sinisiä kukkia, suuria järviä ja saaria, vanhoja laivoja, valkoisia lautasia, kivoja elokuvia, hyviä ruokia, keskikokoisia kaupunkeja, lyhyitä matkoja, nopeita junia, pienempiä asemia, korkeita kaappeja, kovia penkkejä, isoja ikkunoita, tummatukkaisia tyttöjä, pitkiä poikia, lämpimiä kesiä, kivempia lahjoja, vaikeita kysymyksiä, vanhanaikaisia polkupyöriä, suomalaisia merimiehiä, vihreitä puita, kylmiä öitä

Kappale 18, harjoitus 12

Jutellaan!

Kysy opiskelutoverilta! Sitten hän kysyy sinulta.

Onko sinulla siskoja ja veljiä? Kuinka monta?
Onko sinua setiä ja tätejä? Kuinka monta?
Entä enoja? Kuinka monta?
Onko sinulla serkkuja? Kuinka monta?

Harjoittele opiskelutoverin kanssa partitiivin ja nominatiivin käyttöä! Sano sanat, jotka ovat luettelossa! Opiskelutoveri sanoo lauseet mallin mukaan. Sitten hän sanoo sanat ja sinä sanot lauseet. Keksikää lisää! Katsokaa kaupassa tai mainoksista nykyisiä hintoja!

Malli: omena → Minun täytyy ostaa omenoita. Mitä omenat maksavat?
juusto → Minun täytyy ostaa juustoa. Mitä juusto maksaa?

peruna, kahvi, marja, vihannes, riisi, kaali, sipuli, tee, banaani, makkara, sinappi, keksi, viinirypäle, lihapulla, mehu, jäätelö, lettu, hillo, mansikka, mustikka

nykyisiä hintoja < nykyinen hinta

Harjoitelkaa monikon muotoja! Tehkää lauseita mallin mukaan!

18

Malli: Poika ajaa moottoripyörällä. → Pojat ajavat moottoripyörillä.

Turisti matkustaa bussilla, junalla, laivalla ja lentokoneella.
Naapuri lähtee taksilla.

Katso harjoitusta 11! Valitse siitä 5–6 sanaparia ja anna ne opiskelutoverille!
Hän kirjoittaa pienen tekstin, jossa ne sanat esiintyvät joko monikon partitiivissa
tai monikon nominatiivissa. Lukekaa teksti yhdessä!

    joko – tai

Jos olet kurssilla, esittäkää yhdessä tai pienissä ryhmissä oppikirjan tekstin "Asemalla
ja junassa" (s. 75) tapahtumat!
– Mitä Sari ja Tuula puhuvat?
– Mitä koululaiset puhuvat?
– Mitä opettajat puhuvat?
Jos voitte siirtää huonekaluja, tehkää tuoleista juna!

    siirtää
    huonekalu

Lukekaa seuraavan suomalaisen kansanlaulun sanat! Etsikää sen nuotit tai esitys
jostakin ja laulakaa se!

    Taivas on sininen ja valkoinen
    ja tähtösiä täynnä.
    Niin on nuori sydämeni
    ajatuksia täynnä.

    Enkä mä muille ilmoita
    mun sydänsurujani.
    Synkkä metsä, kirkas taivas
    ne tuntee mun huoliani.

    tähtösiä = tähtiä < tähti
    sydämeni < sydän

Kappale 19

Kappale 19, harjoitus 1

Sinulla on asiaa ystävällesi. Mitä voit tehdä? Kirjoita lauseisiin verbit!

Jos ystävälläsi on puhelin, voit .... hänelle.
Jos ystäväsi asuu lähellä, voit .... hänen luokseen.
Jos ystäväsi asuu kaukana etkä voi soittaa, voit .... hänelle.
Jos ystävälläsi on matkapuhelin, voit .... hänelle tekstiviestejä.
Jos sinulla on huolia, voit .... ystäväsi kanssa.
Jos sinulla on ongelmia, voit .... häneltä neuvoa.
Jos sinulla on salaisuus, voit .... sen hänelle.
Jos kysyt jotakin, voit olla varma, että ystäväsi .... sinulle.
Sinä haluat tietää, mitä hänelle ...., ja hän haluaa samoin tietää, kuinka sinä voit.

matkapuhelin   neuvo
tekstiviesti   salaisuus
ongelma   varma

Kappale 19, harjoitus 2

Vastaa mallin mukaan kysymykseen "Keneltä kuulit sen?"
Malli: Keneltä kuulit sen? eräs tuttava → Kuulin sen eräältä tuttavalta.

eräs ystävä, naapuri, Väinö Pääkkönen, Sarin äiti, Tuulan isä, isoisä, Yrjö-setä, opiskelijat, suomen opettaja, pojat, koulun rehtori, professori Hakulinen, eräs turisti, postinjakaja, ruotsalainen urheilija, naapurin lapset, lääkäri, kukkakaupan myyjä, siskoni, Pekka ja Jukka, Hannun vaimo, Annin mies, Ahmed, Erik, Paavo Wiik

urheilija

Kappale 19, harjoitus 3

Kirjoita, kuinka eräs salaisuus ei enää ole salaisuus! Kirjoita, kuka kertoi sen kenelle jne.

Jukalla oli salaisuus. Jukka kertoi sen (Hannu). Hannu kertoi sen (vaimo).

Hannun vaimo kertoi sen Hannun (sisko), joka asuu heillä. Hannun pieni tyttö kuuli sen ja kertoi sen naapurin (poika). Naapurin poika kertoi sen kotona (äiti), ja tämä kertoi sen (toinen naapuri). Toinen naapuri kertoi sen (työtoveri). Nyt kaikki tietävät Jukan salaisuuden. Se ei ole enää salaisuus.

    kertoi (imperfekti) < kertoa   kuuli sen (objekti)
    kertoi sen (objekti)   kaikki
    kuuli (imperfekti) < kuulla   tietävät salaisuuden (objekti)

Kappale 19, harjoitus 4

Kirjoita sanat oikeaan muotoon!

Kun joku soittaa sinulle, sanot lopuksi: "Kiitos (soitto)!"
Kun joku kirjoittaa sinulle, kirjoitat hänelle: "Kiitos (kirje)!"
Kun joku antaa sinulle lahjan, sanot: "Kiitos (lahja)!"
Kun olet esimerkiksi kahvilassa tai junamatkalla ja juttelet jonkun kanssa, sanot lopuksi, ennen kuin lähdet: "Kiitos (seura)!"
Kun joku vie sinut autolla johonkin, sanot lopuksi, ennen kuin nouset autosta: "Kiitos (kyyti)!"
Kun joku auttaa sinua, kiität näin: "Kiitos (apu)!"

    kun   seura
    lahja   vie < viedä
    antaa sinulle lahjan (objekti)   sinut (objekti) < sinä
    junamatkalla < junamatka   johonkin
    juttelet < jutella   kyyti
    jonkun < joku   auttaa
    jonkun kanssa   auttaa sinua
    ennen kuin   apu

Kappale 19, harjoitus 5

Lue seuraava pieni kutsukirje ja Erikin vastaus!

Erikin ystävät kirjoittavat Erikille:

Hei Erik! Järjestämme ystävillemme pienen juhlan uudessa kodissamme. Tervetuloa meille ensi lauantaina kello 19! Osoite on Kuusitie 10. Bussi 28 lähtee rautatieasemalta, ja meidän pysäkkimme on päätepysäkki.
  Voisitko soittaa viimeistään torstaina ja kertoa, voitko tulla.

        Henriikka ja Janne

Erik soittaa Henriikalle ja Jannelle. Hän sanoo:

Kiitos kutsusta! Tulen oikein mielelläni. On hauska nähdä teidät ja teidän uusi kotinne. Nähdään lauantaina!

Kirjoita, mitä Erik sanoo juhlan jälkeen!

Kiitos (te) (hauska ilta)!

kutsukirje	viimeistään
kutsu	kertoa = sanoa, ilmoittaa
järjestää	mielelläni
järjestämme pienen juhlan (objekti)	teidät < te
pysäkki	nähdä teidät (objekti)
päätepysäkki	nähdään! = näkemiin!
voisitko (kohtelias kysymys) < voida	

KAPPALE 19, HARJOITUS 6

Kirjoita päätteet!

Isoäiti: Tänään täytyy soittaa Tuula..... Kysyn häne...., milloin voimme mennä hei.....
Isoisä: Soita vaan! Sano paljon terveisiä minu....!
Isoäiti: Sopiiko sinu...., jos matkustamme Tuulan luokse perjantai....?
Isoisä: Kyllä se minu.... sopii.

Kun isoäiti soittaa, Sari vastaa puhelime.....
Isoäiti ja Sari puhuvat vähän aikaa.
Sari kertoo isoäidi...., että hän oli vähän kipeä.
Sitten Sari sanoo äidi....: Äiti, puhelime....!
Tuula kysyy, mitä isoäiti.... ja isoisä.... kuuluu.
Isoäiti kiittää Tuulaa paketi..... Sitten hän kysyy, milloin he voivat tulla Virtase.....
Tuula sanoo, että he voivat tulla seuraava.... viikonloppu..... Kaikki ovat silloin kotona.
Tuula kiittää soito.... ja lähettää terveisiä isä.....

KAPPALE 19, HARJOITUS 7

Jutellaan!

Kysy! Opiskelutoveri vastaa.

Kuinka Sari vastaa puhelimeen?
Kuinka sinä vastaat puhelimeen kotona?
Kuinka vastaat työpaikan puhelimeen?
Kenelle soitat usein?

Mitä teet ensi viikonloppuna?
Mitä teit viime viikonloppuna?

Mikä väri sopii sinulle?

Kappale 20

Kappale 20, harjoitus 1

Kirjoita pronominit oikeaan muotoon!

Pidätkö Pekasta? Kyllä, pidän (hän).
Pidätkö Allista ja Ellistä? Kyllä, pidän (he).
Pidätkö kahvista? Kyllä, pidän (se).
Pidätkö ruusuista? Kyllä, pidän (ne).
En pidä (tämä); en halua tätä.
Pidän enemmän (tuo).
Soita (hän) ja sano, että pidät (hän)!
Kun menen ulos, he alkavat heti puhua (minä).
Tässä on kuva (me) ja meidän lapsistamme.

Kappale 20, harjoitus 2

Opiskele monikon muotoja! Kirjoita samat muodot kuin mallissa!

talo	taloja	taloissa	taloista
koulu			
hylly			
pöllö			
kirkko	kirkkoja	kirkoissa	kirkoista
lamppu			
pankki	pankkeja	pankeissa	pankeista
penkki			
kuppi			
tuoli	tuoleja	tuoleissa	tuoleista
lasi			
turisti			
kirja	kirjoja	kirjoissa	kirjoista
sana			
laiva			
silta	siltoja	silloissa	silloista
kampa			

kartta			
koira	koiria	koirissa	koirista
kuva			
kynä			
ystävä			
pöytä	pöytiä	pöydissä	pöydistä
emäntä			
isäntä			
lapsi	lapsia	lapsissa	lapsista
ihminen			
järvi			
lehti	lehtiä	lehdissä	lehdistä
lahti			
harjoitus	harjoituksia	harjoituksissa	harjoituksista
vastaus			
kysymys			
ehdotus			
ajatus			
salaisuus			
onnettomuus			
perhe	perheitä	perheissä	perheistä
kone			
maa	maita	maissa	maista
puu			
asukas	asukkaita	asukkaissa	asukkaista
tehdas			
työ	töitä	töissä	töistä
yö			
tie			
suo			
ravintola	ravintoloita	ravintoloissa	ravintoloista
kahvila			
puhelin	puhelimia	puhelimissa	puhelimista
avain			
nopea	nopeita	nopeissa	nopeista
korkea			
pimeä			

Kappale 20, harjoitus 3

Harjoittele monikon muotoja! Kirjoita sanat monikkomuodossa!

Malli 1: Lehdessä on kirjoitus kirkosta. → Lehdissä on kirjoituksia kirkoista.

Lehdessä on kirjoitus pienestä kaupasta.
Lehdessä on kuva sinisestä bussista ja punaisesta metrojunasta.
Lehdessä on kirjoitus pankista.
Kirjassa on kuva puusta ja kukasta.

Malli 2: Haluan ostaa uusia mattoja. kuva → Onko teillä kuvia uusista matoista?

Haluan ostaa tanskalaisia lamppuja. esite
Haluan ostaa hollantilaisia tulppaaneja. esite
Haluan tietää Suomen kunnat. tieto
Haluan tietää kaupungin koulut. tieto
Haluan tietää suomalaiset juhlapäivät. tieto

    esite   juhlapäivä

Malli 3: Tunnette monia talon asukkaita. → Mitä mieltä olette talon asukkaista?

Tunnette monia opiskelijoita.
Tunnette monia opettajia.
Tunnette monia naapureita.
Tunnette monia nuoria ihmisiä.
Tunnette monia lääkäreitä.
Tunnette monia pieniä lapsia.

    monia < moni   mitä mieltä
    mieltä < mieli

Kysy kysymykset opiskelutoverilta!

Malli 4: Mistä puhutte? uusi levy, uudet levyt → Puhumme uudesta levystä. Puhumme uusista levyistä.

Mistä puhutte? sanakirja, sanakirjat
Mistä puhutte? vanha kartta, vanhat kartat
Mistä puhutte? likainen lasi, likaiset lasit
Mistä puhutte? televisio-ohjelma, televisio-ohjelmat
Mistä puhutte? orkesteri, orkesterit
Mistä pidätte? hyvä ystävä, hyvät ystävät
Mistä pidätte? kortti ja kirje, kortit ja kirjeet
Mistä pidätte? kaunis rakennus, kauniit rakennukset

likainen

Puhu näistä asioista opiskelutoverin kanssa!

KAPPALE 20, HARJOITUS 4

Kirjoita samanlaiset lauseet kuin mallissa!
Malli: kirjat → Pidän kirjoista. Rakastan kirjoja.

kartat
elokuvat
tähdet
meret
järvet
kukat
aamut
ihmiset
kielet
värit
linnut

rakastaa   rakastan kirjoja (partitiiviobjekti!)

Mistä sinä pidät? Entä mistä opiskelutoveri pitää?

KAPPALE 20, HARJOITUS 5

A. Lue seuraava teksti! Etsi kaikki lauseet, joissa on relatiivipronomini *joka* (sen eri muodot)!

Lehdessä on kirjoitus nuoresta miehestä, jonka nimi on Markku. Hänellä on talo, jossa hän asuu isänsä ja äitinsä kanssa. Hänellä ei ole vaimoa. Naapuritalossa asuu mukava tyttö, josta Markku pitää kovasti. Ehkä tyttö joskus menee naimisiin Markun kanssa.

Markun sisar, jolla on mies ja kaksi lasta, asuu Ruotsissa. Kesällä he käyvät Suomessa ja ovat aina pari viikkoa Markun luona. Markulla on kesällä aina paljon työtä, ja hän on iloinen, kun he tulevat ja auttavat. Sisaren lapset, jotka asuvat Ruotsissa kaupungissa, viihtyvät hyvin Markun luona maalla. Markulla on lampaita, kanoja ja kissoja, joista lapset pitävät erityisesti.

mukava
mennä naimisiin
sisar = sisko
aina
pari viikkoa
iloinen
auttaa

viihtyä
maalla = maaseudulla, maalaiskylässä
lampaita < lammas
kanoja < kana
kissoja < kissa
erityisesti

B. Kirjoita mikä-pronominin muodon viereen sama joka-pronominin muoto!

mikä
minkä
millä
missä

mistä
mitkä
mistä (monikko)

KAPPALE 20, HARJOITUS 6

Kirjoita seuraavat verbit sopiviin lauseisiin!
asuu, asuvat, keskustella, on, on, on, ovat, pitävät

Markku soittaa tytölle, joka .... naapurissa.
Markun sisar, jolla .... kaksi lasta, käy kesällä Markun luona.
Sisaren lapset, jotka .... Ruotsissa, puhuvat ruotsia ja suomea.
Markku, jolla .... paljon työtä, on iloinen, kun sisar auttaa häntä.
Markku ostaa lapsille kirjoja, joissa .... kuvia eläimistä.
Markku tekee lapsille ruokia, joista he ....
Markulla on ongelma, josta hän haluaa .... sisarensa kanssa.
Markun ja sisaren vanhemmat, jotka .... jo vanhoja, tarvitsevat paljon apua.

keskustella
ongelma

vanhemmat
tarvitsevat < tarvita

KAPPALE 20, HARJOITUS 7

A. Opiskele seuraavat kuka-pronominin muodot!

kuka
ketä
kenen
kenellä
kenelle
keneltä

B. Katso kuka-pronominin muoto! Kirjoita lauseisiin sama joka-pronominin muoto!

Emme tiedä, kuka osaa ruotsia. Kysymme: Onko täällä joku, ... osaa ruotsia?
Emme tiedä, kenellä on auto. Kysymme: Onko täällä joku, ... on auto?
Emme tiedä, kenelle voimme kertoa ongelmasta. Kysymme: Onko täällä joku, ... voimme kertoa ongelmasta?
Emme tiedä, keneltä voimme pyytää apua. Kysymme: Onko täällä joku, ... voimme pyytää apua?
Emme tiedä, kenen kanssa voimme keskustella asiasta. Kysymme: Onko täällä joku, ... kanssa voimme keskustella asiasta?
Emme tiedä, ketä he etsivät. Kysymme: Onko täällä joku, ... he etsivät?
Emme tiedä, kenestä he puhuvat. Kysymme: Onko täällä joku, ... he puhuvat?

Kappale 20, harjoitus 8

Yhdistä pää- ja sivulauseet!

Annan kukat ystävälle,	jossa on kolme kerrosta.
Ostan lehden,	jonka nimi on Musti.
Nousen bussiin,	jossa oli sininen pusero.
Pidän ruoasta,	jossa on viikon televisio- ja radio-ohjelma.
Naapurillani on koira,	jolla on vielä tilaa.
Isoäiti kiittää Tuulaa paketista,	jossa asuu paljon lapsiperheitä.
Tämä postikortti tulee Erikiltä,	joka lähtee laiturista 15.
Pane tämä kirja hyllylle,	jossa on valkosipulia.
Tämä on lähiö,	joka on matkalla Suomessa.
Hannu asuu kerrostalossa,	jolla on tänään nimipäivä.

päälause
sivulause
kerros
tilaa < tila
lapsiperhe

laituri
lähiö
valkosipuli
kerrostalo
nimipäivä

Kappale 20, harjoitus 9

Kirjoita joka-pronominin oikea muoto! Opiskele kukkien nimet!

Annan nämä ruusut ystävälle, ... asuu naapuritalossa.
Annan nämä tulppaanit ystävälle, ... pidän.
Annan nämä narsissit ystävälle, ... nimi on Liisa.
Annan nämä neilikat ystävälle, ... kanssa puhun ongelmista.
Annan nämä orvokit ystävälle, ... soitan joka päivä.
Annan nämä lemmikit ystävälle, ... saan neuvoja.
Annan nämä kielot ystäville, ... asuvat naapurissa.
Annan nämä sinivuokot ystäville, ... pidän.
Annan nämä päivänkakkarat ystäville, ... soitan joka päivä.
Annan nämä krysanteemit ystäville, ... saan neuvoja ja apua.

Kuka tämä nainen on, ... puhuu nyt televisiossa?
Kuka tämä nainen on, ... kuva on lehden kannessa?
Kuka tämä nainen on, ... on lapsi sylissä?
Tämä nainen, ... sinä puhut, on suomalainen ministeri.

> neuvo   syli
> apu   ministeri
> kannessa < kansi

Kappale 20, harjoitus 10

Vastaa kysymyksiin! Kirjoita vastauksen ensimmäinen sana oikeaan muotoon!

Malli: Kenellä on sanakirja? – Pekka, joka istuu tuolla → Pekalla, joka istuu tuolla.

Kenelle sinä soitat? – Naapuri, jolla on auto.
Keneltä saat kortteja? – Erik, joka matkustaa Suomessa.
Kenellä on kolme lasta? – Jorma, joka asuu tässä talossa.
Kenellä on kolme lasta? – Jorma ja Tuula, jotka asuvat tässä talossa.
Kenestä te puhutte? – Markku, jonka sisko asuu Ruotsissa.
Kenen huone tämä on? – Alli, joka asuu yksin.
Kenen kuva tämä on? – Hollantilainen poika, joka opiskelee suomea.
Mihin menet? – Ravintola, jossa syön joka päivä.
Missä Erik on? – Asuntola, jossa hän asuu.
Mihin hän matkustaa? – Tampere, jossa hänellä on tuttavia.
Mihin sinä juokset? – Juna, joka lähtee kohta.

Mikä rakennus tuo on? – Kauppa, jossa Jorma on työssä.
Mistä ostat ruokaa? – Kauppa, jossa Jorma on työssä.
Missä Tuulan isä ja äiti ovat työssä? – Paperitehdas, joka on heidän kotikaupungissansa.
Missä Jorman äiti asuu? – Huone, joka on talon yläkerrassa.
Kenen nämä ruusut ovat? – Tyttö, jolla on syntymäpäivä.
Kenen nämä maitotölkit ovat? – Perhe, jolla on paljon lapsia.
Kenestä elokuva kertoo? – Lääkäri, joka työskentelee sairaalassa.

Kappale 20, harjoitus 11

Jutellaan!

<u>Lue opiskelutoverisi kanssa teksti "Television ääressä" (kirjan sivulla 83)! Vastatkaa kysymyksiin!</u>

Mitä sanat *telkka* ja *matsi* tarkoittavat?
Miksi Jari sanoo Sarille, että tämän täytyy olla hiljaa?
Miksi poikien täytyy katsoa ottelun loppu keittiössä?
Mitä teksti kertoo illan televisioelokuvasta?
Mistä pojat ja vanhemmat puhuvat illalla?

<u>Lukekaa yhdessä teksti "Mistä te puhutte?" (kirjan sivulla 85)! Vastatkaa kysymyksiin!</u>

Tuula ja isoäiti katselevat lehteä. Miksi lehdessä on kirjoitus eräästä heidän tuttavastansa?
Mikä on sen kuvan aihe, joka voitti valokuvakilpailussa?
Kolmanneksi parhaassa kuvassa on kukkia. Mikä niiden nimi on?
Mikä on yllätys isoäidille?
Mitä isoäiti ehdottaa Mikalle?

    katselevat < katsella   parhaassa < paras
    katselevat lehteä (partitiiviobjekti!)   kolmanneksi paras
    aihe   niiden < ne
    kolmanneksi < kolmas   ehdottaa

<u>Kuvitelkaa seuraavat tilanteet ja keksikää keskustelun aiheita!</u>

Istut kolme tuntia vanhan mummon vieressä junassa. Mistä aiheista te keskustelette?
Äitisi soittaa sinulle. Mistä aiheista te juttelette?
Olet hammaslääkärin odotushuoneessa. Mistä puhut vierustoverisi kanssa?
Olet hammaslääkärin vastaanottohuoneessa. Mistä puhut hammaslääkärisi kanssa?

Tapaat pitkästä aikaa koulutoverisi. Mistä puhut hänen kanssaan?
Sinulla on tilaisuus keskustella Suomen presidentin kanssa. Mistä puhut
hänelle?

kuvitelkaa < kuvitella
tilanteet < tilanne
keskustelu
aiheita < aihe
keskustelette < keskustella
juttelette < jutella
tunti
mummo
vieressä
mummon vieressä

hammaslääkäri
odotushuone
vierustoveri
vastaanottohuone
tapaat < tavata
pitkästä aikaa = pitkän ajan jälkeen
koulutoveri
tilaisuus
presidentti

Kysy! Opiskelutoveri vastaa. Sitten hän kysyy ja sinä vastaat.

Katsotko Suomessa televisio-ohjelmia?
Kuunteletko Suomessa radio-ohjelmia?
Minkälaisia ohjelmia katsot ja kuuntelet?
Keskusteletko usein politiikasta?
Pidätkö urheilusta?
Pidätkö rockmusiikista?
Minkälaisista kirjoista pidät?
Minkälaisista elokuvista pidät?
Mistä väristä pidät?
Mistä kukasta/kukista pidät?
Mistä kielestä pidät?

Kysykää vielä jotakin!

Keskustele opiskelutoverisi kanssa seuraavista asioista!

Kaupunki tai kylä, jossa olet syntynyt
Maa, josta olet kotoisin
Maa, johon haluaisit matkustaa
Ruoka, jota et voi tai et halua syödä
Julkisuuden henkilö, jonka kanssa haluaisit keskustella
Ystävä, jolle voit kertoa kaikki asiat
Asioita, joista et pidä

Kappale 21

Kappale 21, harjoitus 1

A. Lue teksti "Erik tutustuu maatilaan" (oppikirjan sivulla 87)! Tekstissä on seuraavat verbit. Järjestä ne verbityyppi-ryhmiin!

tutustua, kirjoittaa, oppia, elää, kasvattaa, myydä, hoitaa, kasvattaa, tuottaa, viljellä, tarjota, käydä, viettää, pitää, ajatella, pyrkiä, tulla, riittää, tarvita, auttaa, kerätä, poimia, arvata, osata, tehdä, leipoa, ostaa

B. Järjestä I tyypin verbit kahteen ryhmään: verbit, joissa on konsonanttivaihtelu, ja verbit, joissa ei ole konsonanttivaihtelua!

C. Kirjoita jokaisen infinitiivin viereen passiivin preesensin muoto, joka on tekstissä!

D. Kirjoita myös muiden verbien passiivin preesensin muoto! (*riittää*-verbistä ei tarvitse tehdä passiivimuotoa!)

Kappale 21, harjoitus 2

A. Kirjoita, mitä seuraavilla esineillä tehdään! Etsi sopivat verbit sanakirjasta!
Malli: Autolla ajetaan.

Kynällä ....
Kahvinkeittimellä .... kahvia.
Tukankuivaajalla .... tukka.
Avaimella .... ovi.
Pölynimurilla .... lattiat.
Kumilla .... virheet.
Hammasharjalla .... hampaat.
Kameralla .... valokuvia.
Tulitikulla .... tuli.
Kammalla .... hiukset.
Ompelukoneella ....
Pesukoneella ....

B. Kirjoita, mitä seuraavissa paikoissa tehdään! Jos et tiedä verbiä, etsi verbi sanakirjasta!
Malli: Kurssilla opiskellaan.

Tanssiravintolassa ja diskossa ....
Työpaikalla .... työtä.
Keittiössä .... ruokaa.
Elokuvateatterissa .... elokuvia.
Urheilukentällä .... ja voimistelusalissa ....
Uimahallissa ....
Ajotiellä ...., kävelytiellä ....
Kirjaston lukusalissa .... kirjoja ja lehtiä.

kahvinkeitin
tukankuivaaja
tukka
pölynimuri
kumi
hammasharja
hampaat < hammas
tulitikku
tuli
tikku
kampa
hiukset (= tukka) < hius
ompelukone

pesukone
urheilukenttä
urheilu
kenttä
voimistelusali
voimistelu
sali
uimahalli
ajotie
kävelytie
kirjasto
lukusali

KAPPALE 21, HARJOITUS 3

Jutellaan!

Etsi keittokirjasta, lehdestä tai Internetistä jokin ruokaresepti! Niissä annetaan ohjeet yleensä imperatiivimuodoilla. Kun kerrot opiskelutoverille omin sanoin, miten ruokalaji valmistetaan, voit käyttää passiivimuotoja.

Malli:
Kaurapuuro
1 litra vettä
1 teelusikka suolaa
4–5 desilitraa kaurahiutaleita

Kaurapuuro voidaan tehdä näin: Vesi keitetään. Siihen lisätään teelusikallinen suolaa. Kaurahiutaleet sekoitetaan veteen. Puuroa keitetään 5–10 minuuttia.

21

keittokirja
jokin
ruokaresepti
niissä < ne
ohjeet < ohje
yleensä
kerrot < kertoa
omin < oma
sanoin < sana
omin sanoin = omilla sanoilla

kerrot omin sanoin =
et ota lauseita suoraan tekstistä
ruokalaji
käytä (imperatiivi) < käyttää
teelusikka
keitetään < keittää
lisätä
sekoitetaan < sekoittaa
veteen < vesi
keitetään < keittää

Jos olet kurssilla, kerro, kuinka jotakin leikkiä leikitään! Leikkikää!

Jos olet kurssilla, tehkää niin kuin oppikirjan tekstissä "Sari leikkii" (s. 90) tehdään eli tipoteeratkaa!

Kappale 22

Kappale 22, harjoitus 1

Kirjoita ehdotuksia: Lisää seuraaviin lauseisiin sopiva verbi passiivin preesensin muodossa!
auttaa, kirjoittaa, kysyä, leipoa, mennä, myydä, poimia, tarjota

Hei kaverit, ... viesti Erikille!
Kuule, emme tarvitse autoa. .... se!
.... vieraille jäätelöä ja mansikoita!
Mika hei! Äidillä on paljon töitä. .... häntä!
Marjapensaassa on kypsiä marjoja. .... ne!
Ei osteta leipää, ... itse!
On kiva ilma. .... ulos!
.... Jarilta, mitä tämä sana tarkoittaa!

Kappale 22, harjoitus 2

Pronomini *me* + passiivi tarkoittaa puhekielessä samaa kuin tavallinen monikon ensimmäisen persoonan muoto. (Katso oppikirjan s. 93.) Muuta seuraavat lauseet mallin mukaan!
Malli: Me leikimme. → Me leikitään.

Kysy sinä, me vastaamme.
Me tiedämme, kenen kissa tämä on.
Me tulemme huomenna teille.
Me tykkäämme suklaasta.
Me luemme nämä kirjat nopeasti.
Me matkustamme Tallinnaan.
Me emme muista, mitä tämä sana tarkoittaa.
Me emme osaa ranskaa.
Me emme halua puhua tästä asiasta.
Me emme jaksa enää leikkiä.

Kappale 22, harjoitus 3

Harjoittele genetiiviä! Tässä harjoituksessa käytetään genetiiviä postposition kanssa. Tee lauseita mallin mukaan!

Malli 1: Pekka, Liisa; tulla → Pekka tulee Liisan kanssa.

Marianne, Markus; leikkiä
Sari, isoäiti; matkustaa ulkomaille
Jaana, Mari; asua
Tiina, Jussi; käydä elokuvissa
Jussi, Tiina; olla kihloissa
Annikki, Seppo; olla naimisissa
lapset, hoitaja; mennä ulos

Malli 2: Pekka, tyttöjä; tulla → Pekka tulee tyttöjen kanssa.

Jorma, poikia; pelata jalkapalloa
äiti, lapsia; olla ulkona
myyjä, asiakkaita; puhua
Tuula, naapureita; jutella
opettaja, opiskelijoita; keskustella
Yrjö-setä, sukulaisia; riidellä
Kalle, työtovereita; mennä saunaan

> ulkomaille
> kihloissa
> olla kihloissa
> naimisissa

> olla naimisissa
> hoitaja
> riidellä (riitelee)

Kappale 22, harjoitus 4

Ensimmäisessä lauseessa on monikon partitiivi. Kirjoita toiseen lauseeseen samat sanat monikon genetiivissä!
Malli: Täällä on opiskelijoita. Opettaja keskustelee ..... kanssa.
→ Opettaja keskustelee opiskelijoiden kanssa.

Tässä kaupassa myydään vanhoja tavaroita. Tämä on .... kauppa.
Kirjaston lukusalissa on pöytiä. Ihmiset istuvat .... ääressä ja lukevat.
Minulla on hyviä ystäviä. Haluan käydä .... luona.
Täältä lähtee paljon junia. Tarvitsen .... aikataulut.
Linja-autoasemalta lähtee paljon busseja. Tarvitsen Espoon .... aikataulut.

Tässä kaupassa myydään itämaisia mattoja. Kysyn .... hintoja.

> itämainen

Kappale 22, harjoitus 5

Kirjoita sanat monikkomuodossa! Ensimmäinen sana on monikon genetiivissä ja toinen monikon nominatiivissa.

Malli: maan pääkaupunki → maiden pääkaupungit

kaupungin asukas
kurssin tentti
perheen lapsi
kirjan kansi
elokuvan nimi
puun hedelmä
kirkon torni
kukan väri

lapsen huone
ruoan resepti
tavaran hinta
rakennuksen väri
kuninkaan kruunu
potilaan ongelma
asukkaan osoite
turistin reitti

Kappale 22, harjoitus 6

Kirjoita lauseita mallin mukaan! Tässä harjoituksessa genetiiviä käytetään täytyy-verbin kanssa.

Malli: sinä; tulla → Sinun täytyy tulla.

minä; nousta aikaisin
me; mennä kauppaan
opiskelija; lukea paljon
isoäiti; soittaa Tuulalle
Tuula; kirjoittaa isoäidille
kaikki ihmiset; osata nykyään käyttää tietokonetta

> nykyään   tietokone

Kappale 22, harjoitus 7

Kirjoita sanat genetiivimuotoon!

Leikitään, että ihmiset saavat tehdä sitä, mitä haluavat, (ihmiset) ei tarvitse tehdä sitä, mitä tavallisesti täytyy tehdä. (Me) ei tarvitse jatkuvasti katsoa kelloa. (Bussinkuljettajat) ei tarvitse ajaa koko ajan samaa reittiä. (Lapset) ei tarvitse mennä sänkyyn aikaisin illalla. (Koululaiset) ei tarvitse lukea läksyjä. (Perheenäidit) ei tarvitse tiskata. (Vanhukset) ei tarvitse olla yksin. (Köyhät) ei tarvitse olla ilman ruokaa. (Pienet ja heikot) ei tarvitse pelätä isoja ja vahvoja. (Sotilaat) ei tarvitse taistella.

Keksi itse lisää!

jatkuvasti
katsoa kelloa (partitiiviobjekti!)
koko ajan < koko aika
reittiä < reitti
ajaa samaa reittiä (partitiiviobjekti!)
läksyjä < läksy
tiskata
vanhukset < vanhus
yksin

köyhä
ilman
ilman ruokaa
heikot < heikko
pelätä
vahvoja < vahva
sotilaat < sotilas
taistella

KAPPALE 22, HARJOITUS 8

Jutellaan!

Lue opiskelutoverin kanssa oppikirjan teksti "Ihmeellinen muisti" (s. 95)! Kysy opiskelutoverilta seuraavat kysymykset! Hän vastaa ja kysyy sitten sinulta.

Muistatko helposti ihmisten nimet?
Muistatko ystävien ja perheenjäsenten syntymäpäivät? Miten onnittelet heitä?
Opitko helposti numerotietoja, esimerkiksi asukkaiden määriä, historian vuosilukuja ym.?
Tunnetko paljon kukkia ja puita ja niiden suomenkielisiä nimiä?
Osaatko paljon lauluja?
Onko sinulla kaupassa mukana ostoslista?
Tunnetko sellaisia ihmisiä kuin Sirkka?

Kysykää lisää!

Jos olet kurssilla, lukekaa oppikirjan teksti "Tehdään jotain muuta" (s. 91) ja tehkää samanlainen leikki kuin Jari teki tytöille: Joku laittaa pöydälle esineitä. Kaikki katsovat niitä vähän aikaa ja kirjoittavat sitten, mitkä esineet he muistavat.

Kappale 23

Kappale 23, harjoitus 1

Lue teksti, joka on oppikirjan sivulla 96! Kirjoita sitten seuraavien lauseiden verbit menneen ajan muotoon!
Malli: Kuka tulee? → Kuka tuli?

Kuka soittaa? Kenen kanssa hän puhuu?
Milloin he tulevat?
Matkustavatko he junalla?
Ketkä ovat asemalla vastassa?
Mitä Tuula kysyy heiltä?
Kuinka matka menee?
Mitä he tuovat lapsille? Saavatko lapset jotakin hyvää?
Mitä Sari tekee? Näyttääkö hän kaikki koulukirjansa?
Kävelevätkö he ulkona?
Onko pojilla šakkipeli?
Pelaavatko pojat isoisän kanssa šakkia? Kuka voittaa?
Kuka ottaa valokuvia?
Missä perhe käy lauantaina?
Missä huoneessa vieraat nukkuvat?
Milloin he heräävät?
Miksi he nousevat hyvin hiljaa?
Missä he istuvat?
Kuinka kauan he odottavat?
Mihin aikaan isoäiti keittää kahvia?
Milloin vieraat lähtevät?
Milloin he saapuvat kotiin?
Mitä he tekevät heti, kun he ovat taas kotona?
Onko heillä hauska viikonloppu?

Kysy kysymykset opiskelutoverilta!

Kappale 23, harjoitus 2

A. Vastaa seuraaviin kysymyksiin myönteisesti!
   Malli: Tulitko bussilla? → Tulin.

Kävelitkö? Nukuitko hyvin? Soititko heille? Toitko minulle jotakin? Saitko kirjeitä? Puhuitko suomea? Otitko valokuvia? Kävitkö eilen saunassa? Heräsitkö aikaisin? Odotitko kauan? Keititkö vieraille kahvia? Kirjoititko kirjeitä? Ajattelitko asiaa? Avasitko ikkunat?

B. Kirjoita sitten samat verbit yksikön 3. persoonan muodossa!
   Malli: Hän tuli bussilla.

Kappale 23, harjoitus 3

Opiskele seuraavat menneen ajan muodot!

tietää:
   tiesin, tiesit, tiesi, tiesimme, tiesitte, tiesivät
pyytää:
   pyysin, pyysit, pyysi, pyysimme, pyysitte, pyysivät
kieltää:
   kielsin, kielsit, kielsi, kielsimme, kielsitte, kielsivät
ymmärtää:
   ymmärsin, ymmärsit, ymmärsi, ymmärsimme, ymmärsitte, ymmärsivät
siirtää:
   siirsin, siirsit, siirsi, siirsimme, siirsitte, siirsivät
kääntää:
   käänsin, käänsit, käänsi, käänsimme, käänsitte, käänsivät
työntää:
   työnsin, työnsit, työnsi, työnsimme, työnsitte, työnsivät
lentää:
   lensin, lensit, lensi, lensimme, lensitte, lensivät

Kirjoita seuraavien verbien menneen ajan muodon kaikki persoonat! Myös niissä on *i*:n edellä *s*.

kiertää, myöntää, piirtää, rakentaa, sukeltaa, säveltää, tuntea, uskaltaa

KAPPALE 23, HARJOITUS 4

Kirjoita verbit menneen ajan muotoon, yksikön 1. persoonaan tai sellaiseen persoonamuotoon, joka sopii lauseeseen!

Terveisiä Unkarista! (Käydä) viikonloppuna Budapestissä. (Matkustaa) sinne torstai-iltana lentokoneella. Kone (lentää) suoraan Helsingistä Budapestiin.

Ystäväni (olla) minua vastassa lentokentällä ja (viedä) minut autolla keskustaan. (Asua) suomalaisen ystäväni luona.

Perjantaina (käydä) ensin yliopistossa, suomalais-ugrilaisessa laitoksessa. (Tavata) siellä monta tuttavaa. (Kysyä), mitä heille kuuluu, ja (kertoa) terveiset Suomesta. Sitten (kävellä) monta tuntia kaupungilla.

(Mennä) ystäväni kanssa pieneen ravintolaan, ja me (syödä) hyvää ruokaa. Illalla me (saada) unkarilaiselta ystävältämme liput konserttiin, joka (olla) eräässä kauniissa kirkossa. Hyvä pieni kuoro (laulaa) ja hyvä sellisti (soittaa) Bachin musiikkia.

Lauantaina minä (haluta) mennä uimaan. Ystäväni ja minä (lähteä) aamulla kivaan kylpylään ja (viipyä) siellä kaksi tuntia.

Lauantai-iltana meille tuli vieraita. Me (tarjota) heille unkarilaista viiniä ja suomalaisia voileipiä (ruisleipää, lohta ja poronlihaa). Vieraat (pitää) voileivistä. Vieraat olivat unkarilaisia, ja he (kertoa) minulle paljon Unkarin tapahtumista. He (puhua) unkaria, ja minä (ymmärtää) melkein kaiken.

Sunnuntaina (kirjoittaa) postikortteja ja (soittaa) parille tuttavalle. Ulkona oli melko kylmä ilma. Me (ajaa) raitiovaunulla keskustaan ja (katsella) vähän aikaa vanhoja kaupunginosia.

Sunnuntai-iltana minun (täytyä) pakata matkalaukkuni kotimatkaa varten. (Tilata) taksin maanantaiaamuksi. Taksi (viedä) minut linja-autoasemalle, josta lentokentän bussit lähtevät. Ystäväni oli aamulla työssä, mutta ruokatunnilla hän (saattaa) minut lentokentälle, ja (jutella) siellä vielä vähän aikaa. Siellä oli myös yliopiston suomalais-ugrilaisen laitoksen professori, joka (lähteä) Suomeen samalla koneella kuin minä.

(Tulla) kotiin noin kello 15, (purkaa) tavarat matkalaukusta, (pestä) pyykkiä ja (lukea) viikonlopun lehdet.

Loma (loppua), työviikko (alkaa).

suomalais-ugrilainen	mennä uimaan
laitoksessa < laitos	kiva
terveiset	kylpylä
liput < lippu	viipyä
konsertti	vieraita < vieras
kauniissa < kaunis	viini
kuoro	voileipä
sellisti	ruisleipä
uimaan < uida	ruis

lohta < lohi
poronliha
poro
tapahtumista < tapahtuma
parille < pari
melko
raitiovaunu
kaupunginosa
pakata
matkalaukku
kotimatka
varten

kotimatkaa varten
tilata
taksi
maanantaiaamuksi
= maanantaiaamua varten
ruokatunti
saattaa
purkaa
pyykki
pestä pyykkiä
loma
työviikko

Kappale 23, harjoitus 5

Jutellaan!

<u>Katso yhdessä opiskelutoverisi kanssa seuraavaa listaa! Etsikää listasta ne asiat, joita teitte viime viikonloppuna! Keskustelkaa niistä! Jos listassa ei ole sopivia asioita, kertokaa, mitä teitte!</u>

nukuin paljon
puhuin suomea
autoin ystäviä
nauroin paljon
lauloin
annoin kukkia ystävälleni
ostin uusia vaatteita
kirjoitin äidille
luin paljon
kävin teatterissa
tein harjoituksia
opiskelin suomea
katselin televisiota

kuuntelin radiota
kävelin puistossa
menin aikaisin sänkyyn
nousin aikaisin
juoksin metsässä
pesin ikkunoita
tanssin
uin
söin ravintolassa
tapasin ystäviä
siivosin kotini
kävin saunassa

<u>Lue oppikirjan teksti "Isoisä ja isoäiti juttelevat sunnuntaiaamuna" (s. 98)! Kysy opiskelutoverilta seuraavat kysymykset!</u>
Mitä Kaarina ja Pentti ajattelevat tyttärensä lapsista?
Mitä he muistelivat?
Kuinka kauan he juttelivat ja mitä he sitten tekivät?

Kappale 24

Kappale 24, harjoitus 1

A. Lue oppikirjan teksti "Mitä teit kesälomalla?"(s. 99)! Kirjoita sitten Ailan, Ritvan, Jukan, Annelin, Erkin, Antin ja Sinin kesälomasta hän-muodossa!

Malli:
Aila oli maalla kesämökillä. Hän oli paljon ulkona: hän käveli, souti, keräsi marjoja. Usein hän istui rannalla ja katseli järvelle. - - -
Älä unohda hän-pronominia!

B. Lue seuraava teksti, joka kertoo Timon lomasta! Kiinnitä huomiota pronomineihin!

Timo ei tehnyt mitään erikoista. Heillä ei ole varaa matkustella eikä heillä ole venettä tai mökkiä tai sukulaisia maalla. Ja Timon vaimolla oli loma eri aikaan kuin Timolla. Vaimo kävi töissä, ja Timo laittoi ruokaa. Hän oli siinä kotona, katseli televisiota. Kaljalla hän kävi joskus, kaverien kanssa.

    kiinnittää huomiota + mihin?

Kappale 24, harjoitus 2

Tekstin henkilöt kertovat kesälomasta. Ketkä eivät seuraavissa lauseissa puhu totta?

Aila: Minulla oli lomalla niin paljon vieraita, että minulla ei ollut aikaa lukea mitään.
Ritva: Tapasin vanhoja tuttuja, jotka olivat koulussa samaan aikaan kuin minä.
Jukka: Itävaltalaiset vieraat eivät pitäneet mistään Helsingissä.
Anneli: En voi ollenkaan ottaa aurinkoa.
Erkki: Minulla oli ikävä loma.
Antti: Opiskelin kesäyliopiston kursseilla.
Sini: Olin työn jälkeen usein ulkona ystävien kanssa.
Timo: Ostin veneen.

ketkä < kuka	tuttu
totta < tosi	samaan aikaan
puhua totta	(ei) ollenkaan
aika	ikävä
mitään < mikään	kesäyliopisto

KAPPALE 24, HARJOITUS 3

A. Järjestä seuraavat verbit verbityyppiryhmiin! Verbit ovat tekstistä "Mitä teit kesälomalla?"

tehdä, olla, kävellä, uida, soutaa, kerätä, istua, katsella, lainata, lukea, kirjoittaa, opiskella, käydä, tavata, pitää, matkustaa, osallistua, tutustua, maata, mennä, sairastua, joutua, tarvita, myydä, laittaa, katsella

B. Kirjoita sitten kaikkien A-harjoituksen verbien i-tempuksen (imperfektin) kielteinen muoto (yksikön 1. persoona).
Malli:

I	soutaa	en soutanut
II	uida	en uinut
III	olla	en ollut
IV	lainata	en lainannut
V	tarvita	en tarvinnut

KAPPALE 24, HARJOITUS 4

Vastaa kysymyksiin verbillä! (Mennyt aika, myönteinen tai kielteinen muoto.)
Malli: Tekikö Alli ruokaa? → Teki. / Tekivätkö he ruokaa? → Tekivät.
Tekikö Elli ruokaa? → Ei tehnyt. / Tekivätkö he ruokaa? → Eivät tehneet.

Kävikö Aila Lappeenrannassa?
Soutiko Aila?
Uiko Aila?
Oliko Ailalla vieraita Itävallasta?
Lainasiko Ritva kirjoja kirjastoautosta?
Tapasiko Ritva entisiä koulutovereita?
Kävikö Ritva taidenäyttelyissä?
Oliko Jukka ensin Kreikassa?
Kävivätkö Jukan itävaltalaiset vieraat Kuopiossa?
Pitivätkö Jukan vieraat merestä?
Keräsikö Anneli marjoja?
Osallistuiko Anneli kiertoajeluihin ja retkiin?
Opiskeliko Anneli unkaria?
Oliko Anneli sairas?
Joutuiko Erkki vankilaan kesälomalla?

Makasiko Erkki sairaalassa monta kuukautta?
Menikö Erkin loma pilalle?
Opiskeliko Antti ahkerasti?
Istuiko Antti usein rannalla?
Osallistuiko Antti ammattikoulun pääsykokeeseen?
Pääsikö Antti sinne, mihin hän halusi?
Oliko Sini torilla työssä?
Myikö Sini torilla kalaa?
Oliko hänestä hauska olla torilla?
Oliko Timon vaimolla loma samaan aikaan kuin Timolla?
Kirjoittiko Timo paljon postikortteja ystäville?
Katseliko Timo televisiota?
Laittoiko Timo usein ruokaa?

       vankila

KAPPALE 24, HARJOITUS 5

Kirjoita kielteiset vastaukset!
Malli: Aila, kävitkö ulkomailla? → En käynyt.

Aila, opiskelitko ranskaa?
Ritva, muutitko Lappeenrantaan?
Jukka, tulivatko tuttavasi laivalla Turkuun?
Anneli, olitko viime kesänä Espanjassa?
Erkki, oliko sinulla mukava loma?
Antti, menitkö kesällä naimisiin?
Sini, tapasitko paljon tuttavia?
Timo, ostitko veneen?

KAPPALE 24, HARJOITUS 6

Kun luulemme jotakin, voimme tehdä kielteisiä kysymyksiä, joilla tarkistamme, olemmeko oikeassa. Katso mallia ja harjoittele kielteisiä kysymyksiä!

Malli 1 (preesens): Aila, sinä puhut unkaria, ...? → Aila, sinä puhut unkaria, etkö puhukin?

Aila, sinä osaat soutaa, ...?
Aila, sinä luet paljon, ...?
Ritva, sinä käyt lomalla usein Lappeenrannassa, ...?

Ritva, sinä olet kiinnostunut taiteesta, ...?
Jukka, sinulla on itävaltalaisia tuttavia, ...?
Anneli, sinä matkustat ulkomaille lomillasi, ...?
Erkki, sinä olet nyt terve, ...?
Antti, sinä opiskelet nyt yliopistossa, ...?
Sini, sinulla on nyt rahaa opiskeluun, ...?
Timo, sinä osaat laittaa ruokaa, ...?

luulemme < luulla	kiinnostunut
jotakin	taiteesta < taide
tarkistaa	kiinnostunut taiteesta
olla oikeassa	

Malli 2 (imperfekti): Aila, sinä opiskelit unkaria, ...? → Aila, sinä opiskelit unkaria, etkö opiskellutkin?

Aila, sinä luit lomalla paljon, ...?
Ritva, Lappeenrannassa oli taidenäyttelyjä, ...?
Jukka, sinulla oli itävaltalaisia vieraita, ...?
Anneli, sinä matkustit taas ulkomaille, ...?
Erkki, sinä olit sairaalassa, ...?
Antti, sinä pääsit yliopistoon, ...?
Sini, sinä sait rahaa opiskeluun, ...?
Timo, sinä laitoit ruokaa, ...?

KAPPALE 24, HARJOITUS 7

Etsi parit ja kirjoita kielteisten lauseiden verbinmuoto!

1. Hän ei .... Vaasassa.
2. Hän ei .... englantia.
3. En .... appelsiineja.
4. Emme .... kaupungissa.
5. He eivät .... lentokoneella.
6. Naapurini ei .... pianoa.
7. En .... marjoja.
8. Erkin loma ei .... hyvin.
9. Hän ei .... sisällä.
10. Emme .... kirjeitä.
11. Hän ei .... yliopistoon.
12. En .... lämmintä ruokaa.
13. He eivät .... kahvia.

a) Hän pääsi ammattikorkeakouluun.
b) Kirjoitimme postikortteja.
c) He matkustivat laivalla.
d) Keräsin sieniä.
e) Se meni pilalle.
f) Ostin omenia.
g) Laitoin vain salaattia.
h) He joivat teetä.
i) Hän opiskeli saksaa.
j) Hän soitti viulua.
k) Asuimme maalla.
l) Hän kävi Tampereella.
m) Hän oli ulkona.

KAPPALE 24, HARJOITUS 8

Lue, mitä Mari kertoo! Hän kertoo, mitkä vuosiluvut ovat tärkeitä hänen elämässään.

Olen syntynyt vuonna 1984.
Vuonna 1991 menin kouluun.
Vuonna 2003 pääsin ylioppilaaksi ja aloin opiskella yliopistossa.
Vuonna 2004 menin naimisiin Lassen kanssa.
Vuonna 2007 syntyi Olli.
Vuonna 2009 valmistuin maisteriksi.
Vuonna 2011 syntyi Milla.

Mitkä vuosiluvut ovat tärkeitä vuosilukuja sinun elämässäsi? Mitä silloin tapahtui?

vuosiluvut < vuosiluku   aloin < alkaa
tärkeitä < tärkeä   ylioppilas
menin kouluun = aloitin koulun valmistua
aloitin < aloittaa   maisteri

KAPPALE 24, HARJOITUS 9

Jos kysymyksessä on liite -han/-hän, kysymys on ehkä vain ajatus. Se, joka ajattelee kysymystä, ei ehkä odota vastausta. Vertaa seuraavia kysymyslauseita! Ensimmäinen on ajatus, toinen on kysymys.

Mitähän Pekalle kuuluu?   Pekka, mitä sinulle kuuluu? /
                                  Tietääkö joku, mitä Pekalle kuuluu?

Ajattelet ystävääsi. Et tiedä, mitä hänelle kuuluu. Lue seuraavat ajatukset ja kirjoita, mitä kysyt häneltä, kun soitat hänelle!

Ajatukset:
Mitähän hänelle kuuluu?
Onkohan hän terve?
Mitähän hän tekee nyt?
Minkähänlainen sää siellä on?
Onkohan hän yksin kotona?
Koskahan hän tulee tänne?
Saikohan hän minun kirjeeni?
Missähän hänen veljensä on?
Tietääköhän hän, että Erkki joutui sairaalaan?

Mitähän kello on?   Äiti, mitä kello on?

liite
ajatus

koska? = milloin?

Kappale 24, harjoitus 10

Kirjoita seuraavien sanojen monikon vartalo! Löydät sen monikon partitiivista. Tarvitset vartalon, kun teet sanan monikon muotoja.
Malli:

metsä → metsiä → metsi-
talo → taloja → taloi-
pankki → pankkeja → pankkei-
nimi → nimiä → nimi-

matka
retki
juhla
työ
kiertoajelu
tentti
naapuri
koulutoveri
ystävä
kaupunki
maa
museo
nähtävyys

Kappale 24, harjoitus 11

Kirjoita monikon illatiivi!
Malli 1: Osallistuin keskusteluun. → Osallistuin keskusteluihin.

Osallistuin matkaan.
Osallistuitko retkeen?
Osallistuimme juhlaan.
Kaikki osallistuivat työhön.
Turistit osallistuivat kiertoajeluun.
Osallistuin tenttiin.

Malli 2: Tutustuin hyvään ihmiseen. → Tutustuin hyviin ihmisiin.

Tutustuin naapuriin.
Tutustuimme lasten koulutoveriin.
Tutustuin pojan ystävään.
Turistit tutustuivat kaupunkiin.
He tutustuivat pieneen maahan.
Tutustuitko suureen museoon?
Tutustuin kaupungin kuuluisaan nähtävyyteen.

Kappale 24, harjoitus 12

Ensimmäisessä lauseessa on monikon illatiivi. Kirjoita toiseen lauseeseen saman sanan monikon partitiivi!
Malli: Tutustun näihin papereihin. Luen näitä .... → Luen näitä papereita.

Vastaan kirjeisiin. Luen ....
En totu nopeasti uusiin koneisiin. Pelkään ....
Tutustun ehdotuksiin. Ajattelen ....
Osallistun tutkimuksiin. Teen ....
Olen tyytyväinen vastauksiin. Sain hyviä ....
Tutustun antikvariaatissa vanhoihin karttoihin. Ehkä ostan muutamia ....
Tutustuin opintomatkalla sairaaloihin ja apteekkeihin. Näin .... ja ....
Koulussa tutustutaan myös roomalaisiin numeroihin. Joskus tarvitaan myös ....
Talon puhelimiin tuli jokin vika. Emme voi käyttää ....

tutkimus	apteekki
tyytyväinen (+ illatiivi)	näin < nähdä
antikvariaatti	jokin
opintomatka	vika
sairaala	käyttää

Kappale 24, harjoitus 13

A. Harjoittele vielä illatiivia! Muista, että jos sanassa on konsonanttivaihtelu, illatiivissa on vahva aste! Kirjoita seuraavien sanojen illatiivit!

Nominatiivi	Genetiivi	Illatiivi
kenkä	kengän	kenkään
kengät	kenkien	kenkiin
sukka	sukan	
sukat	sukkien	
hattu	hatun	
hatut	hattujen	
puku	puvun	
puvut	pukujen	
jalka	jalan	
jalat	jalkojen	
käsi	käden	
kädet	käsien	

B. Kiinnitä huomiota seuraaviin sanatyyppeihin! Jos genetiivissä on pitkä vokaali, illatiivissa täytyy olla pääte -seen, monikossa -siin. Kirjoita illatiivit!

Nominatiivi	Genetiivi	Illatiivi
kuningas	kuninkaan	kuninkaaseen
kuninkaat	kuninkaiden	kuninkaisiin
rikas	rikkaan	
rikkaat	rikkaiden	
opas	oppaan	
oppaat	oppaiden	
sade	sateen	
sateet	sateiden	
taide	taiteen	
taiteet	taiteiden	
tiede	tieteen	
tieteet	tieteiden	
osoite	osoitteen	
osoitteet	osoitteiden	

kiinnitä (imperatiivi) < kiinnittää   huomio
kiinnittää huomiota (+ illatiivi)

Kappale 24, harjoitus 14

Jutellaan!

Kertaa yhdessä opiskelutoverin kanssa olla-verbien menneen ajan muodot!

minä olin, sinä olit, hän oli
me olimme, te olitte, he olivat

minä en ollut, sinä et ollut, hän ei ollut
me emme olleet, te ette olleet, he eivät olleet

minulla oli, sinulla oli, hänellä oli
meillä oli, teillä oli, heillä oli

minulla ei ollut, sinulla ei ollut, hänellä ei ollut
meillä ei ollut, teillä ei ollut, heillä ei ollut

Kysy! Opiskelutoveri vastaa ja kysyy sitten sinulta. Etsikää uudet sanat sanakirjasta!

Malli 1:
Olitko täällä eilen? → Olin. / En ollut.

Olitko myöhässä tänä aamuna? Olitko kurssilla toissapäivänä? Olitko Suomessa viime vuonna? Olitko sairas viime viikolla? Olitko koulussa vuonna 1976? Olitko eilen vihainen?

Kysy kysymykset uudestaan! Jos opiskelutoveri vastaa myönteisesti (Olin), sano: Niin minäkin. Jos hän vastaa kielteisesti (En), sano: En minäkään.
Malli 2:
Olitko täällä eilen? – Olin.   → Niin minäkin.
Olitko täällä eilen? – En ollut. → En minäkään.

Malli 3: Oliko sinulla nalle, kun olit lapsi? → Kyllä oli. / Ei ollut.
Oliko sinulla nukke? Oliko sinulla keinuhevonen? Oliko sinulla pienoisrautatie? Oliko sinulla Barbie-nukke? Oliko sinulla nukkekoti? Oliko sinulla nukenvaunut? Oliko sinulla paperinukkeja? Oliko sinulla autoja? Oliko sinulla vesipistooli? Oliko sinulla jalkapallo? Oliko sinulla palapelejä? Oliko sinulla pelikortit? Oliko sinulla vesivärit? Oliko sinulla luistimet? Oliko sinulla rullaluistimet? Oliko sinulla polkupyörä? Oliko sinulla oma muki? Oliko sinulla oma lautanen? Oliko sinulla kissa, koira, hamsteri, rotta, hiiri tai joku muu eläin? Oliko sinulla usein laastari polvessa?

Kysy kysymykset uudestaan! Jos opiskelutoveri vastaa myönteisesti (Kyllä), sano: Niin minullakin. Jos hän vastaa kielteisesti (Ei), sano: Ei minullakaan.
Malli 4:
Oliko sinulla nalle, kun olit lapsi? – Kyllä oli. → Niin minullakin.
Oliko sinulla nalle, kun olit lapsi? – Ei ollut. → Ei minullakaan.

Kirjoita pieni teksti aiheesta "Unelmaloma"! Kerro sitten unelmalomastasi opiskelutoverille! Kysy, millainen hänen unelmalomansa on!

unelma

Onko lomasi joskus mennyt pilalle? Mitä tapahtui? Kerro siitä opiskelutoverille!

Kappale 25

Kappale 25, harjoitus 1

Lue oppikirjan teksti "Mitä leirillä tehtiin?" (s. 103). Vastaa kysymyksiin!

Mihin aikaan leirillä oli aamuherätys?
Mihin aikaan leiriläiset saivat aamiaista?
Milloin oli lipunnosto?
Ketkä osallistuivat siivoukseen?
Oliko aamupäivällä aina sama ohjelma?
Mitä keskipäivän aterian jälkeen tehtiin?
Millainen välipala iltapäivällä tarjottiin?
Mitä leiriläiset illalla tekivät?
Kuinka usein he kävivät saunassa?
Milloin leiriläiset saivat valvoa puoli yhteentoista asti?
Mistä Mika on epävarma?

mihin aikaan < mikä aika	keskipäivä
aamuherätys	ateria
aamiaista < aamiainen	välipala
lipunnosto	valvoa
lippu	asti: puoli yhteentoista asti
nosto	yhteentoista < yksitoista
siivoukseen < siivous	epävarma

Kappale 25, harjoitus 2

Vanha Elsa-täti on nuorten sukulaisten luona. Hän katselee heidän keittiötään ja heidän kotitöitänsä. Hän kertoo, miten työt ennen vanhaan tehtiin. Lue, mitä hän kertoo. Etsi uudet sanat sanakirjasta!

Ennen vanhaan tehtiin kaikki ruoat kotona, ja joka päivä syötiin päivällistä yhdessä. Leipä leivottiin kotona. Se paistettiin uunissa; ei ollut leipäkoneita. Ruoka keitettiin hellalla tai paistettiin uunissa; ei ollut mikroaaltouuneja. Kahvinpavut jauhettiin kotona pienellä kahvimyllyllä ja kahvi keitettiin kahvipannussa. Marjoja kerättiin ja niistä keitettiin mehua ja hilloa. Ei ollut pakastimia, vaan ruokatavarat säilöttiin muilla tavoilla. Ei ollut jääkaappiakaan, vaan ruokia säilytettiin kellarissa tai kylmässä komerossa.

Ennen vanhaan mitään ei heitetty pois, vaan kaikki käytettiin moneen kertaan.

Ei ollut kertakäyttöastioita eikä muovipusseja, ja kauppaan tavarat tuotiin irrallaan, kaikkea ei pakattu niin kuin nyt. Eikä ennen käytetty talouspaperia vaan pyyheliinoja ja rättejä.

Kun siivottiin, vietiin matot ulos ja pestiin lattiat. Ei ollut pölynimureita Pyykit ja astiat pestiin käsin, ei ollut pyykinpesukoneita eikä astianpesukoneita.

Mitä Elsa-tädin nuoret sukulaiset tekevät eri tavalla kuin ennen vanhaan tehtiin? Kirjoita verbit preesensmuotoon!

Nykyään ostetaan aika paljon valmiita ruokia kaupasta. Einekset (lämmittää) ja pakasteet (sulattaa) mikroaaltouunissa. Aika paljon ruokia (pakastaa) ja (säilyttää) pakastimessa. Mehuja ja hilloja meillä ei (keittää); ne ostetaan kaupasta. Kahvi (keittää) kahvinkeittimellä, tai usein (juoda) pikakahvia. Kyllä nykyäänkin usein (leipoa) leipää kotona.

Nykyään kaikki tavarat (pakata) muoviin tai pahviin, ja hedelmät ja vihannekset (laittaa) muovipussiin, ja lopuksi ostokset (kantaa) kotiin muovikassissa.

Siivouspäivänä meillä tavallisesti (imuroida) lattiat ja matot ja (pyyhkiä) pölyt huonekaluista. Pyykit (pestä) koneella.

KAPPALE 25, HARJOITUS 3

Tässä on erään vanhan ihmisen lapsuusmuistoja. Lue teksti! Kirjoita verbien infinitiivit! Etsi uudet verbit sanakirjasta!

Kun olin lapsi, olin usein mummolassa. Mummolani oli maalaistalo, ja siellä
– noustiin aamulla aikaisin ja mentiin illalla aikaisin nukkumaan
– syötiin kolme kertaa päivässä
– leivottiin leipää ja pullaa
– kirnuttiin voita
– kudottiin mattoja kangaspuilla
– pestiin pyykkiä joen rannassa
– nukuttiin kesällä aitoissa
– teurastettiin syksyllä sika ja suolattiin kinkku jouluksi
– tehtiin kesällä vihtoja talveksi
– käytiin lauantaisin saunassa
– ei lukittu ovia yöksi

Kuinka sinun kotimaassasi eletään maaseudulla? Mitä maalaistaloissa tehdään?

Kerro, millaisia muistoja sinulla on mummolastasi! Mitä siellä tehtiin?

lapsuusmuisto
mummola
maalaistalo
nukkumaan < nukkua
mennä nukkumaan
pulla
kangaspuilla < kangaspuut
matto
joen < joki
aitoissa < aitta
teurastettiin < teurastaa
sika

suolata
kinkku
jouluksi = joulua varten
vihta
talveksi = talvea varten
lauantaisin = joka lauantai
ovet lukitaan yöksi
= ovet lukitaan illalla ja
  ne ovat lukossa yöllä
maaseudulla < maaseutu
millaista < millainen
millaista elämä on?
nykyään

Kappale 25, harjoitus 4

Lue A-teksti! Kirjoita sitten B-tekstiin verbit sellaisessa muodossa, että kaikki on päinvastoin kuin A-tekstissä!

A.
Tänään oli hauska päivä. Kaikki sujui hyvin. Nukuin yöllä hyvin. Aamulla herätyskello soi, ja minä heräsin ajoissa. Bussissa minulle annettiin istumapaikka. Työpaikalla minulle hymyiltiin ja minun kanssani juteltiin. Ruokalassa tarjottiin mieliruokaani. Minulla ei ollut liikaa työtä, ja työtoverini auttoivat minua. Minut kutsuttiin erään työtoverin juhliin. Sain kirjeitä ja kortteja. Minulle soitettiin monta puhelua. Illalla televisiossa oli mielenkiintoista ohjelmaa.

B.
Tänään oli ikävä päivä. Mikään ei sujunut hyvin. .... yöllä hyvin. Aamulla herätyskello ...., ja minä .... ajoissa. Bussissa minulle .... istumapaikkaa. Työpaikalla minulle .... eikä minun kanssani .... Ruokalassa mieliruokaani. Minulla .... liikaa työtä, ja työtoverini .... minua. Minua .... erään työtoverin juhliin. .... kirjeitä enkä kortteja. Minulle .... yhtään puhelua. Illalla televisiossa .... mielenkiintoista ohjelmaa.

sellaisessa < sellainen
päinvastoin
sujua
ajoissa < aika
istumapaikka
hymyillä

mieliruoka
liikaa
puhelu
mielenkiintoista < mielenkiintoinen
(ei) mikään

Kappale 25, harjoitus 5

Opiskele vähän Suomen historiaa! Valitse lauseisiin sopivat vuosiluvut!

vuonna 1955, v. 1862, v. 1809, v. 1918, v. 1889, v. 1952, v. 1550, v. 1917, v. 1870, v. 1939, v. 1640

Helsinki perustettiin ....
Helsingissä pidettiin olympialaiset ....
Helsingin Sanomat (aluksi nimeltään Päivälehti) perustettiin ....
Turun akatemia (nykyään Helsingin yliopisto) perustettiin ....
Suomi liitettiin Venäjään ....
Suomi tuli itsenäiseksi ....
Suomessa oli kansalaissota ....
Talvisota alkoi ....
Suomi tuli YK:n jäseneksi ....
Suomen ensimmäinen rautatie avattiin ....
Aleksis Kiven romaani Seitsemän veljestä julkaistiin ....

Mitkä ovat tärkeitä vuosia kotimaasi tai kotikaupunkisi historiassa? Mitä silloin tapahtui?

perustaa	talvisota
olympialaiset	YK = Yhdistyneet kansakunnat
pitää olympialaiset	jäsen
aluksi	tuli jäseneksi
nimeltään	rautatie
liittää	avata
itsenäinen	romaani
tuli itsenäiseksi	veljestä < veljes
kansalaissota	julkaista
< kansalainen + sota	

Kappale 25, harjoitus 6

Lue seuraava teksti! Siinä opiskelija, joka oli Suomessa joulukuussa, kertoo suomalaisten joulunvietosta.

Joulun odotus aloitetaan adventtina, neljä viikkoa ennen joulua. Adventtisunnuntaina sytytetään adventtikynttilä, kirkoissa lauletaan Hoosianna-hymni, ja lapsille ostetaan joulukalenteri. Kalenterista avataan yksi luukku joka aamu jouluun asti.

Ennen joulua järjestetään monia pikkujouluja. Ne ovat työpaikkojen, koulujen, kerhojen, yhdistyksien jne. juhlia, joissa syödään jouluruokia, lauletaan joululauluja ja esitetään monenlaista ohjelmaa.

Ennen joulua on hyvin paljon myyjäisiä ja keräyksiä, joilla eri järjestöt hankkivat rahaa hyviin tarkoituksiin. Monessa paikassa myydään esimerkiksi Unicefin kortteja, ja Pelastusarmeija kerää lahjoja ja rahaa kaduilla.

Ystäville, sukulaisille ja tuttaville lähetetään kortteja, lahjapaketteja ja kukkia. Kotona valmistetaan jouluruokia ja leivonnaisia. Jouluksi hankitaan kuusi, joka koristetaan kynttilöillä, palloilla, nauhoilla ja muilla koristeilla. Kuusen latvaan laitetaan tähti.

Joulukuun 13. päivänä ruotsinkielisillä on Lucian-päivän juhla, jota vietetään sekä kodeissa että erilaisissa laitoksissa. Helsingissä on pääjuhla, johon valitaan Lucia ruotsinkielisen sanomalehden, Hufvudstadsbladetin, äänestyksessä.

Suomalaiset viettävät joulun yleensä kotona, perheen ja sukulaisten kanssa, mutta monet haluavat myös matkustaa jonnekin.

Jouluaattona (24.12.) käydään hautausmaalla ja viedään omaisten ja ystävien haudoille kynttilä. Monet käyvät joulusaunassa jo iltapäivällä. Illalla syödään jouluateria – erityisiä jouluruokia –, ja sitten jaetaan joululahjat. Lapsiperheissä lahjat voi jakaa Joulupukki, joka tulee Lapista.

Jouluaamuna (25.12.) käydään kirkossa hyvin aikaisin aamulla. Monet käyvät mieluummin keskiyön messussa.

Vanha tapa on, että joulupäivänä ollaan kotona ja toisena joulupäivänä, tapaninpäivänä (26.12.), käydään kylässä.

joulunvietto
odotus
aloittaa
adventti
ennen
sytyttää
kynttilä
hymni
joulukalenteri
kalenteri
luukku
asti: jouluun asti
pikkujoulu
kerho
yhdistys
jne. = ja niin edelleen
esittää
monenlaista < monenlainen
myyjäisiä < myyjäiset
keräyksiä < keräys
eri
järjestö
hankkia
tarkoituksiin < tarkoitus
Unicef
Pelastusarmeija
leivonnaisia < leivonnainen
kuusi

koristaa
pallo
nauha
muilla < muut
koriste
latva
tähti
ruotsinkielinen
viettää
erilainen
laitoksissa < laitos
pääjuhla
valita
sanomalehti
Hufvudstadsbladet ("Pääkaupungin lehti")
yleensä
jonnekin
jouluaatto
hautausmaa
omaisten < omainen
haudoille < hauta
jouluateria
erityisiä < erityinen
jaetaan < jakaa
Joulupukki
tapaninpäivä
käydään kylässä = tehdään vierailuja

Jos olet Suomessa jouluna, kerro joulun jälkeen, mitä joulun edellä ja joulunpyhinä tehtiin!

joulunpyhinä < joulunpyhät

KAPPALE 25, HARJOITUS 7

Kirjoita oman maasi joulusta, uudestavuodesta tai jostakin muusta juhlasta! Jos haluat, seuraavat kysymykset auttavat sinua.

Valmistaudutaanko juhlaan paljon aikaisemmin? Miten valmistaudutaan? Miten lapset odottavat juhlaa? Sanotaanko lapsille, että heidän täytyy olla kilttejä, jos he haluavat saada lahjoja? Vietetäänkö kouluissa tai työpaikoilla juhlia jo ennen juhlapäivää? Lähetetäänkö kortteja? Kenelle? Mitä kortteihin kirjoitetaan? Ostetaanko lahjoja? Kenelle? Millaisia lahjoja? Annetaanko kukkia? Kenelle? Valmistetaanko kotona juhlaruokia? Millaisia ruokia? Leivotaanko kotona? Mitä leivotaan? Mitä ruokia ja juomia ostetaan kaupasta? Siivotaanko koti erityisen hyvin? Miten koti koristetaan? Tuodaanko kotiin kuusi tai jokin muu puu? Mitä koristeita siihen laitetaan? Vietetäänkö juhlaa tavallisesti perheen tai sukulaisten kanssa vai onko juhlassa myös ystäviä tai tuttavia? Mitä juhlapäivänä tehdään (aamulla, päivällä, illalla)? Kuinka monta päivää juhla kestää? Kuinka pitkä loma ihmisillä on työstä tai koulusta? Missä vietit tätä juhlaa viimeksi? Kerro siitä jotakin!

Kirjoita myös jostakin suomalaisesta juhlasta, jonka tunnet!

valmistautua (+ illatiivi) siivota
aikaisemmin viimeksi
kilttejä < kiltti

Kappale 25, harjoitus 8

Jutellaan!

Oletko ollut jollakin retkellä, leirillä, kongressissa tai muussa tapahtumassa, jossa oli yhteistä ohjelmaa? Kerro siitä opiskelutoverille!

Harjoituksessa 7 kirjoitit – eikö totta? – jostakin juhlasta. Kerro nyt siitä opiskelutoverille!

Oletko asunut maalla? Millaista elämä siellä on?

Lue oppikirjan teksti "Sari käy museossa" (s. 105)! Käytkö sinä museoissa? Kerro opiskelutoverille jostakin museosta!

Kappale 26

Kappale 26, harjoitus 1

Lue oppikirjan teksti "Perhe tarvitsee isomman talon" (s. 106)! Ovatko seuraavat väitteet tekstin mukaan totta?

Jorma ja Tuula rakensivat uuden talon.
Heidän täytyi hankkia rakennuslupa.
Kunnan viranomaiset neuvoivat heitä.
He odottivat rakennuslupaa puoli vuotta.
He tarvitsivat ammattimiesten apua.
Talon uudessa osassa on yksi asuinhuone.
Isoäiti sai poikien vanhan huoneen.

Kappale 26, harjoitus 2

Predikaattiverbi määrää, missä muodossa lauseen nominit ovat. (Katso oppikirjan s. 107!) Myös kysymyssanan muoto riippuu verbistä. Valitse jokaiselle seuraavan listan verbille sopiva kysymyssana!
Malli: asut → Missä asut?

Kysymyssanat:
millä, missä, mistä, mihin, mitä

Verbit:
annat, etsit, haluat, istut, juot, juttelette, kuuntelet, kysyt, käyt, käännyt, luet, lähdet, menet, muistat, myyt, nukut, opiskelet, osallistut, pääset, saat, tarjoat, tulet, tutustut, unohdat

  käännyt < kääntyä   unohdat < unohtaa

Kappale 26, harjoitus 3

Tässä on jalkapallo-otteluiden tuloksia. Lue tuloslista!
Malli:
Argentiina – Bulgaria 2–0 → Argentiina voitti Bulgarian kaksi nolla.

Saksa – Kanada   2–1
Ranska – Nigeria   1–0
Japani – Uusi-Seelanti   2–1

Japani – Meksiko 4–0
Yhdysvallat – Kolumbia 3–0
Brasilia – Norja 3–0

Kappale 26, harjoitus 4

Lue oppikirjan sivulta 109, milloin tulosobjektissa on pääte -n ja milloin ei! Muuta seuraavien lauseiden objektin muoto verbin muodon mukaan!

Malli 1: Rakenna talo! → Rakennan talon.

Pane sanakirja pois! Lue lause! Ompele nappi! Kauli taikina! Leivo kakku! Osta uusi kahvinkeitin!

Malli 2: Rakennatte talon. → Rakentakaa talo!

Kirjoitatte harjoituksen. Kerrotte tarinan. Katsotte elokuvan. Maalaatte seinän. Maksatte laskun. Pesette maton. Tyhjennätte roskakorin. Ostatte pesukoneen.

Malli 3: Meidän täytyy rakentaa talo. → Rakennamme talon.

Meidän täytyy viedä paketti postiin. Meidän täytyy hakea matkalaukku kellarikomerosta. Meidän täytyy kuunnella uusi levy. Meidän täytyy antaa isoäidille lahja. Meidän täytyy pestä auto. Meidän täytyy myydä moottoripyörä. Meidän täytyy pakata matkalaukku.

Malli 4: He rakensivat talon. → Heidän täytyi rakentaa talo.

He ottivat lainan pankista. He ostivat uuden auton. He myivät moottoriveneen. He maksoivat vuokran. He kirjoittivat kirjeen. He lähettivät jo joulukortin Australiaan. He tapasivat Yrjö-sedän. He lainasivat kieliopin kirjastosta.

Malli 5: Milloin talo rakennettiin? → Kuka rakensi talon?

Milloin polkupyörä korjattiin? Milloin pöytä maalattiin? Milloin lasku maksettiin? Milloin paketti vietiin postiin? Milloin lapsi mitattiin, punnittiin ja rokotettiin?

Malli 6: Joku rakensi talon. → Talo rakennettiin.

Joku paistoi makkaran. Joku siivosi huoneen. Joku imuroi maton. Joku pesi lattian. Joku lukitsi oven. Joku avasi kassakaapin. Joku näki varkaan. Joku tunsi miehen.

ommella
nappi
kaulia
taikina
maalata
seinä
lasku
matto
tyhjentää
roskakori
roska
kori
pesukone
paketti
matkalaukku

kellarikomero
pakata
laina
moottorivene
vuokra
korjata
mitata
punnita
rokottaa
makkara
imuroida
lukita
kassakaappi
varkaan < varas
tunsi < tuntea

KAPPALE 26, HARJOITUS 5

Lue oppikirjan teksti "Hei, mitä puistossa tapahtuu?"(s. 110–111)! Kiinnitä huomiota objektien muotoon!

Se sahaa *tuota koivua*.
Nyt se sahasi *ison oksan* irti puusta.
No nyt se sahaa *sitä*.
Kamala, jos se kaataa koko *puun*.
Se sahasi penkistä *jalat*.

Miksi *tuota koivua* ja *sitä* ovat näissä lauseissa partitiivissa?
Miksi *ison oksan* ja *puun* ovat tässä muodossa?
Miksi *jalat* on tässä muodossa?

KAPPALE 26, HARJOITUS 6

Seuraavat lauseet ovat tilanteista, joissa silminnäkijä näkee, mitä tapahtuu. Hän kertoo myöhemmin tapahtumasta ja käyttää silloin tulosobjektia, koska hän näki tapahtuman lopputuloksenkin. Kirjoita lauseet mallin mukaan!
Malli: Mies sahaa oksaa puusta. → Mies sahasi oksan puusta.

Tyttö leikkaa kirjastossa taidekirjasta kuvaa.
Poika maalaa patsaan käsiä punaisella maalilla.
Poika työntää puistonpenkkiä mereen.
Nainen piilottaa kaupassa silkkihuivia takkinsa alle.
Mies kantaa isoa mattoa autoon.

Pojat ripustavat polkupyörää puun oksalle.
Tytöt irrottavat pysäkillä roskalaatikkoa tolpasta.

tilanteista < tilanne	silkkihuivi
silminnäkijä	silkki
myöhemmin	huivi
tapahtuma	takki
lopputuloksen < lopputulos	alle
leikata	ripustaa
taidekirja	irrottaa
patsaan < patsas	roskalaatikko
työntää	tolppa
piilottaa	

KAPPALE 26, HARJOITUS 7

Kiinnitä huomiota siihen, että seuraavilla neljällä verbillä on tulosobjekti!
muistaa, nähdä, tuntea, unohtaa

Minä muistan sinut.	Minä muistan Pekan.
Minä näen sinut.	Minä näen Pekan.
Minä tunnen sinut.	Minä tunnen Pekan.
Minä unohdan hänet.	Minä unohdan Pekan.
Muistatko minut?	Muistatko Pekan?
Näetkö hänet?	Näetkö Pekan?
Tunnetko meidät?	Tunnetko Pekan?
Unohdatko minut?	Unohdatko Pekan?

Kirjoita sanat objektin muotoon!

Tunnen (tämä kaupunki) oikein hyvin. Näetkö (tuo korkea rakennus)? Muistatko sen (nimi)? Jos katsot tuonnepäin, näet (meri). Muistatko vielä (se saari), jossa kerran kävimme? Varmasti muistat (Heikki), joka vei meidät sinne moottoriveneellä. Minä tunsin (hän) jo silloin, kun hän oli vielä koulussa. Mutta unohdin Heikin veljen (nimi). Muistatko sinä (se)?

KAPPALE 26, HARJOITUS 8

Lue oppikirjan sivulta 110, mitä "prosessiobjekti" tarkoittaa! Kirjoita annetut sanat oikeaan muotoon!

On ilta. Kaikki ovat kotona. Mitä he tekevät?
Sari lukee (hauska kirja).

Jari kuuntelee (levy).
Mika rakentaa (pienoislentokone).
Jorma liimaa (valokuvat) albumiin.
Tuula etsii (hyvä kakkuresepti).
Isoäiti lukee (lehti).

Opettaja tuli luokkahuoneeseen. Mitä opiskelijat tekivät?
Yksi opiskelija kirjoitti (tekstiviesti).
Toinen luki (sanomalehti).
Kolmas teki (kotitehtävä).
Neljäs söi (omena).
Viides näytti kamerasta (valokuvat) toisille.
Kuudes etsi (sanat) sanakirjasta.
Seitsemäs kutoi (villapusero).

Kappale 26, harjoitus 9

Lue oppikirjan sivulta 111 verbeistä, joilla on aina partitiiviobjekti! Kirjoita objektit partitiivimuotoon!

Odotin (bussi, juna, ystävä, sinä, posti).
Hän auttoi (minä, me, naapuri, ystävät).
Ajattelen (asia, matka, työ, loma, eräs poika, eräs tyttö, hän, se).
Rakastan (sinä, hän, te, äiti, isä, lapset, oma maa, tämä maa, musiikki).
Pelkäätkö (minä, talvi, ihmiset, ukkonen, hammaslääkäri)?

Kappale 26, harjoitus 10

Jutellaan!

<u>Ota mukaan muutamia kuvia! Näytä ne opiskelutoverille ja kerro, mitä niissä tapahtuu/tehdään! Kerro myös, mitä myöhemmin tapahtui!</u>
<u>Malli:</u>
Tämän kuvan minä otin, kun Esko-eno maalasi meidän puutarhan aitaa. Tässä vaiheessa aita on ihan hyvän näköinen, mutta sitten maali loppui kesken ja eno maalasi loput toisella värillä. Valitettavasti minulla ei ole kuvaa siitä, kun äiti suuttui.

eno = äidin veli	loppua kesken
puutarha	toinen = muu
aita	väri
vaihe	valitettavasti
hyvän näköinen	siitä < se
maali	suuttua

Kappale 27

Kappale 27, harjoitus 1

Lue oppikirjan sivulta 113, mitä "osaobjekti" tarkoittaa! Kirjoita lauseita mallin mukaan! Jos et tunne sanoja, etsi ne sanakirjasta! Huomaa, että subjekti on nominatiivissa!

Malli 1: kaakao → Kaakao on lopussa. Osta kaakaota!

kahvi / tee / sokeri / jäätelö / suola / leipä / tomaattisose / sinappi / silli / kaali / kurkku / pesujauhe / sampoo / käsivoide

Malli 2: perunat → Perunat ovat lopussa. Osta perunoita!

porkkanat / punajuuret / lantut / omenat / banaanit / jauhot / piparkakut / keksit / munat

Kappale 27, harjoitus 2

Kirjoita, mitä syöt ja juot aamulla!

Kirjoita, mitä ostit eilen kaupasta tai torilta!

Kirjoita, mitä näet ikkunastasi! (Mitä näet, kun katsot ulos ikkunastasi?)
Malli: Näen korkean talon / korkeita taloja. Näen puiston. Näen puita.

Kappale 27, harjoitus 3

Kirjoita objektit oikeaan muotoon!

Malli 1: lehti → lehden

Tuula sai syntymäpäivänä Jormalta (ruusu).
Tuula halusi ostaa eteiseen (uusi lamppu) ja (kaunis matto).
Jorma ja Tuula haluavat saada pihalle (omenapuu).
(Millainen nukke) Sari haluaa?
Jorma lainasi kirjastosta (hyvä sanakirja).

Malli 2: lehti → lehtiä (monikko)

Tuula sai syntymäpäivänä Jormalta (punainen ruusu).
Tuula meni kauppaan ja katseli (lamppu) ja (matto).
Pojat ostivat (uusi peli).
Jorma käy kielikurssilla. Illalla hän istuu sohvalla ja opiskelee englannin (sana).
Jorma ja Tuula haluavat saada pihalle (muutama omenapuu).
Sari kerää (nukke) ja (nukenvaate).

Malli 3: lehti → lehteä (yksikkö)

Missä Sari on? Hän lukee keittiössä (Aku Ankka) ja (Karvinen).
Mitä pojat tekevät? He pelaavat yläkerrassa (jääkiekkopeli).
Naapurin tyttö odottaa ulkona (Sari).

Aku Ankka = Donald Duck   Karvinen = Garfield

Malli 4: lehti → lehteä (yksikkö)
lehti → lehtiä (monikko)

Jorma ei ostanut (sanakirja).
Jorma ei ostanut Tuulalle (tulppaani) eikä (neilikka).
Pojat eivät ostaneet (palapeli).
Sari ei osaa ommella nukelle (takki) eikä (juhlapuku).
Tuula ei mielellään imuroi (lattia).

KAPPALE 27, HARJOITUS 4

Kirjoita myönteinen ja kielteinen kysymys! Huomaa, että objekti muuttuu! (Katso oppikirjan s. 115!)
Malli: Pekka → Tunnetko Pekan? Etkö tunne Pekkaa?

Matti / Seppo / Markus / Jorma Virtanen / insinööri Dahlman / tuo nainen / tämä mies / tuo lapsi / tämä kaupunki / tuo laulu / minä

KAPPALE 27, HARJOITUS 5

Vastaa kysymyksiin myönteisesti ja kielteisesti. Käytä pronomineja!
Malli:
Tunnetko Pekan? → Tunnen hänet. / En tunne häntä.
Tunnetko tuon oopperan? → Tunnen sen. / En tunne sitä.
Tunnetko Jarin ja Mikan? → Tunnen heidät. / En tunne heitä.
Tunnetko nämä laulut? → Tunnen ne. / En tunne niitä.

Tunnetko Erikin?
Näetkö nyt kuun?
Näitkö eilen iltauutiset?
Tapaatko usein Jorman ja Tuulan?
Muistatko Anni Virtasen?
Unohditko asian?
Tunnetko tuon puun?
Tunnetko nuo linnut?
Lähetitkö kirjeen?
Ymmärsitkö kysymykset?

KAPPALE 27, HARJOITUS 6

Valitse lauseisiin sopiva sana ja kirjoita sanat partitiiviin!

ikkuna, kännykkä, liian pienet kengät, maljakko, polkupyörä, tämä elokuva, vaarallinen lelu

Älä osta .... !
Älä jätä .... ulos!
Varo sen pallon kanssa! Älä riko .... !
Älä pudota .... ! Se on painava.
Älä unohda .... !
Älkää katsoko .... ! Se on kielletty alle 15-vuotiailta.
Älkää antako lapselle .... !

    varo < varoa   painava
    pallo   kielletty < kieltää + keneltä?
    älä riko < rikkoa   alle 15-vuotias
    älä pudota < pudottaa

KAPPALE 27, HARJOITUS 7

Valitse oikea objektin muoto!

kortti / kortin / korttia   Lähetä hänelle .... !
naapurit / naapureita   Älkää häiritkö .... !
Suomi / Suomen / Suomea   Voittiko Ruotsi .... jääkiekko-ottelussa?
perunat / perunoita   Kun puhelin soi, hän oli keittiössä ja kuori ....
kerma / kerman / kermaa   Osta .... !

työ / työn / työtä	Hänen täytyy aloittaa .... kello kuusi.
kuuma mehu / kuuman mehun / kuumaa mehua	Jos sinulla on flunssa, sinun täytyy juoda ....
tennis / tenniksen / tennistä	Pelaatko ....?
polkupyörä / polkupyörän / polkupyörää	Jari oli pihalla ja korjasi ...., kun Jorma tuli kotiin.
Lasku / Laskun / Laskua	.... ei maksettu.
Kaupunki / Kaupungin / Kaupunkia	.... perustettiin 1600-luvulla.
muut ihmiset / muita ihmisiä	Hän ei ajattele ....
runot / runoja	Kirjoitatko sinä ....?
kännykkä / kännykän / kännykkää	Pekka unohti .... kotiin.
Tuula / Tuulan / Tuulaa	Sari auttoi .... keittiössä.
ovi / oven / ovea	Voitko sulkea ....?
saappaat / saappaita	Hän ei sovittanut ....
ruoka / ruoan / ruokaa	Isoäiti laulaa aina, kun hän laittaa ....
se / sen / sitä	Auto on puhdas, koska Heikki pesi ....
Romaani / Romaanin / Romaania	.... julkaistaan suomeksi ensi vuonna.
riita / riidan / riitaa	Teidän täytyy lopettaa ....
minä / minut / minua	Oletko unohtanut ....?
sinä / sinut / sinua	En koskaan unohda ....

KAPPALE 27, HARJOITUS 8

Suomalaisissa kansansaduissa kerrotaan usein kolmesta eläimestä: karhusta, sudesta ja ketusta. Lue seuraavat eläinsadut.

Kerran kettu tapasi metsässä karhun, jolla oli iso lintu suussa. Ketun teki mieli saada lintu karhun suusta. Se ajatteli: "Kuinka minä saan tuon linnun itselleni?" Sitten se sanoi karhulle: "Kuule, tiedätkö sinä, mistä nyt tuulee?" Karhu ei vastannut heti, koska oli vaikea puhua lintu suussa. Mutta kun kettu kysyi monta kertaa, karhu lopulta sanoi: "Pohjoisesta." Silloin lintu tietysti putosi karhun suusta ja kettu otti sen. Kettu sanoi: "Miksi sinä et vastannut, että tuulee i-däs-tä-!"

ketun teki mieli = kettu halusi
itselleni < itse
tuulee < tuulla

lopulta
pohjoisesta < pohjoinen
idästä < itä

Kerran kettu näki kalastajan, joka ajoi kotiin hevosella ja reellä. Hänellä oli paljon kaloja reessä. Kettu halusi saada kalat. Se juoksi tielle ja asettui keskelle tietä. Siinä se makasi kuin kuollut. Kalastaja sanoi: "No tänään on hyvä päivä! Ensin minä sain ison kuorman kaloja, ja nyt tuossa makaa kuollut kettu. Siitä saan hyvän nahkan." Hän nosti ketun tieltä ja pani sen kalojen päälle rekeen.

Reessä kettu alkoi heti heittää kaloja tielle. Pian reki oli tyhjä ja kettu hyppäsi reestä. Nyt sillä oli paljon kaloja.

Kalastaja saapui kotiin ja huusi jo pihalla vaimolleen: "Nyt minulla on hyvä saalis: paljon kaloja ja kaunis kettu!"

Mutta – reki oli aivan tyhjä!

kalastaja	nostaa
reellä, reessä < reki	päälle: kalojen päälle
juoksi < juosta	heittää
asettua	pian
keskelle: keskelle tietä	tyhjä
siinä	hyppäsi < hypätä
makasi < maata	saapua
kuollut	huusi < huutaa
kuorma	vaimolleen = vaimollensa
nahka	saalis

KAPPALE 27, HARJOITUS 9

Jutellaan!

Keskustele opiskelutoverin kanssa niistä asioista, joista kirjoitit harjoituksessa 2!
Mitä syötte ja juotte aamulla? Miksi juuri sitä/niitä?
Mitä ostitte viimeksi kaupasta tai torilta? Mitkä asiat ovat teille tärkeitä, kun käytte ostoksilla?
Mitä näette kotona ikkunasta? Pidättekö siitä, mitä näette? Mitä haluaisitte nähdä?

viimeksi

Lue opiskelutoverin kanssa oppikirjan teksti "Kaikki ei aina onnistu" (s. 114–115)!
Mitkä asiat epäonnistuivat?

epäonnistua

Kuvittele, että sinä olet tekstin Erik! Kerro matkastasi!

Kappale 28

Kappale 28, harjoitus 1

Lue oppikirjan sivulta 118, miten verbin perfekti muodostetaan! Täydennä lauseet verbin partisiipilla!

Minkä elokuvan olet (nähdä) kaksi kertaa tai useammin?
Minkä kirjan olet (lukea) useammin kuin kerran?
Oletko (uida) avannossa?
Oletko (pyöräillä) kaupungissa?
Oletko joskus (työskennellä) ravintolassa?
Oletko joskus (löytää) lompakon kadulta?
Kuinka monessa paikassa olet (asua)?
Kuinka kauan olet (opiskella) suomea?
Onko tänään (sataa)?
Onko kotimaassasi (sataa) viime aikoina?

useammin
avannossa < avanto
pyöräillä
työskennellä
lompakon < lompakko

Kysy opiskelutoveriltasi ne kysymykset, jotka haluat!

Kappale 28, harjoitus 2

Isoäiti on pitkällä junamatkalla. Hän istuu juuri nyt junassa. Hän on istunut junassa jo monta tuntia. Kysymme häneltä, mitä hän <u>on tehnyt</u> matkan aikana. Kirjoita hänen vastauksensa! Käytä näitä sanoja:

katsoa maisemia, nukkua vähän, jutella toisten matkustajien kanssa, lukea lehteä, syödä eväitä, käydä kahvilavaunussa

Malli: Olen katsonut maisemia, ...

Kun isoäiti saapuu perille (kun matka on lopussa), kysymme häneltä, mitä hän teki matkan aikana. Kirjoita hänen vastauksensa! Käytä samoja sanoja kuin edellä!
Malli: Katsoin maisemia, ...

aikana: matkan aikana   eväitä < eväät, eväs
maisemia < maisema   kahvilavaunu

Kappale 28, harjoitus 3

Kirjoita lauseet, joilla voi kysyä tekijää! Etsi uudet sanat sanakirjasta!

Malli 1: Katsomme taulua. (maalata, tämä taulu) → Kuka on maalannut tämän taulun?

Puhumme romaanista. (kirjoittaa, se romaani)
Kuuntelemme sinfoniaa. (säveltää, tämä sinfonia)
Katsomme isoäidin ihanaa pöytäliinaa. (ommella, tämä pöytäliina)
Katsomme kirjan kuvia. (piirtää, nämä kuvat)
Syömme kakkua. (leipoa, tämä kakku)
Katsomme kesämökkiä. (rakentaa, näin kaunis mökki)

Samoin voimme kysyä silloin, kun jollekin esineelle tai paikalle on tapahtunut jotakin, hyvää tai pahaa.

Malli 2: Katsomme polkupyörää, joka ei enää ole rikki. (korjata, pyörä) →
Kuka on korjannut pyörän?

Katsomme tiskipöytää, jolla ei ole likaisia astioita. (pestä, astiat)
Katsomme ikkunaa, joka on rikki. (rikkoa, ikkuna)
Pesemme rumia kuvia pois seinästä. (töhriä, seinä)
Järjestämme papereita. (sekoittaa, paperit)
Luemme lehteä. (leikata, kuvia lehdestä)

Kappale 28, harjoitus 4

Kirjoita kielteiset lauseet mallin mukaan!
Malli: Joku on avannut oven. → Kukaan ei ole avannut ovea.

Joku on sulkenut ikkunan.
Joku on pessyt astiat.
Joku on vienyt roskat ulos.
Joku on hakenut postin.
Joku on pyyhkinyt pölyt.
Joku on kastellut kukat.
Joku on antanut ruokaa koiralle.

pyyhkiä   kastella
pöly

Kappale 28, harjoitus 5

Kirjoita kysymykset mallin mukaan! Huomaa partisiipin muoto!
Malli: ovi, avata → Oletteko avanneet oven?

ikkuna, sulkea; astiat, pestä; roskat, viedä ulos; posti, hakea; pölyt, pyyhkiä; kukat, kastella; ruokaa koiralle, antaa

Kappale 28, harjoitus 6

Älä unohda i-aikamuotoa (imperfektiä)! Harjoittele sitäkin! Teksti kertoo, mitä joku tekee tavallisesti. Kirjoita, mitä hän teki eilen! (Muuta teksti preesensistä imperfektiin!)

Eräs talviaamu

Herätyskello soi. Hän nousee ylös, katsoo lämpömittaria, sytyttää valon, avaa radion, hakee lehden eteisestä, vie sen keittiöön, panee teeveden liedelle, käy vessassa ja suihkussa, kampaa hiukset, pesee hampaat, pukeutuu, menee keittiöön, ottaa voin ja juuston jääkaapista, tekee teen, kaataa teetä mukiin, istuu pöydän ääreen, levittää sanomalehden pöydälle, alkaa lukea sitä, leikkaa leipää, voitelee kaksi leivänpalaa, panee päälle juustoa, syö voileivät, juo teen, herättää muut, sanoo "hei, hei!" ja lähtee työhön.

Kerro, millainen sinun päiväohjelmasi on tavallisesti ja millainen se oli eilen!

Kappale 28, harjoitus 7

Tee opiskelutoverille kysymyksiä mallin mukaan! Hän vastaa mallin mukaan myönteisesti tai kielteisesti.
Malli: käydä joskus torilla → Oletko joskus käynyt torilla?
　　　　　　　　　　　　　　Olen. / En ole.

syödä maksalaatikkoa
juoda piimää
kävellä Helsingin Esplanadilla
lukea suomalaisia kirjoja
pelata pesäpalloa
luistella
leipoa karjalanpiirakoita
soutaa
tanssia valssia

Kappale 28, harjoitus 8

Katso oppikirjan sivulta 118 kohta c)! Tässä on muutamia jälkiä, merkkejä. Kirjoita, mitä on tapahtunut!

Maa on valkoinen talviaamuna. Yöllä ....
Sinä panit laukun penkille. Nyt se ei enää ole siinä. Joku ....
Ikkuna on auki. Joku ....
Ovi on kiinni. Joku ....
Ikkuna on rikki, ja lattialla on jalkapallo. Pojat ovat vahingossa ....
....
Kahvipurkki on tyhjä. Kukaan ei ....

    laukku   jalkapallo
    siinä   vahingossa < vahinko
    rikki   kahvipurkki

Kappale 28, harjoitus 9

Tunnetko tai muistatko kaikki seuraavat verbit? Kirjoita mallin mukaan lauseet, joissa verbi on perfektimuodossa!
Malli: En rakasta ketään. → En ole koskaan rakastanut ketään.

En vihaa ketään.
En pelkää ketään.
En ihaile ketään.
En kadehdi ketään.
En halveksi ketään.
En ikävöi ketään.
En kaipaa ketään.

    vihata   kadehtia
    pelätä   halveksia
    ihailla   ikävöidä = kaivata

KAPPALE 28, HARJOITUS 10

Etsi sanakirjasta seuraavat verbit ja kirjoita sitten lauseisiin sopivat verbit sopivassa muodossa!

herätä, herättää, nukahtaa, nukkua, nukuttaa

Isoäiti .... helposti, kun hän katselee televisiota.
Minua .... ; en jaksa enää lukea.
Viime yönä en voinut ...., kun kadulta kuului melua koko yön.
Voisitko .... minut kello seitsemän?
Sinun täytyy nyt .... Sinun täytyy lähteä työhön.
Eilen illalla minä .... nopeasti, ja tänä aamuna .... aikaisin
ja olin aivan virkeä. Harvoin olen .... niin hyvin kuin viime yönä.
Miksi sinä nousit näin aikaisin? Mikä sinut ....?
Hss, ole hiljaa! Yritän .... vauvaa.
Hss, ole hiljaa! Lapset .... juuri. Älä .... heitä!

KAPPALE 28, HARJOITUS 11

Jutellaan!

Haastattele opiskelutoveriasi! Sano, että haluat tietää hänestä enemmän! Kysy häneltä esimerkiksi harrastuksista, opiskelusta, asumisesta ym.! Kerro sitten omista asioistasi!

enemmän

Kysy opiskelutoverilta, mitä hän ei ole koskaan tehnyt! Kerro, mitä sinä itse et ole koskaan tehnyt! Antakaa ainakin kolme vastausta!

ainakin

Etsi viisi kukan kuvaa, viisi puun kuvaa ja viisi eläimen kuvaa. Näytä kuvat opiskelutoverille ja opeta hänelle kukkien, puiden ja eläinten suomenkieliset nimet, jos hän ei tiedä niitä!

Esittele opiskelutoverillesi niitä oman maan ja Suomen kartan eroja, joista olet kirjoittanut kappaleen 28 kirjoitustehtävän.

esittele < esitellä

28

Lue yhdessä opiskelutoverin kanssa oppikirjan teksti "Erikin kirje" (s. 117)!
Kuvitelkaa sitten, että toinen teistä on Erik! Häntä jännittää, koska hänen täytyy kertoa koululaisille niin monista asioista. Toinen teistä auttaa häntä niin, että tekee kysymyksiä. Esimerkiksi:
– Miksi menet luontokerhon kokoukseen?
– Mistä olet saanut valokuvia?

Kappale 29

Kappale 29, harjoitus 1

Lue oppikirjan teksti "Kylä on muuttunut" (s. 121)! Kirjoita luettelo siitä, mitä muutoksia kylässä on tapahtunut!

Kappale 29, harjoitus 2

Lue oppikirjan sivulta 122, miten passiivin perfekti muodostetaan! Vaihda preesensmuoto perfektimuotoon!

Malli 1:
Täällä tehdään näin. → Täällä on aina tehty näin.

Maalla käydään saunassa lauantaina.
Maalaistaloissa noustaan aikaisin.
Meillä syödään jouluna lanttulaatikkoa.
Suomessa hiihdetään paljon.
Niin sanotaan.

Malli 2:
Täällä asutaan. → Täällä on asuttu jo kauan.

Tämä asia tiedetään.
Hänestä puhutaan.
Matkaa suunnitellaan.
Sinua odotetaan.

Malli 3:
Milloin katto korjataan? → Katto on jo korjattu.
Milloin seinät maalataan? → Seinät on jo maalattu.

Milloin lattia imuroidaan?
Milloin puut kaadetaan?
Milloin huone siivotaan?
Milloin ikkunat pestään?

Malli 4:
Täällä ei tehdä niin. → Täällä ei ole koskaan tehty niin.

Täällä ei puhuta siitä.
Minua ei kuunnella.
Hänestä ei pidetä täällä.
Tätä konetta ei korjata.
Näitä kirjoja ei anneta lainaksi.

    suunnitella   lainaksi < laina
    kone   antaa lainaksi

Kappale 29, harjoitus 3

Alli valmistautuu matkaan. Tässä on luettelo siitä, mitä hän on tehnyt. Muuta lauseet passiivilauseiksi!
Malli:
Olen pessyt tukan. → Tukka on pesty.

Olen lakannut kynnet.
Olen maalannut huulet.
Olen meikannut silmät.
Olen silittänyt puseron.
Olen kiillottanut kengät.
Olen pakannut matkalaukun.

    valmistautua (+ mihin?)   silittää
    tukka   pusero
    lakata   kiillottaa
    kynnet < kynsi   pakata
    huulet < huuli   matkalaukku
    meikata

Kappale 29, harjoitus 4

Alli on lähdössä. Ennen lähtöä hän katsoo, että asunnossa on kaikki kunnossa. Tässä on luettelo asioista, jotka hänen täytyy muistaa tehdä. Kirjoita mallin mukaan, mitä Alli sanoo, kun hän on tehnyt kaiken!
Malli: Muista sulkea ikkunat! → Ikkunat on suljettu.

Muista maksaa laskut, viedä kissa hoitoon, kastella kukat, ottaa pyykit sisään parvekkeelta, sammuttaa lamput, ottaa sähkölaitteet irti verkosta, antaa loma-osoite Ellille, lukita ovi kunnolla ja viedä avain naapurille.

    lähdössä < lähtö   ennen: ennen lähtöä
    olla lähdössä   hoito

viedä hoitoon
pyykit < pyykki
parvekkeelta < parveke
sammuttaa
laitteet < laite
sähkölaitteet

irti: ottaa irti
verkko
lomaosoite
lukita
kunnolla < kunto
avain

Kappale 29, harjoitus 5

Mitä on tapahtunut? Voimme nähdä jälkiä siitä, että joku on tehnyt jotakin. Voimme kertoa siitä myös passiivilauseella. Kirjoita lauseita mallin mukaan!

Malli: Joku on avannut ikkunan. → Ikkuna on avattu.
Joku on käynyt täällä. → Täällä on käyty.

Joku on avannut ikkunat.
Joku on sulkenut oven.
Joku on pessyt astiat.
Joku on repinyt lehden.
Joku on istunut tässä.
Joku on kävellyt huoneessa.
Joku on juonut lasista.

Kappale 29, harjoitus 6

Mitä ei ole tapahtunut? Mitä kukaan ei ole tehnyt? Muuta lauseet mallin mukaan!

Malli: Kukaan ei ole avannut ikkunaa. → Ikkunaa ei ole avattu.
Kukaan ei ole kysynyt sinulta. → Sinulta ei ole kysytty.

Kukaan ei ole sulkenut ovea.
Kukaan ei ole pessyt astioita.
Kukaan ei ole pyyhkinyt pölyjä.
Kukaan ei ole hakenut postia.
Kukaan ei ole kastellut kukkia.
Kukaan ei ole puhunut minulle asiasta.
Kukaan ei ole kertonut minulle mitään.

KAPPALE 29, HARJOITUS 7

Mitä on tehty? Kirjoita vastaukset! Valitse lauseisiin sopivat verbit luettelosta. Jos et tunne sanoja, etsi ne sanakirjasta!
Malli: Seinä oli vihreä. Nyt se on punainen. Mitä seinälle on tehty? → Se on maalattu.

Verbit: avata, korjata, kuivata, lämmittää, pakata, pestä, rikkoa, siirtää, sulkea

Ikkuna oli kiinni. Nyt se on auki. Mitä ikkunalle on tehty?
Ovi oli auki. Nyt se on kiinni. Mitä ovelle on tehty?
Matkalaukku oli tyhjä. Nyt se on täynnä. Mitä matkalaukulle on tehty?
Mopo oli rikki. Nyt se on kunnossa. Mitä mopolle on tehty?
Pullo oli ehjä. Nyt se on rikki. Mitä pullolle on tehty?
Lattia oli märkä. Nyt se on kuiva. Mitä lattialle on tehty?
Matto oli likainen. Nyt se on puhdas. Mitä matolle on tehty?
Pöytä oli tässä. Nyt se on tuossa. Mitä pöydälle on tehty?
Sauna oli kylmä. Nyt se on lämmin. Mitä saunalle on tehty?

KAPPALE 29, HARJOITUS 8

Lue seuraavat lauseet! Joku toruu jotakuta siitä, että tämä ei huolehdi asioista.

Taas sinä olet mennyt olohuoneeseen likaiset kengät jalassa. Enkö minä ole sata kertaa sanonut, että kengät jätetään eteiseen!

Seuraavassa on muutamia asioita, joita tämä huolimaton ihminen on tehnyt. Kirjoita, mitä hänelle on sata kertaa sanottu!

Taas sinä olet jättänyt takin tuolille. (laittaa, naulakko)
Taas sinä olet jättänyt voin pöydälle. (viedä, jääkaappi)
Taas sinä olet jättänyt lehdet lattialle. (panna, hylly)
Taas sinä olet jättänyt liimapuikon auki. (kiertää, kiinni)
Taas sinä olet jättänyt televisioon virran päälle. (katkaista)
Taas sinä olet jättänyt paperit sekaisin. (järjestää)
Taas sinä olet jättänyt likaiset vaatteet kylpyhuoneen lattialle. (kerätä, likapyykkikori)
Taas sinä olet jättänyt tyhjät pullot kaappiin. (kantaa, kauppa)
Taas sinä olet laittanut banaaninkuoret sekaroskiin. (laittaa, biojätteet)

torua + ketä
jotakuta (partitiivi) < joku
huolehtia + mistä?
huolimaton

liimapuikko
kiertää
jättää päälle
virran < virta

katkaista
sekaisin
likainen
vaatteet < vaate
likapyykkikori

kuoret < kuori
sekaroskat
biojätteet
jätteet < jäte

Kappale 29, harjoitus 9

Täydennä lauseet verbin passiivin partisiippimuodolla!

Keittiössä alkaa remontti. Huonekalut on (siirtää) syrjään. Lattiat on (peittää) sanomalehdillä. Ikkunaverhot on (ottaa) pois ikkunoista. Lamppu on (irrottaa) katosta. Seinät ja katto on (pestä). Kaappien ovista ja seinistä on (raaputtaa) vanha maali pois. Lattialle on (tuoda) maalipurkkeja ja pensseleitä.

huonekalu
syrjään
peittää
ikkunaverho
irrottaa

raaputtaa
maali
maalipurkki
pensseli = sivellin

Kappale 29, harjoitus 10

Täydennä lauseet verbin aktiivin tai passiivin partisiipin muodolla sen mukaan, mikä sopii lauseeseen!

Perhe on (tehdä) remontin.
He ovat (maalata) katon.
Myös seinät on (maalata).
Onko ovi (korjata)?
Joku on (korjata) oven.
Sarille on (ostaa) uudet kengät.
Vanhat kengät on (heittää) pois.
Mummo on (kutoa) villapuseron.
Pusero on (kutoa) alpakan villasta.
Onko Bo Carpelanin kaikki teokset (kääntää) suomeksi?
Kuka on (kääntää) nämä runot?
Ikkuna on (sulkea), mutta en tiedä, kuka on (sulkea) sen.
He ovat (lainata) nämä kirjat kirjastoautosta.
Kirjat on (lainata) kirjastoautosta.
Ihmiset ovat (asua) aikaisemmin pienemmissä asunnoissa.
Aikaisemmin on (asua) pienemmissä asunnoissa.

villa
alpakka
teokset < teos

aikaisemmin
pienemmissä < pienempi

Kappale 29, harjoitus 11

Jutellaan!

<u>Lue yhdessä opiskelutoverisi kanssa oppikirjan teksti "Erikin kirje" (s. 125)! Vastatkaa kysymyksiin!</u>

Mistä kaupungista Erik kertoo?
Oletko käynyt tässä kaupungissa?
Tiedätkö, mikä joki virtaa kaupungin halki?
Miksi kaupungissa ei ole paljon vanhoja rakennuksia?
Mitä Luostarinmäen museoalueella on?

<u>Lue yhdessä opiskelutoverin kanssa harjoituksen 8 lauseet! Esittäkää ne vihaisesti! Yrittäkää keksiä, miten se "huolimaton ihminen" selittää tekonsa!</u>

Kappale 30

Kappale 30, harjoitus 1

Lue oppikirjan teksti "Sari on tullut sairaaksi" (s. 126)! Vastaa kysymyksiin!

Mitä asiaa Tuulalla oli isoäidille?
Miten Sari voi?
Miksi Tuula arveli, että Sarilla oli kuumetta?
Mitä Sarin kannattaa tehdä?

    arvella   kannattaa

Kappale 30, harjoitus 2

Lue oppikirjan sivuilta 126–128 -ksi-muodon (translatiivin) käytöstä! Kirjoita sanat translatiivimuotoon!

Tämä puu kasvaa nopeasti (suuri).
Taikuri muutti liinan (lintu). Yhtäkkiä liina muuttui (valkoinen kyyhkynen).
Uutinen teki minut hyvin (surullinen).
Hänen nimensä on Marja-Liisa, mutta häntä sanotaan lyhyesti (Liisa).
Kenet kokouksessa valittiin (puheenjohtaja)?
Mari pääsi (ylioppilas) vuonna 2003.
Sinä saat näytelmässä prinssin roolin. Sinä sovit hyvin (prinssi).
(Minkävärinen) maalaat talon?
Saamme työn pian (valmis).

    kyyhkynen   prinssi
    surullinen   rooli
    lyhyesti < lyhyt   minkävärinen
    kokouksessa < kokous valmis
    puheenjohtaja

Kappale 30, harjoitus 3

Muuta yksikkö monikoksi!
Malli: Poika tuli iloiseksi. → Pojat tulivat iloisiksi.

Lapsi tuli terveeksi. Puu kasvaa isoksi. Valkoinen liina tuli likaiseksi. Koivu tulee syksyllä keltaiseksi. Jalka tuli kipeäksi. Tämä ehdokas valittiin kansanedustajaksi.

Tuoli maalataan vihreäksi.

likainen
koivu

ehdokas
kansanedustaja

Kappale 30, harjoitus 4

Saduissa tapahtuu usein muodonmuutoksia (metamorfooseja). Varmasti tunnet sellaisia kertomuksia, joissa joku muuttuu tai muutetaan joksikin. Seuraavat lauseet kertovat sellaisista saduista. Kirjoita sanat translatiivimuotoon!

Haltijattarella oli taikasauva, ja hän muutti kurpitsan (vaunut), hiiret (hevonen; monikko) ja Tuhkimon mekon (tanssiaispuku). Tunnetko sadun?

Oletko kuullut sadun yhdestätoista prinssistä, jotka muuttuivat (joutsen; monikko)?

Oletko kuullut sadun karhusta, joka muuttui (prinssi)? Entä oletko kuullut sadun sammakkoprinssistä?

Tunnetko sadun hiiriprinsessasta? Sadussa hiiri muuttui (kaunis prinsessa).

Osaatko muuttaa itsesi (näkymätön; genetiivi: näkymättömän)?

saduissa < satu
muodonmuutos
metamorfoosi
joksikin (translatiivi) < jokin, joku
haltijattarella < haltijatar
taikasauva
kurpitsa
vaunut (monikkosana)
hiiret < hiiri
mekko

tanssiaispuku (tanssiaiset + puku)
tanssiaiset
yhdestätoista < yksitoista
yhdestätoista prinssistä
prinssi
joutsen (genetiivi: joutsenen)
sammakko
prinsessa
itsesi < itse (+ possessiivisuffiksi)
näkymätön

Kappale 30, harjoitus 5

Lue oppikirjan sivulta 128, miten -lta/-ltä-muotoa käytetään eräiden verbien kanssa! Kirjoita sanat oikeaan muotoon!

Aika tuntuu (pitkä), kun odottaa jotakin.
Mummo ei näytä tänään (väsynyt).
Tämä hammastahna maistuu (minttu).

Koko keittiö tuoksuu (valkosipuli).
Laulu kuulosti (surullinen).
Miksi näytät niin (vihainen)?
Lääke maistuu (paha).
Äänesi kuulostaa (käheä).
Tämä hajuvesi tuoksuu (ihana).

väsynyt (genetiivi: väsyneen)	lääke
minttu	käheä
valkosipuli	hajuvesi

Kappale 30, harjoitus 6

Jos olet kurssilla, tee tämä harjoitus opiskelutoverin kanssa. Toinen sanoo lauseet ja toinen muuttaa ne mallin mukaan.

Malli: Sohva on varmasti mukava. → Niin, se näyttää mukavalta.

Pöytäliina on varmasti puhdas.
Auto on varmasti kallis.
Kirja on varmasti mielenkiintoinen.
Kakku on varmasti kypsä.
Hän on varmasti vihainen.

Kappale 30, harjoitus 7

Kirjoita lauseet mallin mukaan!
Malli: Ostan mukavannäköisen tuolin. → Ostan tuolin, joka näyttää mukavalta.

Ostan hyväntuoksuista käsivoidetta.
Ostan mansikanmakuista jäätelöä.
Ostan mukavantuntuisen tyynyn.
Ostan omenannäköisen kynttilän.

mukavannäköinen	maku
näkö (ulkonäkö)	mukavantuntuinen
hyväntuoksuinen	tyyny
tuoksu	omenannäköinen
mansikanmakuinen	omena
mansikka	kynttilä

Kappale 30, harjoitus 8

Kirjoita lauseet mallin mukaan!
Malli: lihapullat → Täällä tuoksuu lihapullilta. Äiti on varmasti tehnyt lihapullia.

kaalilaatikko / hernekeitto / valkosipuliperunat / sipulipihvit / puolukkapuuro / sienikastike / omenapiirakka / letut / piparkakut

lihapulla
kaalilaatikko
kaali
hernekeitto
herne
sipulipihvi
sipuli
pihvi
puolukkapuuro

puolukka
puuro
sienikastike
sieni
kastike
piirakka
letut < lettu
piparkakku

Kappale 30, harjoitus 9

A. Kertaa adjektiiveja!
halpa, hauska, huono, hyvä, ikävä, iloinen, iso, kallis, kaunis, kevyt, korkea, kuuma, kylmä, likainen, lyhyt, matala, moderni, märkä, nuori, paksu, pieni, pitkä, surullinen, vanha, vanhanaikainen

B. Opiskele lisää adjektiiveja!
kapea, kirjava, kuiva, köyhä, laiha, leveä, lihava, ohut, painava, puhdas, rikas, ruma, suora, vino, yksivärinen

C. Etsi adjektiiveista vastakohtaparit! Esimerkiksi halpa ja kallis ovat vastakohtia.

Kappale 30, harjoitus 10

Jutellaan!

Keskustele opiskelutoverin kanssa matkamuistoista, tuliaisista ja lahjoista. Minkälaisia esineitä olette ostaneet ja saaneet matkamuistoiksi, tuliaisiksi ja lahjoiksi?

Esitä opiskelutoverin kanssa harjoituksen 8 lauseet elävästi! Kuvitelkaa, että toinen pitää tai ei pidä siitä ruoasta, jota äiti on tehnyt!

Kappale 31

Kappale 31, harjoitus 1

Kirjoita sanat essiivimuotoon (-na/-nä-muotoon)! Jos lauseissa on uusia sanoja, etsi ne sanakirjasta!

Missä asuit (lapsi)?
Ajattelitko (pieni), että sinusta tulee (iso) näyttelijä?
Keräsitkö (kymmenvuotias) postimerkkejä?
Missä olit ja mitä teit (koululainen) kesälomilla?
Millaisesta musiikista pidit (15-vuotias)?
Oletko ollut joskus työssä (liikeapulainen), (tarjoilija), (opettaja) tai (matkaopas)?
Miksi haluaisit tai et haluaisi työskennellä (palomies)?
Haluaisitko olla päivän (kuningas)?
Ajatteletko, että on hyvä mennä naimisiin (nuori)?
Juotko kahvin kerman kanssa vai (musta)?
Onko sinulla joskus ollut koira, kissa, marsu, hiiri, käärme tai jokin muu eläin (lemmikkieläin)?

Kysy kysymykset opiskelutoveriltasi!

Kappale 31, harjoitus 2

Kirjoita seuraavien lauseiden ajanilmaukset essiivimuotoon!

Matkustatko ensi (joulu) johonkin?
Minkälaisia ruokia Suomessa syödään (pääsiäinen)?
Mitä teet kesälomalla (sateinen päivä; monikko)?
(Lämmin, pimeä ilta; monikko), on hauska kävellä kaupungilla.
(Tällainen valoisa kesäyö) en haluaisi ollenkaan nukkua.

Kappale 31, harjoitus 3

Kirjoita lauseet mallin mukaan! Etsi uudet sanat sanakirjasta!

Malli 1: joutsen → 1. Sadussa kerrottiin, että hän muuttui joutseneksi.
2. Sadussa kerrottiin, että hänen täytyi elää joutsenena.

käärme / sammakko / sisilisko / korppi / ihmissusi / hiiri / hirvi / karhu / merenneito

Malli 2: Taivas pysyi kauan harmaana. → Taivas muuttui harmaaksi.

Sää pysyi kauan kauniina ja lämpimänä.
Sää pysyi kauan kylmänä, tuulisena ja kosteana.
Mieleni pysyi kauan mustana.

Kappale 31, harjoitus 4

Lue oppikirjan teksti "Helsingin historiasta" (s. 133)! Vastaa kysymyksiin!

Kuinka kauan on siitä, kun Helsinki perustettiin?
Mistä mihin pääsi Vantaanjokea pitkin?
Mikä tärkeä maantie kulki Vantaanjoen suun läheltä?
Miksi kaupunki siirrettiin Vantaanjoen suulta Vironniemelle?
Millainen kaupunki Helsinki oli 1600-luvulla?
Milloin Helsinki alkoi kasvaa?
Mitä Helsingissä tapahtui vuosina 1654 ja 1808?
Miksi vuosi 1812 on tärkeä vuosi Helsingin historiassa?
Milloin Helsingistä tuli Suomen hallintokaupunki?
Kuka on suunnitellut rakennukset, jotka ovat Senaatintorin ympärillä?
Mitä Turussa tapahtui vuonna 1827?
Kuinka kauan Helsingissä on ollut yliopisto?

Kappale 31, harjoitus 5

Lue oppikirjan teksti "Kaukainen saari" (s. 133–134)! Tee sitten seuraavat tehtävät!

A. Valitse luettelosta sopivat adjektiivit seuraaviin lauseisiin! (Sinun ei tarvitse käyttää kaikkia adjektiiveja.)

kauniimpi, ihmeelliseen, harmaalta, erikoinen, erilainen, ihanat, kylmää, lämpimistä, vahvaa, väsyneet, surullista, vaikea

Isän mielestä saari ei ollut ....
Hannes ja Pekka ajattelivat, että saari oli .... kuin kaikki muut saaret.
Saaren puut loistivat aamu- ja ilta-auringon valossa, mutta kun satoi tai oli sumua, saari näytti ....

Pojat eivät pitäneet .... kesäpäivistä.
He odottivat .... syksysäätä.
"Voi kun jää olisi pian riittävän ....!" he sanoivat.
Kun tuli talvi ja satoi lunta, pojat hiihtivät tuohon .... saareen.
Saaressa pojat huomasivat, että satukirjojen .... seikkailut eivät olleet totta.
Illalla kotiin hiihti kaksi hyvin .... poikaa.

B. Vastaa kysymyksiin!

Miksi pojat eivät päässeet saareen kesällä?
Lähtivätkö pojat saareen heti, kun meri jäätyi?
Mitä sinä luulet: miksi pojat eivät sanoneet isälle ja äidille, että he lähtivät saareen?

C. Yhdistä päälause ja sivulause!

Pekkasen novelli kertoo pojista,	koska silloin voi hiihtää saareen.
Kaukana meren keskellä oli saari,	jotka isän mielestä olivat aivan tavallisia.
Pojat kysyivät isältä,	miksi he itkivät.
Hän sanoi,	kun pääsemme saareen.
Oli paljon asioita,	että saareen oli vaikea päästä.
Poikien täytyi odottaa talvea,	jotka asuivat meren rannalla.
Isä ja äiti eivät nähneet,	joka näytti pojista hyvin kauniilta.
Meillä on ihanaa,	minkälainen saari oli.
Illalla he itkivät,	kun pojat lähtivät.
He eivät itsekään tienneet,	koska elämä tuntui niin harmaalta ja ikävältä.

Kappale 31, harjoitus 6

Jutellaan!

<u>Keskustele opiskelutoverin kanssa työpaikoista ja töistä!</u>

Oletko töissä?
Missä olet töissä?
Missä olet ollut töissä?
Missä haluaisit työskennellä?
Missä olit töissä nuorena/koululaisena/loma-aikoina?
Mikä sinusta tulee opintojen jälkeen?
Minkälaisia tulevaisuudensuunnitelmia sinulla oli, kun olit koulussa? Entä nyt?

31

Keksikää itse kysymyksiä!

Etsi tietoja jostakin historian henkilöstä tai kuuluisasta henkilöstä! Kerro opiskelutoverille hänen elämästään! Opiskelutoveri kuuntelee ja tekee muistiinpanoja. Tarkista muistiinpanot!

Kappale 32

Kappale 32, harjoitus 1

Katso seuraavia adjektiiviryhmiä! Jokaisessa ryhmässä on yksi sana, joka ei kuulu ryhmään, koska sen merkitys on erilainen kuin toisten. Etsi ne adjektiivit, jotka eivät kuulu ryhmään! Käytä sanakirjaa, jos et tunne tai muista kaikkia adjektiiveja!

a) kaunis, ihana, hirveä, suloinen
b) pieni, kiltti, lyhyt, matala
c) hoikka, laiha, solakka, lihava
d) painava, vakava, pitkä, paksu
e) tuulinen, sateinen, pilvinen, vihainen
f) ankara, kova, raskas, rakas
g) tuore, puhdas, paljas, tyhjä
h) vihainen, surullinen, onnellinen, mahdollinen
i) tumma, liukas, värikäs, kirjava
j) ihmeellinen, hyödyllinen, kummallinen, erikoinen
k) tarkka, ikävä, kuiva, tylsä
l) myöhäinen, arkinen, jokapäiväinen, tavallinen
m) pehmeä, lempeä, sydämellinen, pimeä
n) epähieno, epäkohtelias, epäystävällinen, epävarma
o) rehellinen, suora, rohkea, vilpitön

Kappale 32, harjoitus 2

Yhdistä sopivat adjektiivit ja substantiivit (attribuutit ja pääsanat)!

aurinkoinen   asema
jännittävä   elokuva
kuuma   hedelmät
lämpimät   hiukset
painava   hymy
paksu   kirja
pitkä   kädet
rakkaat   matka
seuraava   reppu
tuoreet   sauna
vaaleat   sää
ystävällinen   ystävät

Valitse viisi sanaparia ja kirjoita juttu, jossa käytät niitä!

Kappale 32, harjoitus 3

Erik on matkalla Suomessa. Hän tekee muistiinpanoja matkapäiväkirjaansa varten. Täydennä muistiinpanot: lisää adjektiivit sopivassa muodossa! Valitse adjektiivit seuraavasta luettelosta!

aurinkoinen, harvinainen, kallis, kova, kylmä, leveä, märkä, pitkä, puhelias, siisti, tuore, täysi (täyde-), valoisa, vihainen, viimeinen, yksinäinen

1.6. .... päivä. Makasin rannalla. En uinut; vesi oli ....
2.6. Valokuvasin kasveja. Näin kangasvuokon, joka on .... ja rauhoitettu.
3.6. Myöhästyin .... junasta. Yövyin .... hotellissa; halvemmat olivat täynnä. Huone oli .... ja sänky .... Nukuin kuin tukki.
4.6. .... tuuli. Olin aikonut lähteä veneellä saareen, mutta en uskaltanut.
5.6. Aamiainen torikahvilassa: kahvia ja .... pullaa.
6.6. .... koira kävi kimppuuni rannalla. Onneksi sen emäntä sai koiransa kiinni. Menimme kaljalle.
7.6. .... bussissa kaupunkiin. .... vierustoveri kyseli kaikenlaista.
8.6. Uskomatonta, miten .... yöt ovat! Kävelin monta tuntia ulkona. En halunnut mennä nukkumaan.
9.6. Tunsin itseni vähän .... Kirjoitin pari .... kirjettä.
10.6. Kaatosade. Istun kahvilassa. Vaatteet ja uudet kenkäni ovat aivan ....

muistiinpano
varten
täydennä < täydentää
lisää < lisätä
sopivassa muodossa < sopiva muoto
kangasvuokko
rauhoitettu < rauhoittaa
   (kasveja ja eläimiä)
myöhästyä junasta
yövyin < yöpyä

tukki
kävi kimppuuni < käydä kimppuun
emäntä
saada kiinni
vierustoveri
kyseli < kysellä
kaikenlaista < kaikenlainen
uskomaton
tuntea itsensä + -ksi
kaatosade

Kappale 32, harjoitus 4

Erik oppi matkalla muutamia uusia suomen kielen adjektiiveja. Opiskele sinäkin ne!

täpötäysi
   täpötäydessä bussissa
   bussi on täpötäynnä

upouusi
   upouudet kengät

läpimärkä, likomärkä
   vaatteet ovat läpimärät, likomärät
   kastuin läpimäräksi

typötyhjä
rutikuiva

KAPPALE 32, HARJOITUS 5

Valitse lauseisiin sopiva adjektiivi ja kirjoita se oikeaan muotoon!

edullinen, epätarkka, hauska, kallis, kuuma, moderni, tyytymätön, tyytyväinen, vanhanaikainen

1. Matka oli yllättävän ....
2. Matkat ovat yleensä ....
3. Vain yksi turisti oli ....
4. Muut turistit olivat ....
5. Tämä hotelli on ....
6. Nämä hotellit ovat ....
7. Allin valokuvat olivat valitettavasti ....
8. Hiekka on ....
9. Rannalla on ....

KAPPALE 32, HARJOITUS 6

Kirjoita kysymykset monikossa!
Malli: Kuinka korkea tämä torni on? → Kuinka korkeita nämä tornit ovat?

Kuinka suuri tuo huone on?
Kuinka iso keittiö tavallisesti on?
Kuinka leveä tämä matto on?
Kuinka pitkä tämä sohva on?
Kuinka kallis tämä lamppu on?
Kuinka vanha Jorman poika on?

KAPPALE 32, HARJOITUS 7

Kirjoita lauseisiin millainen tai millaista!

.... Suomi on?
.... Suomessa on kesällä?
.... lumi on?
.... tämä tee on?
.... Tampere on?

.... merivesi nyt on?
.... sinä olet?
.... sinun kotimaasi on?
.... sinun kotimaassasi on nyt?

Kappale 32, harjoitus 8

Kirjoita samanlaisia lauseita kuin mallissa!
Malli: Hänellä on siniset silmät. → Hänen silmänsä ovat siniset.

Hänellä on ruskeat hiukset.
Hänellä on punaiset posket.
Minulla on ruskeat silmät.
Jarilla on pitkät jalat.
Jormalla on isot kädet.
Mummolla on kipeät polvet.
Mikalla on isot kengät.
Jarilla on lämpimät saappaat.
Tuulalla on uudet silmälasit.

Kappale 32, harjoitus 9

Valitse sopiva kysymyssana, tee kysymys ja vastaa siihen (tai kysy opiskelutoveriltasi)!

A. Minkävärinen .... on? Minkäväristä .... on?

1. kuu 2. merivesi 3. uusi kynäsi 4. puolukkamehu 5. kaakao 6. laukkusi
7. taivas

B. Minkäväriset .... ovat? Minkävärisiä .... ovat?

1. silmäsi 2. leijonat 3. sukkasi (ne, jotka sinulla on nyt jalassa) 4. joutsenet
5. hiuksesi 6. mustikat

Kappale 32, harjoitus 10

Kirjoita lauseisiin sopiva adjektiivi oikeassa muodossa!

Oletko sinä sitä mieltä, että syksy on ....?
Ajatteletko sinä, että suomalaiset ovat ....?
Ovatko koirat sinusta ....?
Onko tee sinun mielestäsi ....?
Ovatko vanhat ihmiset sinun mielestäsi ....?
Minä olen sitä mieltä, että urheilijat ovat .... Oletko sinä samaa mieltä?

Minusta täällä on .... Entä sinusta?
Minun mielestäni ydinvoima on .... Mitä mieltä sinä olet?
Minun mielestäni suomen kieli on .... Oletko sinä eri mieltä?

Kysy kysymykset opiskelutoverilta!

KAPPALE 32, HARJOITUS 11

Yhdistä lauseet mallin mukaan!
Malli: Anni Virtanen on opettaja. Heikki Koponen on opettaja.
→ Anni Virtanen ja Heikki Koponen ovat opettajia.

Hilkka Virolainen on myyjä. Jorma Virtanen on myyjä.
Pekka on opiskelija. Kirsi on opiskelija.
Jari on koululainen. Mika on koululainen.
Suvi on pikkulapsi. Silva on pikkulapsi.
Tyttäremme on terve vauva. Poikamme on terve vauva.
Antti Mäkinen on eläkeläinen. Irma Virtanen on eläkeläinen.

Yhdistä samoin seuraavat lauseet!

Kissa on kotieläin. Koira on kotieläin.
Ruusu on suosittu kukka. Tulppaani on suosittu kukka.
Mänty on kaunis puu. Koivu on kaunis puu.
Mustikka on terveellinen marja. Puolukka on terveellinen marja.

KAPPALE 32, HARJOITUS 12

A. Kirjoita adjektiivit komparatiiviin, lauseeseen sopivaan muotoon!

Hänellä on (kaunis) hymy kuin kenelläkään muulla.
Hänen silmänsä ovat (sininen) kuin kenenkään muun.
Minusta tee on (hyvä) kuin kahvi.
Tänään on (kylmä) ilma kuin eilen.
Helmikuu on (lyhyt) kuin muut kuukaudet.
Kumpi sinusta on (kaunis) kaupunki, Pariisi vai Pietari?
Tiedätkö, kummat ovat (kallis): perunat vai omenat?

B. Kirjoita adjektiivit superlatiiviin, lauseeseen sopivaan muotoon!

Mikä on Euroopan (korkea) vuori?

Ovatko ruusut sinun mielestäsi (kaunis) kukkia?
Mikä sinusta on suomen kieliopin (vaikea) asia?
Tiedätkö, mikä on Suomen (tavallinen) sukunimi?
Kuinka vanha sinun (vanha) sukulaisesi on?
Kuka on sinun (hyvä) ystäväsi?
Jos voit valita näistä kolmesta, mikä sinusta on (hyvä) ruoan kanssa: vesi, maito vai piimä?
Mitkä sinusta ovat (tarpeellinen) talvella: sukset, luistimet vai lapaset?

Kysy kysymykset opiskelutoverilta!

Kappale 32, harjoitus 13

Kirjoita aukkoihin sopiva adjektiivi oikeassa muodossa!

Tämä sanakirja on huono. Antakaa minulle .... sanakirja.
En pidä tästä ruoasta. Tämä ruoka on huonoa. Haluan .... ruokaa.
Tämä takki on liian pieni. Minun täytyy ostaa .... takki.
Nämä kengät ovat liian pienet. Tarvitsen .... kengät.
Nämä saappaat maksavat liian paljon. Onko teillä .... saappaita?
Elokuva oli ikävä. Haluan nähdä .... elokuvia.

Kappale 32, harjoitus 14

Jutellaan!

Lue opiskelutoverin kanssa oppikirjan teksti "Alli ja Elli ovat eri mieltä matkasta" (s. 135)! Lukekaa elävästi!

Keskustelkaa Allista ja Ellistä. Mitä mieltä olette heistä?

Jos olet kurssilla, tee pienen ryhmän kanssa seuraava harjoitus: Ottakaa mukaan matkojen mainoksia. Ryhmän tehtävä on kuvitella, että matkustatte yhdessä johonkin lomapaikkaan, ja valita sopiva paikka. Jokainen ryhmän jäsen ehdottaa ensin jotakin paikkaa ja perustelee, miksi se on hyvä. Kaikki sanovat mielipiteensä ehdotuksista. Lopuksi ryhmä päättää, mikä paikka valitaan.

ryhmä	kuvitella
jokin	yhdessä
mainoksia < mainos	johonkin < jokin
tehtävä	lomapaikka

valita
jokainen
jäsen
ehdottaa
ensin

perustelee < perustella
mielipiteensä < mielipide
ehdotuksista < ehdotus
päättää

Katso seuraavia sanapareja ja sanaryhmiä ja kysy opiskelutoverilta, mitä yhteistä niillä esineillä tai asioilla on, joita sanat tarkoittavat!
Malli 1: mänty – kuusi
Sinä kysyt: Mitä yhteistä on männyllä ja kuusella?
Opiskelutoverisi vastaa: Molemmat ovat puita.

Malli 2: mänty – kuusi – koivu
Sinä kysyt: Mitä yhteistä on männyllä, kuusella ja koivulla?
Opiskelutoveri vastaa: Kaikki ovat puita.

Kysy nämä:
banaani – appelsiini
hevonen – lehmä
Tanska – Suomi
Saimaa – Päijänne
Jyväskylä – Rovaniemi – Kuopio

Kysy sitten päinvastoin, mitä eroa joillakin esineillä tai asioilla on!
Malli:
    mänty – koivu
Sinä kysyt: Mitä eroa on männyllä ja koivulla?
Opiskelutoveri vastaa: Toinen on havupuu ja toinen on lehtipuu.

    sukat – lapaset
Sinä kysyt: Mitä eroa on sukilla ja lapasilla?
Opiskelutoveri vastaa: Toiset laitetaan jalkaan ja toiset käteen.

Kysy nämä:
kahvi – kaneli
lintu – kissa
sukset – rullaluistimet

Vastaa seuraaviin kysymyksiin:
Mitä yhteistä ja mitä eroa on Pariisilla ja Helsingillä?
Mitä yhteistä ja mitä eroa on linnulla ja lentokoneella?
Mitä yhteistä ja mitä eroa on keitolla ja pihvillä?

Kappale 33

Kappale 33, harjoitus 1

A. Lue oppikirjasta satu "Kuningas ja mökin ukko" (s. 141)! Vastaa sitten kysymyksiin!

Kuinka satu alkaa?
Mikä ukon ja akan ongelma oli?
Mitä he päättivät tehdä?
Mitä kuningas vaati?
Mitä ukko kertoi ensimmäisenä ja
 toisena päivänä?
Mitä kuningas käski hoviväen tehdä seuraavalla kerralla?
Mitä ukko nyt kertoi?
Mitä siitä seurasi?
Satu ei kerro enempää, mutta kerro sinä jotakin lisää!

ongelma
päättää
vaatia
käskeä

siitä < se
seurata
enempää < enemmän

B. Kerro satu vielä kerran niin, että et katso tekstiä!

Kappale 33, harjoitus 2

Kirjoita sanat lauseeseen sopivaan muotoon!

Akka oli kuullut, että kuningas auttoi (köyhät ihmiset).
Akka sanoi, että ukon täytyi pyytää rahaa (kuningas).
Ukko kertoi kuninkaalle ja hoviväelle (ihmeellinen talo) ja (ihmeelliset hevoset).
Kuningas tuli (vihainen).
Ukko väitti, että hänen isänsä oli lainannut rahaa (edellinen kuningas).
(Kuningas) täytyi maksaa laina takaisin.
Hän kiitti ukkoa (laina).

KAPPALE 33, HARJOITUS 3

Kirjoita adjektiivit oikeaan muotoon!

Sadun päähenkilöt, ukko ja akka, olivat (vanha) ja (köyhä).
Heidän mökkinsä ei ollut (iso), eikä se ollut hyvässä kunnossa.
He ajattelivat, että he voivat pyytää apua (hyvä) kuninkaaltansa, joka varmasti oli (rikas).
He halusivat rakentaa (uusi) mökin.
Kuningas antoi ukolle tehtävän: ukon täytyi kertoa asioita, jotka olivat kaikille aivan (uusi).
Ukko oli (viisas, komparatiivi) kuin kuningas oli luullut.
Hänen juttunsa olivat (mahdoton), ja hänen viimeinen väitteensä oli niin (ovela), että kuninkaan oli pakko maksaa hänelle.
Ukko sai kuninkaalta ison nipun (kaunis) seteleitä.

    mahdoton   ovela
    väitteensä: väite   nipun: nippu

KAPPALE 33, HARJOITUS 4

Jutellaan!

Jos olet kurssilla, opetelkaa yhdessä satu hyvin ja esittäkää se näytelmänä! Valitkaa esittäjät: akka, ukko, kuningas ja hoviväki (= kuninkaan hovin asukkaat). Voitte keksiä lisää repliikkejä.

Kappale 34

Kappale 34, harjoitus 1

Lue oppikirjan teksti "Mitä sinä tekisit, jos...?" (s. 142) ja vastaa kysymyksiin!

Mistä Tuula hämmästyi?
Mistä asia tuli Sarin mieleen?
Mitä muuta Sari haluaa tietää?
Miten Sari suhtautui siihen, että hän ehkä jää perheen kuopukseksi?
Miten Mika suhtautui ajatukseen, että hänellä olisi vain siskoja?
Miten Tuula ja Jorma lapsena suhtautuivat siihen, että he olivat ainoita lapsia?

    tulla mieleen   suhtautua + mihin?

Kappale 34, harjoitus 2

Kirjoita verbit konditionaalimuodossa!
Malli: Jos voisit <u>tehdä</u> nyt mitä haluat, mitä <u>tekisit</u>?

Jos voisit
  syödä tänään ravintolassa jotain oikein hyvää, mitä ....?
  juoda mitä haluat, mitä ....?
  maalata täällä seinät, minkävärisiksi .... ne?
  matkustaa Kiinaan, Grönlantiin tai Australiaan, mihin ....?
  ottaa mukaan matkalle vain kolme esinettä, mitkä esineet ....?
  lähteä matkalle kenen kanssa haluat, kenen kanssa ....?
  valita kotieläimeksesi kissan tai koiran, kumman ....?
  kuunnella nyt sellaista musiikkia, josta pidät, mitä ....?
  muuttaa yhden asian maailmassa, mitä ....?

Kysy kysymykset opiskelutoveriltasi!

Kappale 34, harjoitus 3

Jatka seuraavia lauseita!

Jos nyt olisi sunnuntai, ...
Jos nyt olisi heinäkuu, ...

Jos löytäisin kadulta lompakon, jossa on 100 euroa ja ajokortti, ...
Jos näkisin, että kadulla makaa sairas ihminen, ...
Jos oveni takana naukuisi koditon kissa, ...
Jos voisin matkustaa minne haluan, ...

Lue opiskelutoverillesi, mitä kirjoitit! Kysy häneltä, mitä hän tekisi, jos nyt olisi sunnuntai, jne.

    lompakko   naukuisi < naukua
    ajokortti

Kappale 34, harjoitus 4

Harjoittele konditionaalimuotoja! Jos sinulla on opiskelutoveri, tee tämä harjoitus niin, että sinä vastaat tehtäviin A ja B ja toverisi katsoo kohdista C ja D oikeat vastaukset. Sitten hän vastaa tehtäviin C ja D, ja sinä näet tehtävistä A ja B, vastaako hän oikein.

A. Tavallinen preesens → konditionaali
löydän, näytät, jää, nousemme, tuhlaatte, varaavat, opiskelen, alat, päättyy, kuuntelemme, lähdette, kertaavat, menen, syöt, voi, teemme, autatte, heräävät

B. Konditionaali → tavallinen preesens
tarvitsisin, saisit, tietäisi, ymmärtäisimme, juoksisitte, kävisivät, ajattelisin, kieltäisit, osaisi, saapuisimme, työskentelisitte, kävelisivät, kertoisin, kuulisit, lopettaisi, pyytäisimme, tykkäisitte, vaihtaisivat

C. Konditionaali → tavallinen preesens
löytäisin, näyttäisit, jäisi, nousisimme, tuhlaisitte, varaisivat, opiskelisin, alkaisit, päättyisi, kuuntelisimme, lähtisitte, kertaisivat, menisin, söisit, voisi, tekisimme, auttaisitte, heräisivät

D. Tavallinen preesens → konditionaali
tarvitsen, saat, tietää, ymmärrämme, juoksette, käyvät, ajattelen, kiellät, osaa, saavumme, työskentelette, kävelevät, kerron, kuulet, lopettaa, pyydämme, tykkäätte, vaihtavat

Kappale 34, harjoitus 5

Kirjoita kohteliaita lauseita: valitse verbiluettelosta lauseisiin sopivat verbit!
Verbit:
lähtisittekö, menisin, näyttäisittekö, osaisiko, saisitko, söisitkö, vaihtaisivat

.... minulle, miten tämä kone toimii?
.... jotakin? Onko sinulla nälkä?
.... meidän kanssamme maalle ensi viikonloppuna?
Minä en haluaisi lähteä ravintolaan. .... mieluummin elokuviin.
.... sinä tämän purkin auki? Kansi on hirveän tiukka.
.... joku sanoa, missä täällä on posti?
Alli ei näe mitään, jos hän istuu Ellin takana. Mitä jos he .... paikkaa?

    kansi   tiukka

Kappale 34, harjoitus 6

Jos haluat pyytää jotakin, voit käyttää kysymyslausetta, jossa on konditionaali. Kirjoita pyyntöjä mallin mukaan! Katso uudet sanat sanakirjasta!

Malli 1: Avaisitko ikkunan? → Voisitko avata ikkunan?

Keittäisitkö kahvia? Veisitkö nämä lehdet paperinkeräykseen? Imuroisitko täällä? Paistaisitko tänään lettuja? Kävisitkö kaupassa? Odottaisitko hetkisen?

Kirjoita samat pyynnöt niin, että verbi on monikossa!
Malli: Avaisitteko ikkunan? → Voisitteko avata ikkunan?

Malli 2: Voisitko avata ikkunan? → Avaisitko ikkunan?

Voisitko auttaa minua? Voisitko viedä matot ulos? Voisitko pyyhkiä pölyt? Voisitko tulla taas huomenna? Voisitko lähteä mukaan?

Kirjoita samat pyynnöt niin, että verbi on monikossa!
Malli: Voisitteko avata ikkunan? → Avaisitteko ikkunan?

Kappale 34, harjoitus 7

Kirjoita toivomuslauseita!
Malli: Toivon, että saan uuden työtuolin. → Voi kun saisin uuden työtuolin!

Toivon, että tapaan hänet.
Toivon, että hän tulee.
Toivon, että kesä on lämmin.
Toivon, että viikonloppuna on kaunis ilma.
Toivon, että viikonloppuna ei sada.
Toivon, että pääsen Lappiin.

Kappale 34, harjoitus 8

Jutellaan!

Kysy opiskelutoveriltasi seuraavat kysymykset! Hän vastaa ja kysyy sitten: Entä sinä?

Mitä tekisit nyt, jos et olisi kurssilla?
Mitä tekisit, jos et olisi Suomessa / tässä maassa?
Mistä puhuisit Suomen presidentille, jos pääsisit keskustelemaan hänen kanssaan?
Miten haluaisit muuttaa maailmaa?
Mitä et tekisi mielelläsi?
Mitä sinä tekisit, jos ... (Keksi itse lisää kysymyksiä!)

Kappale 35

Kappale 35, harjoitus 1

Lue oppikirjan tekstit "Mitä jos lähtisimme Tukholmaan?" (s. 146) ja "Olisi ollut hienoa hiihtää Lapissa" (s. 147)! Selosta sitten, mitä Martin perhe suunnitteli ja miten suunnitelma muuttui! Miten Martin äiti suhtautui muutokseen? Mitä Mikan ja Sarin hiihtolomaksi suunniteltiin?

Kappale 35, harjoitus 2

Muistathan, kuinka verbien perfektimuoto tehdään? Muuta seuraavat muodot perfektiksi!

herään, lennät, tekee, rakastamme, syötte, menevät, kertaan, lähdet, kuuntelee, alamme, valitsette, päättyvät, nousen, jäät, tuhlaa, näytämme, löydätte, varaavat

Kappale 35, harjoitus 3

Lue oppikirjan sivulta 148, miten konditionaalin perfekti muodostetaan! Muuta seuraavat preesensit konditionaalin perfektiksi!

tarvitsisin, saisit, tietäisi, ymmärtäisimme, juoksisitte, kävisivät, ajattelisin, kieltäisit, osaisi, saapuisimme, työskentelisitte, kävelisivät, kertoisin, kuulisit, lopettaisi, pyytäisimme, tykkäisitte, vaihtaisivat

Kappale 35, harjoitus 4

Kirjoita jos-lauseisiin verbi konditionaalin perfektimuodossa!
Malli: Kyllä minua harmitti Ranskassa, kun en osaa ranskaa. → Jos olisin osannut ranskaa, olisin päässyt avustajaksi elokuvaan.

Auttoiko joku sinua? – Ei. Jos joku .... minua, työ olisi nyt valmis.
Miksi te ette kutsuneet minua? Jos te .... minut, kaikki olisi nyt kunnossa.
Ikävä juttu, että lähdit kotiin. Jos .... meidän mukaan, olisit tutustunut mukaviin ihmisiin.

harmittaa
avustaja
olla kunnossa

ikävä juttu
meidän mukaan

KAPPALE 35, HARJOITUS 5

Kun huomautamme toiselle, että jokin asia olisi pitänyt tehdä toisella tavalla, voimme käyttää konditionaalin perfektimuotoa. Toiminta on silloin jo tapahtunut, eikä sitä enää voi muuttaa. Lause <u>Olisit tehnyt niin kuin minä sanoin!</u> tarkoittaa samaa kuin <u>Miksi et tehnyt niin kuin minä sanoin? Jos olisit tehnyt niin, asia olisi nyt kunnossa.</u>
Kirjoita seuraavista sanoista a) kysymyslause ja b) konditionaalilause!
Malli: soittaa hänelle →
    a) Miksi et soittanut hänelle?
    b) Olisit soittanut hänelle!

mennä bussilla
matkustaa yksin
kirjoittaa minulle
ostaa suklaajäätelöä
varata huone (huonetta / huoneen)
käydä kirjastossa
tulla heti
lähteä lomalle
puhua hänen kanssaan
auttaa häntä

huomauttaa
olisi pitänyt tehdä
pitää = täytyä

toisella tavalla
tapa

KAPPALE 35, HARJOITUS 6

Jos olemme tehneet jotakin sellaista, mitä kadumme, voimme sanoa: <u>Voi kun en olisi tehnyt sitä!</u> Kirjoita tällaisia lauseita mallin mukaan.
Malli: Kadun, että soitin hänelle. → Voi kun en olisi soittanut hänelle!

Kadun, että puhuin asiasta.
Kadun, että menin sinne.
Kadun, että ostin tämän.
Kadun, että kirjoitin näin.

Kadun, että olin hänelle vihainen.
Kadun, että lähdin sinne.
Kadun, että söin niin paljon mansikoita.

Valitse yksi harjoituksen lauseista ja kirjoita sen pohjalta pieni kertomus!

kadumme < katua   sen pohjalta = niin että se on pohjana

Kappale 35, harjoitus 7

Jutellaan!

Kuvittele, että opiskelutoverisi ei ole tehnyt sitä, mitä lupasi! Sinä kysyt häneltä, tekikö hän sen. Opiskelutoveri sanoo, että ei tehnyt, ja kertoo syyn. Kysy häneltä seuraavat kysymykset! Hän käyttää vastauksessa kysymyksen verbiä mutta keksii itse hyvän syyn.
Malli:
– Soititko sinä eilen sinne matkatoimistoon?
– No en. Olisin minä soittanut, mutta en löytänyt kännykkää mistään.

Varasitko meille pöydän ravintolasta?
Haitko ne lääkkeet apteekista?
Hiihditkö viime talvena?
Ostitko sen romaanin, josta puhuit viime viikolla?
Kerroitko kauppiaalle, että vihannekset olivat huonoja?
Otitko lomalla paljon valokuvia?

Kun kuulemme yllättävän uutisen, voimme ihmetellä esimerkiksi niin, että sanomme: "No en olisi uskonut!" tai "Kuka olisi arvannut!" tai jotain muuta sellaista. Lue opiskelutoverisi kanssa seuraavat dialogit! Lukekaa elävästi!

– Tiedätkö, että Topi ja Tyyne ovat eronneet?
– Älä nyt! Ihanko totta? En tiennyt.
– Totta se on. Tyyne itse kertoi.
– No, en olisi arvannut! Minä luulin aina, että heillä on kaikki ihan hyvin.
– Niin siinä nyt kuitenkin kävi.

– Oletko kuullut, että Niilo aikoo muuttaa ulkomaille?
– En, en ole kuullut. Vai niin! Sepä oli yllätys. Mihin maahan?
– Espanjaan kai, niin minä ymmärsin.

35

– Ei olisi uskonut!
– No ei niin! Niilo, joka ei ole edes lomalla matkustellut! Hänelle oli kesämökki järven rannalla kaikki kaikessa, ja kuvittele: nyt hän on myynyt senkin.
– Kuka olisi arvannut!

– Hallitus on kaatunut!
– Ei ole totta! En usko.
– On se totta. Kuulin juuri radiosta.
– En olisi uskonut, että se tapahtuu.

yllättävä < yllättää
ihmetellä
ovat eronneet < erota
niin kävi = niin tapahtui
ei olisi uskonut (3. persoona tarkoittaa tässä "ei kukaan olisi uskonut")

ei edes
matkustella = tehdä matkoja
kaikki kaikessa = hyvin tärkeä
hallitus
kaatua

Kappale 36

Kappale 36, harjoitus 1

**Lue oppikirjan teksti "Kilpisjärven luonnon kalenteri" (s. 150 –151)!
Vastaa seuraaviin kysymyksiin!**

Milloin Kilpisjärvellä on ruska-aika?
Miksi ruska-aikana on mukava retkeillä Lapissa?
Milloin sataa lunta ensimmäisen kerran?
Missä kuussa on valoisaa vain kaksi tuntia?
Ovatko yöt pimeitä elokuun alussa?
Mitä kaamosaika tarkoittaa?
Milloin kaamos päättyy?
Voiko kaamosaikana hiihtää?
Milloin on niin valoisaa, että voi hiihtää yölläkin?
Milloin joissa ja puroissa on paljon vettä?
Mitä voit kertoa vuoden seitsemännestä kuukaudesta?

Kappale 36, harjoitus 2

Tutustu – jos mahdollista – Lappi-aiheisiin kirjoihin, kuviin ja matkaesitteisiin. Tee sitten seuraava harjoitus! Jos olet kurssilla, tee se neljän hengen ryhmässä tai parin kanssa. Harjoituksessa on neljä osaa.

A. Kirjoita ison paperin keskelle sana LAPPI. Ajattele sitten, mitä sana tuo sinulle mieleen. Kirjoita asiat, jotka tulevat mieleesi, paperille Lappi-sanan ympärille. Jos teet harjoituksen toisten kanssa, voitte tehdä niin, että kaikki sanovat mieleen tulevia asioita ja yksi kirjoittaa ne. Voitte myös kirjoittaa ensin omat sananne ja verrata sitten papereitanne. Jos kaikki eivät tunne sanoja, se joka tietää sanan merkityksen, selittää sen toisille.

B. Järjestä – tai järjestäkää – sanat aihepiirien mukaan. Esimerkiksi sanat, jotka liittyvät säähän, luontoon, matkailuun jne.

C. Valitse (valitkaa) yksi aihepiiri ja tee (tehkää) siitä pieni selostus. Käytä (käyttäkää) apuna internetiä, tietosanakirjoja ym. lähteitä mahdollisuuksien mukaan. Kirjoita (kirjoittakaa) asiasta ja liitä (liittäkää) mukaan kuvia.

D. Kurssilla kaikki tutustuvat lopuksi kaikkien töihin.

Lappi-aiheen sijasta voitte tehdä harjoituksen omasta maastanne tai jostakin oman maanne alueesta.

Lappi-aiheisiin < Lappi-
   aiheinen
matkaesitteisiin < matkaesite
tuoda mieleen
mieli
mieleen tulevia asioita =
   asioita, jotka tulevat
   mieleen
aihepiirien (monikon genetiivi)
   < aihepiiri

aihe
piiri
mukaan (postpositio)
liittyä + mihin?
selostus
lähteitä < lähde
mahdollisuuksien (monikon
   genetiivi) < mahdollisuus
liitä < liittää
sijasta (postpositio)

KAPPALE 36, HARJOITUS 3

Lue, miten ilmaistaan kellonaika, jolloin jotain tapahtuu!

Herään / nousen / lähden / tulen / saavun...
klo 1.00   yhdeltä (yöllä) = kello yksi
klo 13.00   yhdeltä (päivällä) = kello yksi = kello kolmetoista
klo 13.30   puoli kahdelta (päivällä) = kello puoli kaksi
               = kello kolmetoista kolmekymmentä

   yhdeltä, kahdelta, kolmelta, neljältä, viideltä,
   kuudelta, seitsemältä, kahdeksalta, yhdeksältä,
   kymmeneltä, yhdeltätoista, kahdeltatoista

KAPPALE 36, HARJOITUS 4

Lue seuraavat lauseet ja niissä olevat numeroilmaukset ääneen tai kirjoita numeroilmaukset niin kuin ne luetaan!

Käyn töissä 5 päivänä viikossa.
Lämpötila on 16 ja 20 asteen välillä.
Lehden verkkosivuilta saat uusimmat sääennusteet yli 17 000 paikkakunnalta kotimaasta ja ulkomailta.
Joka 5. suomalainen asuu yksin.
Koulun oppilaiden vanhemmat edustavat 23:a eri kulttuuria.
K.K:lle myönnettiin 3000 euron stipendi väitöskirjatyöhön.
Kilpailun parhaat ajoivat 120 kilometrin lenkin reilussa 3 tunnissa.
Tutkimuksessa selvitettiin 15 000 osallistujan avulla, onko luonteenpiirteillä ja horoskooppimerkeillä yhteyksiä toisiinsa. Niitä ei löytynyt.

niissä < ne
niissä olevat = jotka ovat niissä
numeroilmaukset < numeroilmaus
lukea ääneen
ääni
lämpötila
aste
välillä
verkkosivut
sääennuste
paikkakunta
oppilaiden < oppilas
edustaa
eri
myönnettiin < myöntää
stipendi
väitöskirja
kilpailu

ajoivat < ajaa
lenkki
reilu (= vähän yli)
kannattaa
ateria
tutkimus
selvitettiin < selvittää
osallistuja < osallistua
avulla < apu
luonteenpiirteillä < luonteenpiirre
luonteen < luonne
piirre
horoskooppimerkki
yhteys
niitä < ne
löytyä
ei löytynyt = ei löydetty, ei ollut

KAPPALE 36, HARJOITUS 5

Tutustu suomalaiseen juhlakalenteriin! Seuraavat päivämäärät ovat vuoden 2012 kalenterista. Jos sinulla on eri vuoden suomalainen almanakka, katso, mitkä juhlat ovat samana päivänä kuin vuonna 2012 ja mitkä juhlat ovat eri päivänä.

1.1. uudenvuodenpäivä
6.1. loppiainen
5.2. J. L. Runebergin päivä
14.2. ystävänpäivä
19.2. laskiaissunnuntai
21.2. laskiaistiistai
28.2. Kalevalan päivä, suomalaisen kulttuurin päivä
8.3. kansainvälinen naistenpäivä
19.3. Minna Canthin päivä, tasa-arvon päivä
1.4. palmusunnuntai
6.4. pitkäperjantai
8.4. pääsiäispäivä
9.4. toinen pääsiäispäivä; Mikael Agricolan päivä, suomen kielen päivä
27.4. kansallinen veteraanipäivä
1.5. vappu, suomalaisen työn päivä
9.5. Eurooppa-päivä
12.5. J. V. Snellmanin päivä, suomalaisuuden päivä
13.5. äitienpäivä

17.5. helatorstai
20.5. kaatuneitten muistopäivä
27.5. helluntaipäivä
4.6. puolustusvoimain lippujuhlan päivä
23.6. juhannuspäivä, Suomen lipun päivä
6.7. Eino Leinon päivä, suven ja runon päivä
5.9. yrittäjän päivä
10.10. Aleksis Kiven päivä, suomalaisen kirjallisuuden päivä
24.10. YK:n (Yhdistyneiden kansakuntien) päivä
3.11. pyhäinpäivä
6.11. svenska dagen, ruotsalaisuuden päivä
11.11. isänpäivä
20.11. lapsen oikeuksien päivä
6.12. itsenäisyyspäivä
8.12. Jean Sibeliuksen päivä, suomalaisen musiikin päivä
24.12. jouluaatto
25.12. joulupäivä
26.12. tapaninpäivä
31.12. uudenvuodenaatto

Kappale 36, harjoitus 6

Harjoittele vielä lukusanoja! Vastaa kysymyksiin! (Sano lukusanat ääneen tai kirjoita ne niin kuin ne luetaan!)

Oppikirjan kappaleessa 33 oli satu ukosta ja kuninkaasta. Kuinka monena päivänä ukko kävi kuninkaan luona?
Kuinka monesta hevosesta ukko kertoi kuninkaalle ja hänen hoviväelleen?
Kuinka monessa Suomen kaupungissa olet käynyt?
Kuinka monta kuppia kahvia juot päivässä?
Kuinka monta / Kuinka montaa kieltä puhut? (Vastauksessa lukusana on partitiivissa.)
Monenko päivän kuluttua on perjantai?
Monessako paikassa olet asunut?
Montako vuotta kävit koulua?
Moneenko suomalaiseen olet tutustunut?
Monenko suomalaisen kanssa puhut suomea?
Kuinka monelle olet lähettänyt ystävänpäivän kortin?
Moneltako heräsit tänä aamuna?

Kappale 36, harjoitus 7

Jutellaan!

Lue opiskelutoverisi kanssa oppikirjan teksti "Kilpisjärven luonnon kalenteri" (s. 150 –151)! Keskustelkaa siitä, missä kuussa te menisitte Kilpisjärvelle tai yleensä Lappiin! Miksi juuri silloin?

Kysy opiskelutoveriltasi harjoituksen 6 kysymykset! Kerro hänelle, miten sinä vastasit niihin!

Kappale 37

Kappale 37, harjoitus 1

Lue oppikirjan sivulta 89 ja sivuilta 104–105, kuinka passiivin preesens ja imperfekti muodostetaan! Kirjoita verbinmuodot mallien mukaan!

A.

tehdään	tehdä
jäädään	....
jätetään	....
noustaan	....
löydetään	....
tuhlataan	....
täytetään	....
harjoitellaan	....
hiihdetään	....
surraan	....
tiedetään	....
lähetetään	....
lähdetään	....
unohdetaan	....
tunnetaan	....
yritetään	....
lauletaan	....
suljetaan	....

B.

tehdä	tehdään
suunnitella	....
huomata	....
tuulettaa	....
maata	....
päästä	....
valita	....
valittaa	....
leikkiä	....
viihtyä	....
matkustaa	....
matkustella	....
uida	....
pelata	....
pelätä	....
aikoa	....
kaataa	....
repiä	....

C.

tehdään	tehtiin
ollaan	....
luetaan	....
opetetaan	....
aletaan	....
eletään	....
noustaan	....
mennään	....
ajatellaan	....
tuodaan	....

kävellään	....
saavutaan	....
halutaan	....
häiritään	....
autetaan	....
uidaan	....
pyöräillään	....
opitaan	....

Kappale 37, harjoitus 2

Lue oppikirjan sivuilta 156–157, kuinka passiivin konditionaali muodostetaan! Kirjoita verbien passiivin konditionaali!

tehdään	tehtäisiin		
opiskellaan	....	juostaan	....
kirjoitetaan	....	kerrotaan	....
kuunnellaan	....	maksetaan	....
kerrataan	....	tarvitaan	....
pannaan	....	käydään	....
kielletään	....	odotetaan	....
myydään	....	esitetään	....
tullaan	....	imuroidaan	....
nukutaan	....		

Kappale 37, harjoitus 3

Kertaa ja harjoittele passiivin käyttöä!

Preesens
– Kerro, mitä eri paikoissa tai eri vuodenaikoina tehdään.

Imperfekti (mennyt aika)
– Kerro, mitä koulussa tehtiin, kun olit koululainen!

Konditionaali
– Kuvittele, mitä tehtäisiin, jos nyt yhtäkkiä palattaisiin kivikaudelle!

> kivikaudelle < kivikausi

Kappale 37, harjoitus 4

Lue oppikirjan sivuilta 158, kuinka passiivin konditionaalin menneen ajan muoto tehdään! Muuta verbit mallin mukaan!
Malli: Jos mentäisiin pikajunalla, pääsisimme nopeammin perille. → Jos olisi menty pikajunalla, olisimme päässeet nopeammin perille.

Jos siellä puhuttaisiin englantia, ymmärtäisin.
Jos minulta kysyttäisiin, osaisin neuvoa.
Jos herättäisiin aikaisemmin, saisit aamiaista.
Jos minua ei häirittäisi, saisin työn pian valmiiksi.
Jos lapset vietäisiin elokuviin, he olisivat iloisia.

Kappale 37, harjoitus 5

Kirjoita verbit passiivin konditionaalimuotoon! Kysy sitten kysymykset opiskelutoveriltasi!

Mitä tekisit tai mitä sanoisit,
jos sinulle (antaa) lahjaksi pieni tiikerinpentu?
jos sinun syntymäpäiväsi (unohtaa)?
jos sinun päiväkirjasi (lukea)?
jos sinun takkisi (varastaa) naulakosta?
jos sinut (lähettää) Kuuhun?
jos sinut (valita) Miss/Mr. Universumiksi?

Kappale 37, harjoitus 6

Jutellaan!

Lue opiskelutoverisi kanssa oppikirjan teksti "Voisiko tätä vielä käyttää?" (s. 155)! Keskustelkaa kierrätyksestä! Mitä teette vaatteille ja tavaroille, joita ette enää käytä? Ostatteko tavaroita kirpputorilta?

kierrätys   kirpputori

Lue opiskelutoverisi kanssa oppikirjan teksti "Neuvottelu syntymäpäivälahjasta" (s. 155)! Ajatelkaa, että tuttavanne on saanut vauvan. Neuvotelkaa sopivasta lahjasta.

Kappale 38

Kappale 38, harjoitus 1

Lue oppikirjan teksti "Pihalla"(s. 159)! Vastaa kysymyksiin!

Mitä Mika ehdottaa?
Mitä Sari siihen sanoo?
Mitkä kaksi ehdotusta Tuula tekee?
Mitä Sari ehdottaa?
Mitä Jorma siihen sanoo?
Mitä mieltä isoäiti on asiasta?
Millä ehdotuksella Jorma yllättää isoäidin?
Mitä Jorma sitten ehdottaa?
Mikä ehdotus Jarilla on?
Miten Jorma suhtautuu Jarin ehdotukseen?

Kappale 38, harjoitus 2

Kertaa oppikirjan sivuilta 107–109 tulosobjektin säännöt! Etsi "Pihalla"-tekstistä kaikki tulosobjektit! Kiinnitä huomiota siihen, milloin objektisanassa on n-pääte ja milloin sana on nominatiivimuodossa!

Kappale 38, harjoitus 3

Kertaa oppikirjan sivuilta 110–111, 113 ja 115–116, milloin objektisana on partitiivissa!

Kappale 38, harjoitus 4

A. Kirjoita objektit -n-päätteiseen muotoon!
Haluaisimme (rauhallinen huone).
Oletko jo tavannut (uusi opas)?
Muistatteko (ukko, akka ja kuningas)?
Näen kuvassa (joki, tunturi ja retkeilykeskus).
Teemmekö (pitkä vai lyhyt retki)?
Maalari maalasi (pylväs).

B. Kirjoita objektit partitiiviin!
Emme tehneet (pitkä retki).
Eksyin. En löytänyt (retkeilykeskus).
En ole vielä tavannut (uusi opas).
Emme saaneet (huone).

C. Kirjoita objektit partitiiviin!
Hän kirjoittaa juuri nyt (kirje).
Minä luin juuri (lehti), kun hän tuli huoneeseen.
Miksi tuo mies kantaa (polkupyörä)?
Liisa on kylpyhuoneessa ja pesee (pyykki).
Tuossa kuvassa isoisä kaataa (vanha omenapuu).

D. Kirjoita objektit partitiiviin!
Kaada hänelle lisää (kahvi)!
Panetko (kerma) kahviin?
Juokaa (tee)!
Haluaisitteko (voi)?
Suomessa juodaan (maito) ruoan kanssa.
He syövät usein (kala).
Nyt juodaan (kuuma mehu)!
Tarjottiinko siellä (olut vai viini)?
Sinun täytyy ottaa (tämä yskänlääke).

E. Kirjoita objektit partitiiviin!
Auta (ystävä)!
Kuka pelkää (hän)?
Meidän täytyy odottaa (seuraava bussi).
Häiritseekö pianonsoitto (naapuri)?

KAPPALE 38, HARJOITUS 5

Kirjoita objektit oikeaan muotoon!

Voitteko avata (ikkuna)?
Avatkaa (ikkuna)!
(Kaupat) suljetaan kello 21.
Voitko auttaa (minä)?
Tarvitsen (uusi talvitakki).
Minun on pakko saada (uusi takki).

Jonkun täytyy viedä (nämä kirjat) kirjastoon.
Meillä oli viime kesänä tilaisuus tehdä (pitkä ulkomaanmatka).
Minusta on parempi juoda (tee) kuin (kahvi).
Opiskelijoiden ei ole helppoa löytää (halpa asunto).
Minulla ei ole mitään mahdollisuutta tavata (he).
Kaikkien olisi hyvä lukea (tämä kirja).
Ajattelen (sinä).
Sinun olisi pitänyt laittaa (käsineet) käteen.
Älä anna hänelle (avain)!
Puhelin soi juuri kun tiskasin (astiat).

Kappale 38, harjoitus 6

Kertaa oppikirjan sivuilta 76–78 monikon partitiivin muodostus! Muuta seuraavat lauseet kielteisiksi ja kirjoita objektit monikon partitiiviin!
Malli: Sari sai silmälasit. → Sari ei saanut silmälaseja.

Minä tunnen naapurit.
Hän ymmärsi kysymykset.
Minä olen varannut liput.
Mummo on ottanut lääkkeet.
Huomasimme virheet.
Kastelin kukat.
Maksa nämä laskut tänään!
Miksi ikkunat suljettiin?

Kappale 38, harjoitus 7

Seuraavissa lauseissa on puhekielisiä sanoja ja muotoja. Puhekielisiä muotoja voit nähdä kirjoitettuina esimerkiksi romaanien ja novellien dialogeissa, keskustelupalstoilla, tekstiviesteissä ym. – Kokeile, ymmärrätkö seuraavat lauseet! Kirjoita ne kirjakielellä!

Mä tuun.
Tuut sä?
En mä tiijä.
Mä olisin tullu, jos mulla olis ollu aikaa.
Mä tykkään susta.
Näät sä mut?
Onks sulla jano?

Mitä se sanoo?
Mitä se sano?
Saadaanks me lasku?
Mihin te meette?
Missä te ootte ollu?
Ne menee naimisiin.
Anteeks. - Ei se mitää.
Kiitti.

Vertaa puhekieltä ja kirjakieltä! Mitä eroja huomaat?

Kappale 38, harjoitus 8

Jutellaan!

Jos olet kurssilla, voitte harjoitella objektia myös seuraavalla tavalla.

A.
Keksikää kaikille opiskelutovereille tehtäviä luokkahuoneen esineistä!
Malli:
Siirrä tuota tuolia kaksikymmentä senttiä vasemmalle!
Vie tämä tuoli ikkunan viereen!
Ota tästä askista pastilli ja syö se!

B.
Kun kaikki ovat keksineet jotakin ja tehneet jotakin, jokainen sanoo, mitä teki.
Malli:
Siirsin tuolia kaksikymmentä senttiä vasemmalle.
Vein tuolin ikkunan viereen.
Otin Marian askista pastillin ja söin sen. / Otin Marian askista pastillin, mutta en syönyt sitä, vaan annoin sen Tomille.

Kappale 39

Kappale 39, harjoitus 1

Tässä harjoituksessa tarvitaan substantiivien mihin?-muotoja ja verbien -maan/-mään-muotoja. Tee sanoista lauseita mallin mukaan!

Malli: tori, ostaa mansikoita → Menen torille ostamaan mansikoita.

kylpyhuone, pestä, pyykki
ranta, ottaa aurinkoa
keittiö, tehdä ruokaa
kirjasto, lainata kirjoja
parveke, polttaa tupakkaa
jäähalli, pelata jääkiekkoa
piha, etsiä avaimiani
metsä, kerätä mustikoita
kylpylä, viettää lomaa
koulu, tavata lasten opettajaa

Kappale 39, harjoitus 2

Tee verbi-ilmauksia mallin mukaan!

Malli 1: haluan tehdä → menen tekemään

haluan lentää, haluat syödä, hän haluaa pelata tennistä, haluamme nukkua, haluatte pyöräillä, he haluavat katsoa ottelua, halusin tehdä valituksen, halusit tavata naapureita, hän halusi uida, halusimme tanssia, halusitte tutkia perhosia, he halusivat juosta

Malli 2: rupean tekemään → alan tehdä

rupean ajattelemaan asiaa, rupeat työskentelemään, hän rupeaa suunnittelemaan matkaa, rupeamme pakkaamaan, rupeatte syömään, he rupeavat käymään oopperassa, rupesin juoksemaan, rupesit keittämään kahvia, hän rupesi kuuntelemaan levyjä, rupesimme kirjoittamaan, rupesitte lukemaan, he rupesivat maalaamaan tauluja

Malli 3: minun täytyy tehdä → joudun tekemään

minun täytyy kuunnella valituksia, sinun täytyy puhua paljon, hänen täytyy kävellä pitkiä matkoja, meidän täytyy odottaa, teidän täytyy työskennellä liikaa, heidän täytyy lainata rahaa

KAPPALE 39, HARJOITUS 3

Muuta lauseet mallin mukaan!

pyytää + partitiivi + tekemään
Malli: Minä sanoin hänelle: "Kävisitkö kaupassa?" → Pyysin häntä käymään kaupassa.

Äiti sanoi lapselle: "Veisitkö roskat ulos?"
Isä sanoi pojille: "Veisittekö koiran ulos?"
Hän sanoi minulle: "Toisitko kaupasta maitoa?"
Opettaja sanoi opiskelijoille: "Voisitteko kirjoittaa joka toiselle riville?"

KAPPALE 39, HARJOITUS 4

Kirjoita verbit oikeaan muotoon!

Joudun (mennä) sinne yksin.
Jäät (katsoa) televisiota.
He rupeavat (harjoitella).
Ryhdyin (pestä) pyykkiä.
Satuin (nähdä) tapauksen
Hän suostui (tulla) aikaisemmin.
Olemme tottuneet (nousta) aikaisin.
Oletteko auttaneet häntä (löytää) asunnon?
He ovat jättäneet mummon (odottaa).
En kehota häntä (myydä) autoa.
Hän ei opettanut meitä (tehdä) ruokaa.
Emme ole vielä panneet perunoita (kiehua).
Ette ole pyytäneet heitä (jäädä).
Jos he olisivat vaatineet sinua (tulla), olisitko suostunut?

KAPPALE 39, HARJOITUS 5

Jutellaan!

<u>Kysy seuraavat kysymykset opiskelutoveriltasi! Keskustelkaa asioista!</u>
Kuinka vanha olit, kun opit lukemaan?
Kuka opetti sinut uimaan?
Miksi ryhdyit opiskelemaan suomea?
Mitä et suostuisi tekemään mistään hinnasta?

<u>Jos olet kurssilla, tehkää yhdessä tällainen harjoitus:</u>
Ensimmäinen opiskelija: Minä en osaa uida.
Toinen opiskelija: Minä voin opettaa sinua uimaan. Mutta minulla on ongelma: minä en osaa tanssia valssia.
Seuraava opiskelija: Minä voin opettaa sinua tanssimaan valssia. Mutta minua harmittaa, että minä en osaa...
Jne.

<u>Keksikää lauseisiinne erilaisia lisäyksiä! Voitte sanoa aluksi esimerkiksi näin:</u>
Haluaisin oppia...
Voiko kukaan auttaa minua...
Olen kyllästynyt siihen, että en osaa...
Toivoisin, että osaisin...
Ikävä kyllä en...
Voitko uskoa, että...
Minua hävettää, että...

Ei haittaa...
Se ei ole mikään ongelma...
Älä sure...
Älä välitä...
Ei se mitään...
Ei tarvitse hävetä...

tällainen
ongelma
valssi
harmittaa
lisäyksiä < lisäys
kuten
kyllästynyt + mihin?

ikävä kyllä = valitettavasti
uskoa
hävettää
ei haittaa < haitata
älä sure < surra
älä välitä < välittää
hävetä

Kappale 40

Kappale 40, harjoitus 1

Seuraavassa listassa luetellaan erään aikuisopiston kursseja. Luettelossa on alleviivattuja substantiiveja. Ne ovat toiminnan nimiä. Etsi vastaavat verbit sanakirjasta!
Malli: Substantiivi: <u>maalaus</u> → Verbi: maalata

suku<u>tutkimus</u>
ranskan pika<u>kertaus</u> matkailijoille
ruotsin kertaus- ja <u>keskustelu</u>kurssi
eläkeläisten yhteis<u>laulu</u>
nopea <u>lukeminen</u>
kuvan<u>veisto</u>
öljyväri<u>maalaus</u>
hanurin<u>soitto</u>
kansan<u>tanssi</u>kurssi
<u>laihdutus</u>kurssi
<u>leivonta</u>kurssi
miesten ruoan<u>valmistus</u>kurssi
puku<u>ompelu</u>
musiikki<u>liikunta</u>
teatteri<u>tieto</u>
<u>ulkoilu</u>vaatekurssi
arvopaperi<u>säästämisen</u> alkeiskurssi
tekstiilien <u>suunnittelu</u>kurssi
<u>valokuvaus</u>
<u>viittoma</u>kieli
esperanton <u>jatko</u>kurssi

Kappale 40, harjoitus 2

Seuraavassa on esimerkkejä siitä, millaisia kursseja Vantaan aikuisopiston ja Helsingin työväenopiston opinto-ohjelmissa oli syksyllä 2011.
Valitse näistä kolme kurssia, jotka voisivat kiinnostaa sinua!
Valitse myös muutamia kursseja, joihin tuskin osallistuisit!

40

Kirjallisuuspiiri Slaavit, baltit ja suomalais-ugrilaiset
  Näytelmäkurssi Digivalokuvaus
Nuotinluvun alkeet Lauletaan yhdessä
Kitaransoiton alkeiskurssi Puutyökurssi naisille
  Muotokuvamaalauskurssi Maukkaita kasvisruokia
    Perinteisiä kiinalaisruokia **Kotiruokaa vauvalle**
Kalankäsittelyn alkeet Zumba Äijäjooga (miesten joogaryhmä)
Yleiseen kielitutkintoon valmistava suomen kurssi
  Puhu ja kirjoita suomea! Norjan alkeet
Englannin keskustelua ja kertausta Latinan alkeet
  Venäjää työelämän tarpeisiin
  Somalinkielinen tietotekniikan peruskurssi
Kuvankäsittely Latinalaisen Amerikan elokuva
Sukututkimuksen peruskurssi
    Rohkeutta puhe- ja esiintymistilanteisiin!
Elävän mallin piirustus Perinteinen kirjansidonta
  Polkupyörän syyshuolto Sosiaalinen media: Facebook, Twitter, blogit
Skannaa vanhat paperikuvat tietokoneelle Tietokoneen rakenne ja huolto

KAPPALE 40, HARJOITUS 3

Jutellaan!

Keskustele opiskelutoverisi kanssa opiskelusta: mitä olette opiskelleet, mitä haluaisitte opiskella, missä aikuiset voivat opiskella jne.

Keskustele opiskelutoverisi kanssa harjoitusten 1 ja 2 kurssiesimerkeistä! Kerro, mitä kursseja itse voisit valita, ja kysy toveriltasi, mitkä kurssit häntä voisivat kiinnostaa! Keskustelkaa siitä, mitä niillä kursseilla ilmeisesti opittaisiin!

Kysy opiskelutoverilta! Hän kysyy sitten sinulta.
Osaatko piirtää? Jos piirrät, minkälaisia kuvia piirrät?
Otatko paljon valokuvia? Otatko kuvia ihmisistä, luontokuvia...?
Laitatko mielelläsi ruokaa? Mitä ruokaa on helppo valmistaa?
Soitatko jotakin instrumenttia? Minkälaista musiikkia soitat?

Lukekaa yhdessä oppikirjan teksti "Edith oppi lentämään"(s. 170)! Laatikaa sitten sellainen dialogi, jossa toinen teistä on Edith Merrill ja toinen haastattelija! Haastattelija kyselee Edithiltä, miten kaikki tapahtui.

Onko sinulle tapahtunut jotakin jännittävää? Kerro siitä! Kerro sillä tavalla, että opiskelutoverisi joutuu tekemään sinulle kysymyksiä!

Kappale 41

Kappale 41, harjoitus 1

Lue oppikirjan tekstit "Mistä sinä tulet? Missä kävit?" ja "Pois täältä!" (s. 171) ja vastaa kysymyksiin!

Mikä ensimmäisen tekstin toista henkilöä hävettää?
Mihin tuttava kannustaa häntä?
Miksi Mika on saunan katolla?
Mistä Sari hermostuu ja kantelee äidille?

    kannustaa   kantelee < kannella
    hermostua

Kappale 41, harjoitus 2

Katso oppikirjan sivulta 172, miten -ma/-mä-infinitiiviä käytetään vastaamaan kysymyksiin Missä?, Mistä?, Mihin? Vastaa kysymyksiin mallien mukaan!

Malli 1: Mihin sinä olet menossa? Mitä tekemään?
ravintola, syödä → Ravintolaan syömään.

keittiö, keittää kahvia
kylpyhuone, pestä pyykkiä
leikkipuisto, leikkiä
yökerho, tanssia
Rovaniemi, tavata ystäviä
parveke, tupakoida

Malli 2: Mistä sinä olet tulossa? Mitä tekemästä?
ravintola, syödä → Ravintolasta syömästä.

jäähalli, pelata jääkiekkoa
metsä, kerätä sieniä
Tampere, tavata sukulaisia
pankki, tilata luottokorttia
uimaranta, ottaa aurinkoa
aikuisopisto, opiskella kuvankäsittelyä

Malli 3: Missä sinä kävit? Mitä tekemässä?
ravintola, syödä → Ravintolassa syömässä.

jäähalli, katsoa jääkiekko-ottelua
Lappi, hiihtää
tori, ostaa perunoita
kirjasto, lainata kirjoja
uimahalli, uida
metsä, juosta

Kappale 41, harjoitus 3

Vertaa verbejä *lopettaa* ja *lakata*! *lopettaa*-verbin kanssa käytetään substantiiviobjektia, mutta *lakata*-verbiin liittyy toisen verbin masta/mästä-muoto. Muuta lauseet mallin mukaan! Lauseissa objektina on toiminnan nimi, jonka pääte on -minen.
Malli: Lopeta Sarin kiusaaminen! → Lakkaa kiusaamasta Saria!

Lopettakaa jo hyppiminen ja huutaminen!
Lopeta Sarin tavaroiden penkominen!
Voi kun te jo lopettaisitte riitelemisen!
Pianonsoittosi häiritsee. Voisitko lopettaa soittamisen hetkeksi?

      hyppiminen < hyppiä   piano
      riiteleminen < riidellä

Kappale 41, harjoitus 4

**Katso oppikirjan sivuilta 172–173 lisää verbejä, joiden kanssa käytetään toisen verbin -masta/-mästä-muotoa! Muuta lauseet mallin mukaan!
Huomaa partitiiviobjekti!**
Malli: Hän sanoi minulle: "Älä sulje ikkunaa!" → Hän kielsi minua sulkemasta ikkunaa.

Äiti sanoo: "Pojat, älkää menkö ulos!"
Äiti sanoi: "Liisa, älä huuda!"
Isä sanoo lapsille: "Ei saa mennä heikoille jäille!"
Sanoiko hän sinulle: "Älä puhu asiasta!"?

Kappale 41, harjoitus 5

Katso oppikirjan sivulta 170, kuinka *käskeä*-verbiä käytetään lauseessa! Seuraavissa lauseissa käsketään tekemään jotakin. Jos halutaan, että joku ei tee jotakin, häntä kielletään. Harjoittele käskyjä ja kieltoja mallien mukaan! Sano, mitä teet tilanteessa!

Malli 1: Haluat, että Mika lähtee leikkimökistä. → Käsken Mikan lähteä leikkimökistä.

Haluat, että ystävä menee uimakouluun.
Haluat, että isä ja äiti kuuntelevat.
Näet, että lapset menevät jäälle. Haluat, että he kääntyvät takaisin.
Halusit, että äiti säilyttää vanhan, kauniin puseron.

Malli 2: Haluat, että Mika ei häiritse Saria. → Kiellän Mikaa häiritsemästä Saria.

Haluat, että äiti ei heitä pois vanhaa, kaunista puseroa.
Haluat, että Mika ei kiipeä katolle.
Haluat, että pojat eivät ole liian myöhään ulkona.
Haluat, että koira ei hyppää sohvalle.
Halusit, että naapuri ei kiroile.

    hypätä   kiroilla

Kappale 41, harjoitus 6

Katso oppikirjan sivulta 174, miten -malla/-mällä-muotoa käytetään! Tee seuraavista verbeistä tämä muoto ja kirjoita se sopiviin aukkoihin seuraaviin lauseisiin!

hiihtää, katsella, kerrata, kuunnella, liimata, lukea, puhua, pyytää, soutaa, työntää, vetää

Ennen maalaislapset menivät talvella kouluun ....
Pääsette tuon salmen yli ....
Sadussa ukko sai rahaa .... sitä kuninkaalta.

En saanut ovea auki ....
enkä ....
Maljakko putosi lattialle ja meni rikki.
Voiko sen korjata ....?
Voitte oppia kieliä ....
ahkerasti, ... sanoja,
.... radiota, ...
televisiota ja .... sitä kieltä mahdollisimman paljon.

  maalaislapsi   putosi < pudota
  salmen < salmi   mennä rikki
  yli   mahdollisimman paljon = niin paljon kuin
  maljakko   mahdollista

KAPPALE 41, HARJOITUS 7

Jutellaan!

<u>Keskustele opiskelutoverisi kanssa lasten hoitamisesta! Onko teillä kokemuksia? Ovatko ne samanlaisia? Mikä on ollut hauskaa, mikä vaikeaa?</u>

<u>Lue opiskelutoverisi kanssa oppikirjan tekstit "Sari on tullut sairaaksi" (s. 126) ja "Millä tavalla mummo sai Sarin viihtymään?" (s. 173–174)! Täydentäkää sitten yhdessä seuraava mummon ja Sarin keskustelu! Käyttäkää annettuja sanoja ja kirjoittakaa Sarin lauseet! Lisätkää loppuun myös se, mitä Tuula sanoo, kun hän tulee kotiin! Kun keskustelu on valmis, esittäkää se!</u>

Mummo: No huomenta, Sari! Sinä olet tullut sairaaksi. Mihin koskee?
Sari: *vatsa, kipeä, pää, särkeä*
M: Vai niin. No, kun sinä lepäät nyt kotona, niin kyllä sinä pian tulet taas terveeksi.
S: *sinä, minun kanssa, kotona?*
M: Olen, ihan koko päivän. Mitäs me tehtäisiin?
S: *lukea, jotakin*
M: Hyvä on. Minä käyn hakemassa yläkerrasta jonkun kirjan ja luen sinulle.

M: Tämän kirjan minä hain.
S: *mikä kirja?*
M: Tämä on Teuvo Pakkalan kirja "Lapsia". Odotapas. Minä luen tästä sinulle yhden kertomuksen.

M: Sinulla on varmaan jo vähän nälkä. Mitä jos minä laittaisin meille jotakin

hyvää ruokaa?
S: *makaronilaatikko*
M: Ai sitä sinä haluat. Se taitaa olla sinun mieliruokaasi.
S: *saada, jäätelö?*
M: Saat, jos kotona on.
S: *pakastin*
M: Aha. Hyvä. Sitten otetaan sieltä. Nuku sinä nyt vähän aikaa. Minä menen laittamaan ruokaa.

M: Nyt otetaan pienet päiväunet. Minä menen sohvalle lepäämään. Nuku sinäkin vähän aikaa!

S: *mummo! nukkua?*
M: En nuku enää.
S: *voida, pelata jotakin?*
M: Pelataan vaan! Mitäs me pelataan?
S: *pelata, muistipeli*
M: Sinä varmasti voitat, kun sinulla on parempi muisti kuin minulla.
S: *niin, sinä, vanha*
M: Nii-in.

M: Voi voi Sari, nyt minä en jaksa enää pelata. Tehdään välillä jotakin muuta!
S: *mitä?*
M: Haluaisitko sinä katsella valokuvia?
S: *joo, näyttää, se iso albumi, isä pienenä*
M: No odota, minä käyn hakemassa sen.

S: *mummo! leikkiä koulua*
M: Koulua? Oletko sinä opettaja?
S: *kyllä, sinä, koululainen*
M: Millä luokalla minä olen?
S: *ensimmäinen*
M: Aha. Mikä tunti meillä nyt on? Lukemistako?
S: *ei, opettaa, sinä, laskea*
M: Jaaha. Hyvä. Se onkin yhtä tärkeää kuin lukeminen. Opeta vaikka yhteenlaskua ja vähennyslaskua!
S: *no, paljon, kuusi plus seitsemän?*
M: Mmm, kolmetoista.
S: *oikein, kaksitoista miinus kolme?*
M: Kaksitoista miinus kolme? Se on... se on kahdeksan. Onko?

41

S: *eei, nyt, väärin, uudestaan!*
M: No sitten se on yhdeksän.
S: *niin*
......
S: *sinä, hyvä oppilas*
M: Kiitos. Ja sinä olet hyvä matematiikan opettaja. Mutta kuulepas, nyt äiti taitaa tulla kotiin. Katsopas ikkunasta!
S: *niin, tulla*
Tuula: No, miten täällä voidaan? Miten päivä on mennyt?
<u>Mitä Tuula sanoo Sarista ja mummosta?</u>
<u>Mitä Tuula sanoo mummolle?</u>

Kappale 42

Kappale 42, harjoitus 1

Katso oppikirjan sivuilta 175–177, kuinka verbistä tehdään substantiivi ja miten substantiivia käytetään! Tee seuraavista verbeistä toiminnan nimi (-minen-substantiivi)!

soittaa, laulaa, matkustaa, uida, kopioida, kuunnella, pyöräillä, tehdä, avata, pelata, pelätä, häiritä

Kappale 42, harjoitus 2

Kiinnitä huomiota -minen-sanojen sijamuotoihin! Huomaa erityisesti partitiivin ja elatiivin ero! Kirjoita samanlaisia lauseita kuin malleissa!

Malli 1: Uin mielelläni. → Uiminen on hauskaa. Harrastan uimista.
(harrastaa + partitiivi)

Soitan mielelläni.
Tanssin mielelläni.
Piirrän mielelläni.
Maalaan mielelläni.

Malli 2: Harrastatko uimista? → Pidätkö uimisesta? (pitää + elatiivi)

Harrastatko hiihtämistä?
Harrastatko laulamista?
Harrastatko juoksemista?
Harrastatko lukemista?

Malli 3: Uin usein meressä. → Meressä uiminen on hauskaa.
Kiinnitä huomiota sanajärjestykseen!

Hiihdän usein metsässä.
Laulan usein kuorossa.
Ajan usein moottoripyörällä.

Malli 4: Soitan usein pianoa. → Pianon soittaminen on mielenkiintoista.
Kiinnitä huomiota siihen, että objekti muuttuu genetiiviksi ja siirtyy substantiivin eteen!

Katselen mielelläni ihmisiä.
Opiskelen mielelläni kirjallisuutta.
Maalaan mielelläni muotokuvia.
Laulan usein kansanlauluja.

KAPPALE 42, HARJOITUS 3

Harjoittele vielä -minen-muotoja opiskelutoverisi kanssa! Toinen sanoo lauseen. Toisen tehtävä on kuunnella ja sitten sanoa sama asia eri tavalla, käyttämällä erilaista rakennetta.
Malli:
Opiskelutoveri sanoo: Aikaisin nouseminen on vaikeaa.
Sinä sanot: Niin, on tosi vaikeaa nousta aikaisin.

Opiskelutoveri sanoo: Suomen opiskeleminen on kivaa.
Sinä sanot: Niin, on tosi kivaa opiskella suomea.

Myöhään nukkuminen on ihanaa.
Kahvilassa käyminen on kallista.
Muistipelin pelaaminen on kivaa.
Ääntämisen harjoitteleminen on tärkeää.
Koiran ulkoiluttaminen on mukavaa.
Jätteiden lajitteleminen on tärkeää.
Mökillä veden kantaminen järvestä saunaan oli raskasta.

KAPPALE 42, HARJOITUS 4

Katso oppikirjan sivulta 176, miten -minen-sanan muoto riippuu lauseen verbistä! Tee verbistä -minen-substantiivi ja kirjoita se aukkoon oikeassa muodossa!

Harrastan (valokuvata).
Pelkäätkö (lentää)?
Hän on lopettanut (polttaa).
Kuka pitää (leipoa)?
En ole yhtään kiinnostunut (juosta).

Olen kyllästynyt (siivota).
Minulle ei maistu ruoka heti (herätä) jälkeen.
Pitääkö pölyt pyyhkiä ennen (imuroida) vai sen jälkeen?

Kappale 42, harjoitus 5

Lue oppikirjan sivu 178! Tee verbistä minen-substantiivi! Huomaa, miten sitä käytetään ainesanan tavalla!
Malli: Voitko antaa jotakin (juoda)? → Voitko antaa jotakin juomista?

Meillä oli paljon (puhua).
Nyt meillä ei ole enää mitään (sanoa).
Lentämisessä ei ole mitään (pelätä).
Siellä ei ollut mitään (nähdä).
Teillä on paljon (muistaa).
Minulla olisi vähän (kysyä).
Kotona on aina (siivota), (järjestää), (tiskata) ja vaatteiden (pestä).

Kappale 42, harjoitus 6

Sano, mistä verbeistä seuraavat substantiivit on tehty! Käytä sanakirjaa apuna!

kielto, pyyntö, käsky, ehdotus, kehotus, vaatimus, toivomus, toivotus, kysymys, vastaus

Mitä seuraavien urheilulajien harrastajat tekevät? Sano lause!
Malli: kävely → He kävelevät.
pituushyppy → He hyppäävät pituutta. (Partitiiviobjekti!)

ratsastus, sukellus, uinti, kuulantyöntö, keihäänheitto, painonnosto (objekti monikossa!), juoksu, hiihto, luistelu, soutu, korkeushyppy

Kappale 42, harjoitus 7

Valitse seuraavasta luettelosta lauseisiin sopivat sanat! Huomaat, että syntyy yhdyssanoja.

ajo, hiihto, hoito, jatko, kaato, kuulo, lento,
lähtö, löytö, muutto, palo, pesu, pääsy, suru

Kone, jolla voit lentää, on ………kone.
Kone, jolla pestään vaatteita, on ………kone.
Paikka, johon löydetyt tavarat viedään, on ………tavaratoimisto.
Paikka, johon roskat kaadetaan, on ………paikka.
Paikka, jossa lasta hoidetaan päivällä, on päivä………paikka.
Paikka, josta lähdetään, on ………paikka.
Esine, jolla huonokuuloinen voi kuulla paremmin, on nimeltään ………koje.
Aika, jolloin surraan jonkun kuolemaa, on ………aika.
Päivä, jona muutetaan toiseen paikkaan, on ………päivä.
Kurssi, jolla jatketaan opiskelua, on ………kurssi.
Koe, jossa testataan, kuka pääsee yliopistoon, on yliopiston ………koe.
Retki, joka tehdään hiihtämällä, on ………retki.
Lupa, joka tarvitaan autolla ajamiseen, on nimeltään ………kortti.
Auto, joka tulee paikalle, kun jossakin palaa, on ………auto.

KAPPALE 42, HARJOITUS 8

Tee yhdyssanoja!
Malli 1: sulkea + aika → sulkemisaika

saapua + aika
alkaa + aika
tavata + paikka
perustaa + vuosi
oppia + tulokset

Malli 2: odottaa + huone → odotushuone

sukeltaa + vene
valittaa + kirje
kalastaa + lupa

Malli 3: ommella + lanka → ompelulanka

kuunnella + harjoitus
kävellä + retki

Kappale 42, harjoitus 9

Mikä seuraavista lauseista on kielto, mikä kysymys, mikä käsky, mikä pyyntö ja mikä on tervehdys?

"Avaisitko ikkunan?" Tämä on ....
"Moi!" Tämä on ....
"Mitä kello on?" Tämä on ....
"Älä mene sinne!" Tämä on ....
"Tule tänne!" Tämä on ....

Kappale 42, harjoitus 10

Jutellaan!

Kerro itsestäsi! Kirjoita seuraaviin lauseisiin jokin -minen-sana oikeassa muodossa ja näytä sitten lauseet opiskelutoverille! Hän näyttää sinulle omat lauseensa. Onko teillä samoja harrastuksia ja mielipiteitä? Keskustelkaa asioista!

Minusta .... on hauskaa.
Harrastan ....
Olen lopettanut ....
Pidän ....
En pidä ....
Olen kiinnostunut ....
Haluaisin keskustella ....
Olen kyllästynyt ....

Keskustele opiskelutoverisi kanssa tavoitteistasi!
Millainen tavoite sinulla on opiskelussa?
Miten pitkälle haluat päästä urallasi?
Mikä sinulle on tärkeää elämässä?

Kappale 43

Kappale 43, harjoitus 1

Lue oppikirjan teksti "Haastattelemme Tuulaa"(s. 179)! Ajattele sitten, että haastattelemme samoista asioista Jormaa! Tässä ovat kysymykset. Sano tai kirjoita Jorman vastaukset!

Milloin ja missä sinä tapasit Tuulan?
Kuinka vanha olit silloin?
Milloin menitte naimisiin?
Sinä olit aika nuori, kun menitte naimisiin. Oliko Tuula vanhempi?
Olitko silloin työssä?
Missä te ensin asuitte?
Miksi te muutitte tänne maalle?
Oliko teillä silloin jo lapsia?
Onko Tuula ollut koko ajan työssä?
Miten te olette järjestäneet lastenhoidon?
Onko teillä yläkerrassa vuokralaisia?
Asuvatko Tuulan vanhemmat täällä lähellä?

Kappale 43, harjoitus 2

Lue teksti "Haastattelemme Tuulaa" ja vastaa seuraaviin kysymyksiin!

Milloin Tuula tapasi Jorman?
Milloin Tuula ja Jorma menivät naimisiin?
Milloin he muuttivat maalle?
Milloin talossa asui myös vuokralainen?
Milloin mummo muutti talon yläkertaan?
Milloin Tuula meni työhön?
Milloin pojat olivat päivähoidossa?

Kappale 43, harjoitus 3

Katso oppikirjan sivuilta 180–181, mitä sanotaan menneen ajan muodoista! Muuta lauseiden aikamuodot mallin mukaan! Huomaa, miten preesens ja perfekti kuuluvat yhteen, ja miten imperfekti ja pluskvamperfekti kuuluvat yhteen!

Malli: Lähden ulos, kun olen saanut työn valmiiksi. → Lähdin ulos, kun olin saanut työn valmiiksi.

Ostan auton, kun olen käynyt autokoulun ja saanut ajokortin.
Mitä sinä teet, kun olet tavannut hänet?
Hän soittaa minulle, kun hän on saanut tietää enemmän asiasta.
Lähetämme kirjeen heti, kun olemme kirjoittaneet sen.
Vastaatteko viestiin heti, kun olette lukeneet sen?
Pojat lähtevät hiihtämään, kun he ovat lukeneet läksynsä.

Kappale 43, harjoitus 4

Asioita voi kertoa itsenäisillä päälauseilla aikajärjestyksessä, mutta ne voi myös yhdistää niin, että tapahtumien aikajärjestys ilmaistaan eri aikamuodoilla. Silloin käytetään konjunktioita. Yhdistä lauseet mallin mukaan; käytä konjunktiota!
Malli: Tuula kävi koulun loppuun. Hän meni naimisiin. → Kun Tuula oli käynyt koulun loppuun, hän meni naimisiin.

Jorman isä kuoli. Tuula ja Jorma muuttivat Jorman kotitaloon.
Vuokralainen lähti pois. Mummo muutti yläkertaan.
Tuula ja Jorma muuttivat maalle. Tuula meni melkein heti työhön.
Mummo jäi eläkkeelle. Hän hoiti Saria.
Tuula muutti pois Lappeenrannasta. Hänen vanhemmillansa oli häntä ikävä.

Kappale 43, harjoitus 5

Tee lauseita mallin mukaan! Kiinnitä huomiota siihen, mikä tapahtuu ensin!
Malli: Söin. Menin ulos. → Kun olin syönyt, menin ulos.
Menin nukkumaan. Pesin hampaat. → Menin nukkumaan, kun olin pessyt hampaat.

Työskentelin monta tuntia. Lähdin ulos.
Hän jäi eläkkeelle. Hän matkusti maailman ympäri.
Menette pyöräilemään. Korjaatte polkupyörän.
Tuula tulee töistä. Tuula laittaa ruokaa.
Tulin kotiin märkänä. Kävelin sateessa.
Elli palasi matkalta. Elli valitti kaikesta.

Kappale 43, harjoitus 6

Muuta lauseiden aikamuodot mallin mukaan! Huomaa, että passiivin perfektissä ja pluskvamperfektissä muuttuu vain olla-verbi!
Malli: Kun ovi on avattu, kaikki menevät sisään. → Kun ovi oli avattu, kaikki menivät sisään.

Kun pöytä on maalattu, maalaamme tuolit.
Kun on syöty, kaikki saavat kahvia.
Kaikki ovat tyytyväisiä, kun työ on tehty.
Kun auto on myyty, kuljemme bussilla.

Kappale 43, harjoitus 7

Jutellaan!

Jos olet kurssilla, tee tämä harjoitus yhdessä opiskelutoveriesi kanssa! Valitkaa yksi opiskelija Tuulaksi ja haastatelkaa häntä! Keksikää muutakin kysymistä kuin mitä tekstissä (s. 179) on!

Kappale 44

Kappale 44, harjoitus 1

Lue teksti "Haastattelemme Jormaa"(s. 182)! Vastaa kysymyksiin!

Mitä Jorman perheelle tapahtui, kun Jorma oli viisivuotias?
Missä paikoissa Jorma on asunut?
Miksi Jorma ja Tuula muuttivat Jorman kotitaloon?
Oliko maalle muuttaminen heistä ikävää?
Miksi Jorma viihtyy kotikylässään?
Minkälaisessa tilanteessa Jorma ihastui Tuulaan?
Mitä harrastuksia Jormalla on?

Kappale 44, harjoitus 2

Kappaleessa 44 esitellään lauserakenne, jossa käytetään verbin partisiippia. Katso oppikirjan sivut 183–185! Kertaa partisiippimuotoja! Kirjoita tehnyt- ja tehty-muoto seuraavista verbeistä!

muuttaa, aloittaa, lopettaa, tavata, syödä, juoda, kuolla, nousta, ymmärtää, mennä, tulla, osata, kuunnella, oppia, ostaa, lentää, juosta, käydä, hoitaa, vastata, istua, nähdä, imuroida

Kappale 44, harjoitus 3

Kun olet kirjoittanut harjoituksen 2 partisiipit, valitse niistä sopivat seuraavien lauseiden aukkoihin! Vaihda muoto monikoksi, jos tarvitaan monikkoa!

Kun olin .... koulun loppuun, muutin pääkaupunkiin.
Kun perhe oli .... talon maalta ja .... asumaan maalle, lapset saivat koiran ja kissan.
Kun olimme .... levyn ja huomanneet, että emme pitäneet siitä, valitsimme toisenlaista musiikkia.
Kun olin kerran .... taulun näyttelyssä, en enää voinut unohtaa sitä.
Mitä eilen tehtiin sitten, kun oli herätty ja noustu ja .... aamiaista?
Kun rupesin pesemään lattiaa, huomasin, että sitä ei ollut ...., vaan

joka puolella oli roskia.

Tulin kotiin ja toivoin, että kaikki olisivat jo kotona, mutta toiset eivät olleet vielä ....

Avasin jääkaapin ja huomasin, että mehutölkki oli tyhjä. Mehu oli .... ja tyhjä tölkki oli jätetty jääkaappiin.

En ollut vielä .... hänen viestiinsä, kun hän jo lähetti uuden.

KAPPALE 44, HARJOITUS 4

Kirjoita seuraavien verbien -tu/-ty, -ttu/-tty-partisiippi!

I. sanoa, kysyä, katsoa, nukkua, lukea, kirjoittaa
II. tuoda, viedä, tupakoida, kopioida
III. kävellä, ajatella, opiskella
IV. avata, pelata, pelätä, vihata
V. tarvita, häiritä, valita

Kirjoita sitten samoista verbeistä samanlainen muoto kuin mallissa!
Malli: puhuttu → puhuttuaan

KAPPALE 44, HARJOITUS 5

Vastaa kysymyksiin! Kysy sopivat kysymykset opiskelutoveriltasi!

Nousetko aina heti herättyäsi?
Oletko aina hyvällä tuulella heti noustuasi?
Nukutko yöllä hyvin katseltuasi illalla jännittävän elokuvan?
Mitä teet tänään syötyäsi lounaan?
Mitä teet ensimmäiseksi tultuasi kotiin?
Mitä teet odotettuasi ystävääsi kaksi tuntia?
Menitkö sinä naimisiin heti käytyäsi koulun loppuun?
Mitä rupeat harrastamaan jäätyäsi eläkkeelle?
Millainen olit lopetettuasi tupakanpolton?
Ymmärrätkö nyt suomea asuttuasi täällä puoli vuotta?

Kappale 44, harjoitus 6

Muuta tehtyäni-ilmaukset kun-lauseiksi! kun-lauseen aikamuoto riippuu siitä, onko päälauseessa preesens vai imperfekti.
Malli: tehtyäni → kun olen tehnyt / kun olin tehnyt

Olin iloinen ymmärrettyäni asian.
Olin väsynyt käveltyäni monta kilometriä.
Muistin asian vasta lopetettuani puhelun.
Olin väsynyt työskenneltyäni kauan.
Haluan tavata hänet heti palattuani.
Menen lepäämään syötyäni.
Olin surullinen soitettuani hänelle.
Olen pirteä nukuttuani tarpeeksi.
Olin vihainen odotettuani monta tuntia.

Kappale 44, harjoitus 7

Valitse jokaiseen lauseeseen sopiva alku seuraavista rakenteista!

Vauvan herättyä
Kurssin päätyttyä
Auringon noustua
Veden kiehuttua
Naapurin kaadettua omenapuut
Ystävien jätettyä hänet yksin
Opiskelijoiden kirjoitettua tenttivastaukset
Lastenlasten käytyä katsomassa isoäitiä
Matkaoppaan kerrottua kaupungin historiasta
Vieraiden lähdettyä

.... hänellä oli hyvä mieli.
.... piha näytti tyhjältä.
.... turistit lähtivät kiertoajelulle.
.... äiti lämmitti hänelle maitoa.
.... isäntä tiskasi astiat.
.... voimme laittaa teetä.
.... te osaatte hyvin suomea.
.... ilma alkaa lämmitä.
.... hän oli surullinen.
.... opettaja keräsi paperit.

Kappale 44, harjoitus 8

Yhdistä lauseet mallin mukaan! Huomaa, että kun-lauseen subjekti siirtyy pääverbin subjektiksi!
Malli: Kun Kalle oli käynyt lääkärissä, hän lopetti tupakanpolton.
→ Käytyään lääkärissä Kalle lopetti tupakanpolton.

Kun isoäiti oli jäänyt eläkkeelle, hän hoiti Saria.
Kun opettaja oli antanut kotitehtävät, hän lähti luokasta.
Kun äiti oli vienyt lapset päivähoitoon, hän meni työhön.
Kun pojat ovat lukeneet kirjan, he tietävät asiasta enemmän.
Kun turistit olivat ottaneet valokuvia, he nousivat bussiin.
Kun opiskelijat ovat kuunnelleet luennon, he menevät kahville.
Kun Sari ja isoäiti olivat leikkineet koulua, he lepäsivät.

Kappale 44, harjoitus 9

Kerrataan vanhoja juttuja, mutta käytetään uusia muotoja! Lue seuraavat tekstit!

Olet lukenut sadun köyhästä ukosta ja akasta ja siitä, kuinka ukko sai kuninkaan antamaan hänelle rahaa. Kuultuaan, että kuningas oli hyväsydäminen ja auttoi köyhiä, akka kehotti ukkoa lähtemään kuninkaan luo. Kuningas ei antanut ukolle rahaa ilman muuta, vaan pyysi häntä kertomaan sellaisia juttuja, joita kukaan ei ollut ennen kuullut. Ajateltuaan asiaa ukko keksi kaksi uskomatonta juttua. Ukon lähdettyä kuningas käski hoviväkeä seuraavalla kerralla sanomaan, että he olivat kuulleet ukon jutun. Tultuaan taas kuninkaan hoviin ukko väitti, että kuninkaan isä oli saanut hänen isältään paljon rahaa lainaksi. Hoviväen huudettua, että juttu oli tuttu, kuninkaan täytyi maksaa laina takaisin. Saatuaan rahat ukko ja akka pystyivät rakentamaan itselleen uuden talon.

Vieläkö muistat Erikin? Olet lukenut hänen postikorttejaan ja kirjeitään. Ensimmäisen postikortin Erik kirjoitti Helsingistä asuttuaan siellä pari kuukautta ja aloitettuaan suomen kielen opiskelun yliopistossa. Hän opiskeli ahkerasti, mutta hänellä oli myös paljon harrastuksia. Myöhemmin hän kirjoitti kortteja Itä-Suomesta, jossa hän kävi monessa kaupungissa. Kotiin palattuaan hän muisteli matkaansa tyytyväisenä. Opittuaan hyvin suomea Erik kävi kerran eräässä koulussa kertomassa kotimaansa luonnosta. Hän valmistautui tehtävään huolellisesti opiskelemalla kasvien ja eläinten nimiä suomeksi ja ottamalla selvää luonnonsuojelusta, rauhoitetuista lajeista, jätteiden käsittelystä ja muista sellaisista asioista, joista koulun luontokerhon jäsenet ovat kiinnostuneita.

44

Kappale 44, harjoitus 10

Lue seuraava teksti! Se kertoo Elias Lönnrotista. Tiedätkö, kuka hän oli? – Nimi äännetään näin: Lönruut.

Elias Lönnrot

Elias Lönnrot syntyi 9.4.1802 Sammatissa, läntisellä Uudellamaalla. Hänen isänsä oli köyhä räätäli. Elias oli perheen neljäs lapsi, ja hänen jälkeensä syntyi vielä kolme lasta.

Elias oli jo pienenä kiinnostunut lukemisesta. Kerrotaan, että hän opetteli kirjaimia nelivuotiaana ja osasi kuusivuotiaana ulkoa osia katekismuksesta. Suomalaiset tuntevat kertomuksen pikku Eliaksesta, joka pyydettyään äidiltään leipää ja kuultuaan, ettei kotona ollut leipää, sanoi rauhallisesti: "Minä luen sitten" ja kiipesi pihapuun oksalle istumaan ja lukemaan.

Elias päätettiin lähettää kouluun. Hän aloitti koulun vuonna 1814 ja kävi koulua Tammisaaressa ja Turussa. Jouduttuaan välillä rahanpuutteen vuoksi lopettamaan koulunkäynnin ja tekemään räätälintöitä Elias pääsi uudelleen kouluun, nyt Porvooseen. Sieltä hän siirtyi apteekkioppilaaksi Hämeenlinnaan, jossa hän suoritti työn ohella lukion loppuun.

Lönnrot kirjoittautui Turun yliopistoon 11. lokakuuta 1822, melkein samaan aikaan kuin kaksi muuta suomalaista suurmiestä, J. L. Runeberg ja J. W. Snellman. Opiskelurahoja Lönnrot hankki toimimalla kotiopettajana.

Vuonna 1827 Lönnrot valmistui filosofian kandidaatiksi. Seuraavana kesänä hän lähti Itä-Suomeen keräämään kansanrunoja. Myöhemmin hän teki lisää runonkeruumatkoja, yhteensä yksitoista matkaa. Näillä matkoilla hän merkitsi muistiin runsaasti vanhoja kansanrunoja ja kansanlauluja, sananlaskuja, arvoituksia ja muuta muistitietoa. Runoista hän laati yhtenäisen teoksen ja antoi sille nimeksi Kalevala. Kalevala julkaistiin vuosina 1835–1836. Kirjan esipuhe on päivätty 28.2.1835, ja siksi helmikuun viimeistä päivää vietetään Kalevalan ja suomalaisen kulttuurin päivänä. Vuonna 1849 ilmestyi laajempi versio, niin sanottu Uusi Kalevala eli se Kalevala, joka nykyisin tunnetaan myös käännöksinä eri puolilla maailmaa.

Elias Lönnrot oli myös lääkäri. Hän aloitti lääketieteen opinnot syksyllä 1828 yliopistossa, joka oli siirretty Turusta Helsinkiin, ja valmistui toukokuussa 1832. Hän toimi sitten piirilääkärinä Kajaanissa. Hän kirjoitti monta yleistajuista opaskirjaa terveydenhoidosta, mm. kirjan "Suomalaisen Talonpojan Koti-Lääkäri".

Vuonna 1854 Elias Lönnrot nimitettiin suomen kielen professoriksi Helsingin yliopistoon. Professorina hän teki paljon työtä suomen kielen kehittämisen hyväksi. Täytettyään 60 vuotta Lönnrot pyysi eroa ja pääsi eläkkeelle. Eläkevuosinaan hän vielä toimitti suuren suomalais-ruotsalaisen sanakirjan. Sanasto oli muutenkin Lönnrotin mielenkiinnon kohteena. Hän loi suomen kieleen satoja monien alojen uudissanoja.

Lähde: "Kalevalalipas" (Suomalaisen Kirjallisuuden Seura, 2. painos 1985).

KAPPALE 44, HARJOITUS 11

Jutellaan!

Jos olet kurssilla, tee tämä harjoitus yhdessä opiskelutoverien kanssa! Valitkaa yksi opiskelija Jormaksi ja haastatelkaa häntä! Keksikää muutakin kysymistä kuin mitä tekstissä (s. 182) on!

Keskustele opiskelutoverisi kanssa paikoista, joissa olette asuneet!

Jos luit tekstin Elias Lönnrotista, kerro opiskelutoverillesi lyhyesti tekstin sisältö!

Kappale 45

Kappale 45, harjoitus 1

Lue oppikirjan teksti "Jorma muistelee"(s. 186)! Vastaa kysymyksiin!

Mitä tapahtui Jorman ollessa viisivuotias?
Mitä Jorma sanoo edellisestä kodistaan?
Minkälainen lapsi Jorma oli omasta mielestään?
Mitkä olivat Jorman ensimmäiset työpaikat?
Kuinka Jorma kiinnostui kauppa-alasta?
Onko totta, että Jorma tapasi Tuulan koulukaupungissaan?
Miksi Tuula ja Jorma suunnittelivat maallemuuttoa?
Miten sopiva paikkakunta löytyi?

Kappale 45, harjoitus 2

Mitä seuraavista teet? Vastaa mallin mukaan joko myönteisesti tai kielteisesti! Etsi uudet sanat sanakirjasta! Huomaa possessiivisuffiksi!
Malli: lukea, syödä → Kyllä, luen syödessäni. / Ei, en lue syödessäni.

katsella televisiota, syödä aamiaista
silittää pyykkiä, katsella televisiota
laulaa, siivota
itkeä, katsoa surullista elokuvaa
huutaa, suuttua
pelätä, kävellä pimeällä kadulla
jännittää, puhua yleisön edessä
punastua, valehdella
voida pahoin, matkustaa bussissa
käyttää uimalakkia, uida
kuorsata, nukkua
kuunnella musiikkia, lukea

Kysy kysymykset opiskelutoveriltasi!

Kappale 45, harjoitus 3

Kirjoita verbit tehdessäsi-muotoon! Huomaa possessiivisuffiksi!

Kuinka paljon painoit (syntyä)?
Mitä sait syntymäpäivälahjaksi (täyttää) kymmenen vuotta?
Missä asuit (olla) 15-vuotias?
Mihin menet (haluta) olla yksin?
Teetkö jotakin (nähdä), että musta kissa juoksee tien yli?

Vastaa kysymyksiin ja pyydä opiskelutoveria vastaamaan niihin!

Kappale 45, harjoitus 4

Ajattele vielä Tuulaa ja Jormaa! Vastaa kysymyksiin! Huomaa possessiivisuffiksi!

Oliko Jorma koulussa muuttaessaan pois Keski-Suomesta?
Missä kaupungissa Tuula ja Jorma asuivat tavatessaan?
Missä työssä Tuula oli tutustuessaan Jormaan?
Kuinka vanhoja Tuula ja Jorma olivat mennessään naimisiin?
Mistä Jorma sai työpaikan päästyään kauppaopistosta?
Asuivatko Tuula ja Jorma maalla Mikan syntyessä?
Asuiko isoäiti yläkerrassa Jorman isän eläessä?
Kuka hoiti Mikaa ja Jaria heidän ollessaan pieniä?

Kappale 45, harjoitus 5

Muuta kun-lauseet tehdessä-rakenteiksi!

Malli 1: Kun olen lomalla, matkustan ulkomaille.
→ Ollessani lomalla matkustan ulkomaille.

Kun odotit junaa, luit lehteä.
Kun he ajavat pyörällä, he käyttävät kypärää.

Malli 2: Kun minä tulin, kaikki toiset olivat jo paikalla.
→ Minun tullessani kaikki toiset olivat jo paikalla.

Kun sinä kirjoitat, lapset eivät saa tulla huoneeseen.
Kun hän puhuu puhelimessa, kaikkien täytyy olla hiljaa.

Malli 3: Kun kuningas kuuli, mitä ukko puhui, hän tuli vihaiseksi.
→ Kuullessaan, mitä ukko puhui, kuningas tuli vihaiseksi.

Kun Ville istuu pilkillä, hän ajattelee asioita.
Kun äiti ja isä juovat aamukahvia, he suunnittelevat päivän töitä.

Mikä edellisistä lauseista sopii tämän kuvan tekstiksi?

Malli 4: Kun Jari syntyi, Tuula ja Jorma olivat hyvin nuoria.
→ Jarin syntyessä Tuula ja Jorma olivat hyvin nuoria.

Kun vauva alkoi itkeä, äiti meni sen luokse.
Kun herätyskello soi, Tuula hyppäsi ylös sängystä.
Kun aurinko nousee, Ville istuu jo juomassa aamukahvia.
Kun vieraat tulivat, kaikki oli valmista.
Kun pääskyset palaavat Suomeen, alkaa kesä.

KAPPALE 45, HARJOITUS 6

Muuta kun-lauseet tehdessä- tai tehtyä-rakenteiksi! Älä vaihda lauseiden järjestystä; kun-lause ja rakenne voivat olla päälauseen edellä tai jäljessä.

En syö koskaan, kun katselen televisiota.
Me istumme keittiössä juttelemassa, kun hän laittaa ruokaa.
Mummo oli väsynyt, kun hän oli hoitanut Saria koko päivän.
He olivat huonolla tuulella, kun he etsivät avaimiaan.
He olivat hyvin nuoria, kun menivät naimisiin.
Kun keskustelimme, huomasimme, että olimme samaa mieltä asiasta.
Soita minulle, kun olet palannut!
Kun hän oli käynyt peruskoulun, hän meni ammattikouluun.
Hän oli iloinen, kun minä olin pyytänyt häneltä anteeksi.
Olin iloinen, kun olin pyytänyt häneltä anteeksi.

Bussi ajoi ohi, kun te juttelitte pysäkillä.
Kun pojat ovat nukahtaneet, äiti menee keittiöön.
Kaikki lakkasivat puhumasta, kun me tulimme huoneeseen.
Kun kävimme täällä viimeksi, tapasimme koko perheen.
Sammuttakaa valot, kun lähdette!
Kun kuu oli noussut taivaalle, maisema näytti erilaiselta.

KAPPALE 45, HARJOITUS 7

Vielä yksi asia tehdessä-rakenteesta:
Seuraavissa lauseissa ei puhuta kenestäkään tietystä henkilöstä, vaan käytetään yksikön kolmannen persoonan muotoa yleispätevästi. Sellaisessa lauseessa käytetään joskus tehdessä-muotoa ilman possessiivisuffiksia.

Saako syödessä lukea? / Saako syödessään lukea?
Juostessa voi helposti kompastua. / Juostessaan voi helposti kompastua.

Samoin esimerkiksi täytyy-ilmauksissa:
Uidessa täytyy käyttää uimapukua. / Uidessaan täytyy käyttää uimapukua.

Samoin silloin, kun käytetään passiivimuotoa imperatiivina:
Käydään mennessä kaupassa! (= Käydään menomatkalla kaupassa!)

KAPPALE 45, HARJOITUS 8

Jutellaan!

Lue oppikirjasta teksti "Anni kertoo elämästään" (s. 186)! Kerro jonkun ihmisen elämästä samalla tyylillä!

Kerro opiskelutoverille omasta elämästäsi! Mitä haluat muistella? Kuultuasi opiskelutoverin kertomuksen voit kirjoittaa hänelle kommentteja ja kysymyksiä.

Kappale 46

Kappale 46, harjoitus 1

Lue oppikirjan teksti "Sari tuli kotiin itkien"(s. 190)! Vastaa kysymyksiin!

Missä tilanteessa Sari kaatui?
Miten Sari tuli kotiin?
Miksi mummo huomasi Sarin heti, kun tämä tuli kotipihalle?
Mikä huolestutti Saria?
Mikä sai Sarin unohtamaan kipeät polvensa?

Kappale 46, harjoitus 2

Lue oppikirjan sivulta 191, miten verbin tehden-muotoa käytetään! Yhdistä seuraavat lauseet niin, että käytät toisen verbin tehden-muotoa. Uudet lauseet ilmaisevat, mitä joku tekee samalla kun hän istuu, seisoo, makaa tai liikkuu jossakin.
Malli: Poika käveli tiellä ja vihelteli. → Poika käveli tiellä vihellellen.

Tyttö istui rannalla ja katseli merelle.
Tulimme kaupasta ja kannoimme painavia paketteja.
Lapset seisovat jäätelökioskin vieressä ja syövät jäätelöä.
Kissa tuli sisään likomärkänä ja naukui surkeasti.
Kissa makasi mummon sylissä ja kehräsi tyytyväisenä.
Ystäväni tuli luokseni ja näytti hyvin surulliselta.
Lapset telmivät rannassa ja roiskuttivat vettä.
Tyttö käänsi päänsä pois ja yritti salata punastumisensa.
Äiti kertoi uutisen hiljaisella äänellä ja pyyhki kyyneliä silmistään.

vihellellä = viheltää
   esimerkiksi jotakin melodiaa
likomärkä
naukua
surkeasti (adjektiivi: surkea)
syli
kehräsi < kehrätä
telmiä
roiskuttaa

käänsi < kääntää
salata
punastuminen
uutinen
hiljainen
ääni
pyyhkiä
kyynel
silmä

KAPPALE 46, HARJOITUS 3

Kirjoita lauseita mallin mukaan! Lauseet ilmaisevat, kuinka joku viettää tai vietti aikaansa.
Malli: vietin, koko sunnuntai, levätä → Vietin koko sunnuntain leväten.

vietitkö, koko ilta, katsella elokuvia
hän viettää, lomansa, matkustella
vietimme, ensimmäinen lomaviikko, kiertää Suomea
vietitte, hauska ilta, muistella au pair -vuotta

matkustella = tehdä matkoja   kiertää Suomea = matkustella eri puolilla Suomea

Kuinka näiden kuvien ihmiset tässä viettävät aikaansa?

KAPPALE 46, HARJOITUS 4

Ajattele, että joku kertoo juttua ja toiset kuuntelevat häntä! Jokainen suhtautuu juttuun eri tavalla. Lue seuraava luettelo ja ajattele, miten kuulijat suhtautuvat!

Lasse kuuntelee juttua nauraen, Liisa hymyillen, Elli päätään pudistellen, Alli punastuen, Mirja nyökkäillen, Antti hampaitaan kiristellen, Olli rummuttaen sormillaan pöytää, Irmeli kynsiään pureskellen ja Markku olkapäitään kohautellen.

Kuka kuulijoista on hermostunut, kuka vihainen, kuka välinpitämätön?
Kenestä voimme sanoa näin?
   Hän ihmettelee, että joku viitsii kertoa tuollaista juttua.
Entä näin?
   Häntä hävettää.
Kuka on samaa mieltä kertojan kanssa?
Kenestä juttu on hauska?

suhtautua + mihin? kehen? kynsiä < kynsi, kynnet
pudistella päätään = pudistaa päätään kohautella olkapäitään = nostella olkapäitään
punastua olkapäät
nyökkäillä = nyökätä monta kertaa hermostunut
kiristellä hampaitaan välinpitämätön
rummuttaa viitsiä
rummuttaa pöytää sormillaan ihmettelee < ihmetellä
pureskella kynsiään hävettää (+ partitiivi)

KAPPALE 46, HARJOITUS 5

Lue oppikirjan teksti "Jari kertoo unensa" (s. 191–192)! Kiinnitä huomiota verbinmuotoihin!
Jos haluamme ilmaista, millä <u>keinolla</u> teemme jotakin, <u>millä tavalla</u> saamme aikaan jotakin, voimme käyttää verbin tekemällä-muotoa. *Tekemällä* ja *tehden* **eivät yleensä tarkoita samaa. Tehden-muoto kuvailee, minkälaista toiminta on, mutta tekemällä-muoto ilmaisee keinoa, menetelmää.**
Vertaa:
Hän avasi oven hymyillen. = Hän avasi oven ja hymyili; hän oli iloisen näköinen.
Hän avasi oven vetämällä kahvasta. = Hän avasi oven niin, että veti kahvasta.

Emme voi sanoa: Hän avasi oven hymyilemällä. (Sellaista lukkoa ei ole vielä keksitty, joka voidaan avata hymyn avulla.)

keino kahva
saada aikaan lukko
kuvailee < kuvailla hymy
menetelmä avulla < apu

KAPPALE 46, HARJOITUS 6

Katso oppikirjan sivuilta 192–193, miten verbin tehdäkseen-muotoa käytetään! Yhdistä lauseet käyttämällä tehdäkseen-muotoa!

Malli 1: Isoisä hankki kuulolaitteen. Hän halusi kuulla paremmin.
→ Isoisä hankki kuulolaitteen kuullakseen paremmin.

Panin kolme herätyskelloa soimaan. Halusin herätä varmasti ajoissa.
Sinun täytyy lähteä ajoissa. Haluat tulla ajoissa perille.
Hän soitti siskolleen. Hän halusi saada tietää, mitä oli tapahtunut.
Tulimme tänne. Halusimme tavata hänet.
Te säästätte rahaa. Haluatte ostaa omakotitalon.
He tekevät kahta työtä. He haluavat hankkia rahaa lomamatkaa varten.

Malli 2: Juoksimme, että ehtisimme junaan. → Juoksimme ehtiäksemme junaan.

Opiskelijat opiskelevat ahkerasti, että he valmistuisivat nopeasti.
Liisa otti kirjeen käteensä, että repisi sen, mutta sitten hän muutti mielensä.
He matkustavat Lappiin, että he näkisivät revontulia.
He työskentelivät ahkerasti, että he pääsisivät lähtemään aikaisin kotiin.
Erik lähti luontoretkelle, että tutustuisi kasveihin.

    hankkia   säästää
    kuulolaitteen < kuulolaite revontulet
    paremmin

Kappale 46, harjoitus 7

tehdäkseen-muotoa ei voi yhdistää passiivilauseeseen. Täytyy käyttää muita ilmaisutapoja, esimerkiksi ilmaustyyppiä, jossa on -minen-substantiivin -ksi-muoto. Muuta aktiiviset lauseet passiivilauseiksi!

Malli: Saavuttaaksemme hyvän tuloksen harjoittelemme ahkerasti.
     → Hyvän tuloksen saavuttamiseksi harjoitellaan ahkerasti.

Selvittääksemme tapauksen otamme yhteyttä asiantuntijaan.
Rauhoittaaksemme paikallisia asukkaita järjestimme useita kokouksia.
Löytääksemme syyllisen kuulustelimme useita henkilöitä.
Ratkaistaksemme ongelman kokeilimme monia keinoja.

Jos löydät tällaisia rakenteita lehdistä, kirjoita ne muistiin!

    saavuttaa   kokous
    selvittää   syyllinen
    ottaa yhteyttä + mihin? kehen? kuulustella
    asiantuntija   henkilö
    rauhoittaa   ratkaista
    paikallinen   ongelma
    asukas   kokeilla
    usea

Kappale 46, harjoitus 8

Jutellaan!

Ajattele, että tarvitset neuvoja! Pyydä opiskelutoveriasi neuvomaan sinua: kysy häneltä, mitä sinun hänen mielestään pitäisi tehdä seuraavissa tapauksissa! Voit aloittaa pyyntösi sanomalla esimerkiksi: Mitä voisin tehdä…? tai Mitä minun pitäisi tehdä…?

oppiakseni suomea
nukahtaakseni illalla nopeasti
herätäkseni aamulla ajoissa
saadakseni viisumin sinun kotimaahasi
laihtuakseni
löytääkseni hyvän puolison
päästäkseni presidentiksi
elääkseni vanhaksi
Keskustelkaa keinoista!

Jos olet kurssilla, esittäkää se tilanne, joka on harjoituksessa 4!

Esitä opiskelutoverisi kanssa Sarin ja mummon keskustelu, kun Sari tulee itkien kotiin!

Valitse oppikirjan tekstistä "Mitä Erikille kuuluu? (s. 192) yksi kukka! Etsi tietoja siitä: minkävärinen se on, milloin se kukkii, missä se kasvaa jne. Kerro opiskelutoverille, mitä nyt tiedät kukasta!

Kappale 47

Kappale 47, harjoitus 1

Lue oppikirjan teksti "Mitä mummo näki?" (s. 194)! Täydennä seuraavat lauseet!

Mummo kertoi: "Minä näin, että Sari ...., ja menin kysymään, mitä oli tapahtunut.

Mummo sanoi Sarille: "Älä itke, minä .... polvet ja .... niihin laastarit."

Mummo muisti, miten hän lapsena kaatui pyörällä ja pelkäsi, että hänen isänsä .... vihainen.

Kappale 47, harjoitus 2

Oppikirjan sivuilla 194–196 esitellään lauserakenne, joka toimii verbin objektina. Siinä on verbin partisiippi, jonka lopussa on van/vän. Tarkastele seuraavaa lausetta: Isä sanoi isoisän olevan sairaalassa. **Siinä referoidaan isän puhetta. Isän repliikki oli:** "Isoisä on sairas."

Kirjoita jokaisen seuraavan lauseen viereen se repliikki, jota referoidaan! Mitä opettaja sanoi? Mitä opiskelija sanoi? Jne.

Opettaja sanoi lehtien kirjoittavan asiasta usein.
Opiskelija sanoi tentin menevän varmasti hyvin.
Hän sanoi muistavansa kaiken.
Naapuri sanoi kävelevänsä töihin.
Sanoin ajattelevani asiaa.
Elli sanoi matkan maksavan liian paljon.

Kappale 47, harjoitus 3

Muuta lauseet mallin mukaan!
Malli: "Juon vain teetä", hän sanoi. → Hän sanoi juovansa vain teetä.
Huomaa, että possessiivisuffiksi riippuu subjektista!

"Käyn maalla joka toinen viikko", poika sanoi.

"Myymme auton huomenna", he sanoivat.
"Tulen ensi viikolla", minä sanoin.
"Olen aivan varma asiasta", sinä väität.
"Olemme väärässä junassa", huomasimme yhtäkkiä.
"Myöhästymme junasta", te luulitte.

Kappale 47, harjoitus 4

Lue oppikirjan sivulta 196 luettelo verbeistä, joilla voi olla tekevän-rakenne objektina!
Muuta sitten seuraavat että-lauseet rakenteiksi!
Malli 1: Hän sanoi, että lapsi nukkuu. → Hän sanoi lapsen nukkuvan.
Huomaa genetiivisubjekti!

Kauppias ilmoitti, että kahvin hinta nousee.
Äiti kertoi, että pojat tarvitsevat uudet sukset.
Jari väitti, että kirja maksaa vain kymmenen euroa.
Myönnän, että ongelma on vaikea.
Hän luuli, että kaikki ymmärtävät asian.
Uskotko, että ilmasto lämpenee?
Lääkärinä toivon, että te liikutte enemmän.
En kuvittele, että jokainen pystyy siihen.
Arvelen, että sinä muistat lupauksesi.
Muistin, että naapuri osaa venäjää.
Kukaan ei tiedä, että sinä olet täällä.
Lapset ymmärsivät, että isä oli väsynyt työpäivän jälkeen.
Jari huomasi, että Mika nukkui, ja sammutti valot.
Hän näki, että olen samaa mieltä.
Kuulimme, että muutatte maalle.

Malli 2: Hän sanoi, että hän menee nukkumaan.
  → Hän sanoi menevänsä nukkumaan.
Huomaa, että rakenteen ja päälauseen subjekti on sama!

Kauppias ilmoitti, että hän avaa uuden myymälän.
Äiti kertoi, että hän tarvitsee uuden takin.
Jari väitti, että hän laulaa huonosti.
Myönnän, että olen usein myöhässä.
Hän luuli, että hän ymmärtää asian.
Uskotteko, että muistatte kaiken?

Toivon, että tapaan teidät mahdollisimman pian.
En kuvittele, että pystyn siihen.
Arveletko, että saat paikan?
He muistivat, että tuntevat minut.
Hän tietää, että oppii nopeasti.
Mies ymmärsi, että hän oli vakavasti sairas.
Jari huomasi, että hän väsyi nopeasti.
Hän näki, että oli vaarassa.
Kuulimme, että pääsemme työhön.

KAPPALE 47, HARJOITUS 5

Muuta tekevän-rakenteet että-lauseiksi mallin mukaan!
Malli 1: Tiesin tekeväni väärin. → Tiesin, että tein väärin.
   Näin sinun tekevän sen. → Näin, että sinä teit sen.
että-lauseessa on imperfekti, koska päälauseessa on imperfekti ja tarkoitetaan samanaikaista tapahtumista.

Tiesin lasten kuuntelevan oven takana.
Soitin ja kerroin olevani myöhässä.
Luulitteko näkevänne minut, kun näitte sisareni?
Luuliko hän minun katselevan häntä?
Ymmärsivätkö he häiritsevänsä?

Malli 2: Sanoin tulevani huomenna. → Sanoin, että tulen huomenna.
   Sanoin sinun tulevan huomenna. → Sanoin, että sinä tulet huomenna.
että-lauseessa on preesens, vaikka päälauseessa on imperfekti; preesens ilmaisee tässä futuuria tai ei tarkoita vain nykyhetkeä.

Sanoin puhuvani asiasta hänen kanssaan joskus myöhemmin.
Uskoin lasten olevan aina kilttejä.
Kerroitko olevasi sairas?
Hän sanoi naapurien aikovan muuttaa uuteen asuntoon.
Hän sanoi istuttavansa puutarhaan marjapensaita.
Radiossa sanottiin auringon nousevan huomenna kello neljä.

KAPPALE 47, HARJOITUS 6

Kiinnitä huomiota seuraavien kysymyslauseiden rakenteeseen ja sanajärjestykseen! Huomaa, että tällaisissa kysymyslauseissa ei käytetä että-lauseita! Puhekielessä voidaan sanoa: "Mitä luulet että hän sanoo tästä?" "Missä luulet että hän asuu?"

Mitä luulet hänen sanovan tästä?
Missä luulet hänen asuvan?
Mistä sanoit hänen olevan kotoisin?
Miksi luulet heidän menevän sinne?
Mihin luulet hänen muuttavan?
Mistä luulet heidän olevan kotoisin?
Miltä raiteelta sanoit junan lähtevän?
Mille hyllylle arvelet näiden kirjojen kuuluvan?
Mistä ruoasta luulet hänen pitävän?
Mitä mieltä uskot hänen olevan asiasta?
Kenestä luulit meidän puhuvan?
Kenelle luulet hänen soittavan?
Keneltä luulet minun saavan viestejä?
Kenen toivot tulevan auttamaan meitä?

KAPPALE 47, HARJOITUS 7

Muuta kun-lauseet tehdessä-rakenteiksi ja että-lauseet tekevän-rakenteiksi!
Malli: Kun hän näki, että Sari itki, hän lohdutti tätä.
            → Nähdessään Sarin itkevän hän lohdutti tätä.

Kun hän kävi täällä, hän kertoi, että hän halusi muuttaa ulkomaille.
Kun he olivat menossa saunaan, he kuulivat, että joku huusi apua.
Kun hän katselee elokuvia, hän kuvittelee, että hän on filmin päähenkilö.
Kun lennämme, pelkäämme aina, että lentokone putoaa.
Mitä teitte, kun huomasitte, että istutte väärässä junassa?

Tällaisia lauseita, joissa on kaksi rakennetta, näet lehdissä. Kerää niitä!

Kappale 47, harjoitus 8

Katso oppikirjan sivuilta 251–253 pronominien genetiivimuotoja! Niitä tarvitaan kirjakielen rakenteissa. Kirjoita seuraavien lauseiden pronominit genetiiviin!

Arvelen (jokainen) tietävän tämän.
Toivotko (kaikki) kuulevan asiasta?
Luulen (te kaikki) muistavan asian.
Uskon (nämä) ihmisten ymmärtävän asian.
Olen kuullut (nuo) marjojen olevan erikoisen terveellisiä.
Toivon (joku) auttavan minua.
En halua (kukaan) näkevän minua.
En halua (mikään) häiritsevän meitä.
(Kuka) sanoit osaavan kreikkaa?
(Kumpi) heistä sanoit olevan vanhempi?

Kappale 47, harjoitus 9

Jutellaan!

Oppikirjassa kerrotaan, miten Sari kerran kaatui pyörällä. Onko sinulle lapsena tapahtunut jotain samanlaista? Mitä tapahtui? Miten sinua hoidettiin ja lohdutettiin? Voitko kertoa tapauksesta opiskelutoverille?

Kysy opiskelutoverilta kysymyksiä, jotka alkavat näin:
Luuletko...
Toivotko...
Arveletko...
Väitätkö...
Myönnätkö...
Muistatko...
Oletko kuullut...

Kappale 48

Kappale 48, harjoitus 1

**Lue oppikirjan teksti "Jari vieraili Mikan leirillä" (s. 197)!
Vastaa kysymyksiin!**
Mitä Mika teki ensimmäisen leiripäivän iltana?
Mitä erikoista yhdessä teltassa tapahtui?
Mitä eräälle pojalle tapahtui?
Miksi Jari voi kertoa isälle ja äidille, että Mika pärjäsi leirillä?

Kappale 48, harjoitus 2

Oppikirjan sivuilla 197–198 esitellään toinen lauserakenne, joka toimii verbin objektina. Siinä on verbin partisiippi, jonka lopussa on -neen. Mitä nyt tiedät luettuasi tekstin (s. 197)? Muuta seuraavat tehneen-rakenteet että-lauseiksi!
Malli: Tiedän Jarin käyneen tapaamassa Mikaa leirillä.
→ Tiedän, että Jari kävi tapaamassa Mikaa leirillä.

Tiedän Mikan viihtyneen hyvin.
Tiedän kaverien olleen Mikan mielestä kivoja.
Tiedän poikien kertoneen illalla teltassa jännittäviä juttuja.
Tiedän yhden pojan tavaroiden kastuneen ja yhden pojan joutuneen käymään lääkärissä.
Tiedän vierailupäivän sujuneen hyvin.

Kappale 48, harjoitus 3

Rakenteessa tarvitaan -nut/-nyt-partisiipin genetiivi. Kirjoita se seuraavista verbeistä!

tavata, viihtyä, saada, käydä, nukkua, puhua, juosta, kuulla, nähdä, oppia

Valitse listasta seuraaviin lauseisiin sopiva verbin muoto! Lisää possessiivisuffiksi, jos tarvitaan!
Muistan sinun .... asiasta jo kauan sitten.
Jari kertoi Mikan .... leirillä oikein hyvin.

Jari kertoi ...., että leirillä kaikki oli kunnossa.
Mika sanoi .... leirillä paljon uutta.
Pojat kertoivat .... leirillä hyvää ruokaa.
Muistan .... uutisen heti aamulla.
Tiedämme sinun .... täällä eilen.
Äiti sanoi vauvan .... hyvin koko yön.
Kenen sanoit .... maratonin maailmanennätyksen?
Työtoverini kertoi .... kaupunginjohtajan ja keskustelleensa hänen kanssaan.

KAPPALE 48, HARJOITUS 4

Yhdistä lauseet käyttämällä tehneen-rakennetta!
Malli: Tuula asui nuorena Lappeenrannassa. Tiedän sen.
→ Tiedän Tuulan asuneen nuorena Lappeenrannassa.

Jorma tapasi Tuulan Lappeenrannassa. Tiedämme sen.
Pojat ovat hiihtäneet jo monta kilometriä tänä talvena. Kuulin sen.
Sinä olet lukenut koulussa englantia. Sanot niin.
He kävivät lomalla etelässä. He sanovat niin.
Hän oli kotona. Hän väittää niin.
Kaikki olivat jo kotona. Luulin niin.
Te valitsitte hyvän presidentin. Toivon niin.
Kaikki ymmärsivät asian. Uskon niin.
Hän oli valehdellut. Hän myönsi sen.

KAPPALE 48, HARJOITUS 5

Huomaa seuraavien lauseiden sanajärjestys! Pääverbi on rakenteen subjektin ja partisiipin välissä.

Hänen arvellaan saapuvan Suomeen ensi viikolla. = Arvellaan, että hän saapuu Suomeen ensi viikolla.
Pääministerin sanotaan keskustelleen asiasta presidentin kanssa. = Sanotaan, että pääministeri keskusteli asiasta presidentin kanssa.

Yhdistä seuraavat lauseet käyttäen tekevän-rakennetta tai tehneen-rakennetta! Pane passiivimuotoinen pääverbi rakenteen osien väliin, kuten esimerkkilauseissa ja mallissa!

Malli: Isoäiti hoiti Saria, kun tämä oli pieni. Niin kerrotaan.
→ Isoäidin kerrotaan hoitaneen Saria, kun tämä oli pieni.

Leikki on lasten työtä. Näin sanotaan.
Päiväkoti on monelle lapselle erittäin tärkeä paikka. Se on huomattu.
Lapset oppivat leikkiessään sosiaalisia taitoja. Se tiedetään.
Sari leikki pienenä mielellään koulua. Se muistetaan.
Pojat harrastivat kesällä juoksua ja talvella hiihtoa. Niin kerrotaan.

Tällaisia lauseita voit löytää esimerkiksi lehtiteksteistä.

KAPPALE 48, HARJOITUS 6

Jutellaan!

Olitko lapsena leirillä? Vietitkö lomia sukulaisten luona maalla? Kävitkö ulkomailla? Keskustele opiskelutoverin kanssa lapsuuden lomista!

Kappale 49

Kappale 49, harjoitus 1

Lue oppikirjan teksti "Kadonneet valokuvat löytyivät" (s. 199)! Vastaa kysymyksiin!

Miksi isoäiti tuli alakertaan?
Miksi asia on tärkeä?
Mitä Sari on huomannut?

Kappale 49, harjoitus 2

Lue oppikirjan teksti "Raimo katselee kuvia" (s. 199–200)! Ovatko seuraavat väitteet tekstin mukaan oikein vai väärin?

Raimo ei päässyt Railin juhliin, koska oli työmatkalla.
Kerttu kertoi, että Raili oli väsynyt leikkauksen jälkeen.
Juhlissa oli sukulaisten lisäksi naapureita ja työtovereita.
Raimo tunsi kaikki ryhmäkuvassa olevat ihmiset.
Kertulla oli valokuvia sekä juhlapaikalta että Railin kesämökiltä.
Yksi valokuva yllätti Raimon.
Epätarkka valokuva harmitti Kerttua.
Kerttu lupasi teettää kuvia Raimolle.

lisäksi	epätarkka
ryhmäkuva	harmittaa (+ partitiiviobjekti)
sekä – että	lupasi < luvata
yllättää (+ tulosobjekti)	

Kappale 49, harjoitus 3

Oppikirjan sivuilla 200–203 esitellään, miten partisiippia voi käyttää adjektiivina, substantiivin attribuuttina. -nut/-nyt-partisiippi ilmaisee, mitä jollekin on tapahtunut tai mitä joku on tehnyt. Kirjoita, mitä on tapahtunut!
Malli: kadonnut valokuva → valokuva katosi; kadonneet valokuvat → valokuvat katosivat

yllättäen tulleet vieraat
pöydälle unohtunut kamera

rikki mennyt polkupyörä
myöhässä ollut juna
kaikki rahansa tuhlannut turisti
liikaa kahvia juonut nainen
illalla lähteneet junat

Kappale 49, harjoitus 4

Ilmauksen, jossa on partisiippi ja substantiivi, voi vaihtaa ilmaukseksi, jossa on substantiivi ja relatiivilause.
Esimerkiksi: kadonnut valokuva = valokuva, joka katosi.
Muuta ilmaukset! Huomaa sanajärjestys! Sana, joka on partisiipin edellä, on relatiivilauseessa verbin jäljessä.

yllättäen tulleet vieraat
pöydälle unohtunut kamera
rikki mennyt polkupyörä
myöhässä ollut juna
kaikki rahansa tuhlannut turisti
liikaa kahvia juonut nainen
illalla lähteneet junat

Kappale 49, harjoitus 5

Kirjoita -nut/-nyt-partisiippeja! Huomaa sanajärjestys!
Malli: tarjoilija, joka toi ruoan → ruoan tuonut tarjoilija
         tarjoilijat, jotka toivat ruoan → ruoan tuoneet tarjoilijat

tyttö, joka kaatui pyörällä
lapsi, joka täytti viisi vuotta
mies, joka souti järven ympäri
poliisit, jotka ohjasivat liikennettä
auto, joka ajoi ohi
kurssi, joka päättyi viime keväänä
hirvi, joka juoksi tien yli

täyttää	ohjata
soutaa	liikenne
ympäri	hirvi
poliisi	yli

Kappale 49, harjoitus 6

Kirjoita sanoista kaksi lausetta mallin mukaan! Huomaa, että partisiippi on samassa muodossa kuin substantiivi!
Malli: Oppikirjan teksti: tyttö, joka kaatui pyörällä
→ Oppikirjan tekstin aiheena oli pyörällä kaatunut tyttö.
→ Oppikirjan teksti kertoi pyörällä kaatuneesta tytöstä.

Lehden artikkeli: puolue, joka voitti vaalit
Uutinen: onnettomuus, joka tapahtui merellä
Novelli: poika, joka muutti kaupunkiin
Televisio-ohjelma: kirjailija, joka kuoli viime vuonna
Dekkari: mies, joka teki pankkiryöstön
Elokuva: mies, joka menetti muistinsa
Näytelmä: tyttö, joka rakastui onnettomasti
Romaani: mies, joka palasi sodasta
Runo: kyyneleet, jotka jäätyivät
Satu: prinssi, joka muuttui sammakoksi

artikkeli
puolue
voittaa
vaalit
onnettomuus
novelli
kirjailija
dekkari
pankkiryöstö

menettää muistinsa
rakastua
onnettomasti (adjektiivi: onneton)
romaani
sota
satu
prinssi
sammakko

Kappale 49, harjoitus 7

Vastaa kysymyksiin mallin mukaan! Huomaa, että partisiippi on samassa muodossa kuin substantiivi! Kysymyssana näyttää, mikä muoto tarvitaan.
Malli: Mitä isoäiti etsi? eilen kadonnut valokuva
→ Eilen kadonnutta valokuvaa.

Mikä piti viedä korjaamoon? rikki mennyt polkupyörä
Mitä matkustajat joutuivat odottamaan? myöhässä ollut juna
Ketä matkatoverit auttoivat? kaikki rahansa tuhlannut turisti
Kenellä oli vatsa kipeä? liikaa kahvia juonut nainen
Missä oli paljon matkustajia? illalla lähtenyt juna
Ketkä lupasivat lähettää kortteja? matkalle lähteneet tuttavani

Kenelle kaupunki antoi rahalahjan? uudenvuodenpäivänä ensimmäiseksi syntynyt lapsi
Kenestä lehdet kirjoittivat? kilpailun voittanut urheilija
Kuka saapui maaliin väsyneenä? voittajalle kaksi sekuntia hävinnyt kilpailija

korjaamo
vatsa
kipeä
lupasivat < luvata
rahalahja

uudenvuodenpäivä
kilpailu
urheilija
hävinnyt < hävitä

Kappale 49, harjoitus 8

Lehtiuutisten kielessä on usein lauseita, jotka alkavat partisiippi-ilmauksella. Tee sellaisia lauseita mallin mukaan!

Malli 1: Myrsky riehui koko yön. Myrsky aiheutti suuria vahinkoja.
→ Koko yön riehunut myrsky aiheutti suuria vahinkoja.

Vanhus eksyi metsään. Vanhus löydettiin eilen.
Mies joutui autiolle saarelle. Mies huomattiin helikopterista.
Koira pelasti pojan. Koira sai palkinnon.
Lapset olivat koulumatkalla. Lapset näkivät suden.
Turistit saapuivat maahan. Turistit ihmettelivät monia asioita.

Etsi lehdistä tällaisia lauseita!

vanhus
eksyä
autio
saari
helikopteri

ulkomailta
pelastaa
palkinto
suden < susi
ihmetellä

Kappale 49, harjoitus 9

Katso oppikirjan sivuilta 202–203, miten passiivin partisiippia käytetään! -ttu/-tty-, -tu/-ty-partisiippi ilmaisee, mitä jollekin on tehty. Kirjoita, mitä seuraaville ihmisille tai esineille tehtiin.
Malli: pihalta löydetty kello → kello löydettiin pihalta

toissapäivänä maksettu lasku
viime vuonna julkaistu kirja

halvalla myyty auto
lapsilta kielletty elokuva
lapsille luvattu retki

Kappale 49, harjoitus 10

Huomaa konsonanttivaihtelu! Muuta yksikkö monikoksi.
Malli: tehty työ → tehdyt työt

käsin kirjoitettu kirje
televisiossa esitetty filmi
halvalla myyty asunto
avattu ikkuna
uuteen eduskuntaan valittu kansanedustaja
hyvin suunniteltu retki
äsken pesty kattila

Kappale 49, harjoitus 11

Muistathan, että sama asia voidaan ilmaista joko relatiivilauseella tai partisiipilla. Huomaa, että partisiippi on samassa muodossa kuin substantiivi! Muuta relatiivilause partisiippi-ilmaukseksi!
Malli: työ, joka tehtiin → tehty työ
töitä, jotka tehtiin → tehtyjä töitä

perunoita, jotka paistettiin
puuta, joka kaadettiin
lehtiä, jotka luettiin
kirjaa, joka painettiin ulkomailla
tavaroita, joita myytiin alennusmyynnissä

painaa

Kappale 49, harjoitus 12

Harjoittele -ttu/-tty, -tu/-ty-partisiipin taivutusta! Tee verbistä partisiippi ja kirjoita se lauseeseen oikeaan muotoon! Oikean muodon näet substantiivista.
Etsi uudet sanat sanakirjasta!

Malli: (siivota) Kuka on sotkenut äsken ..... huoneen?
→ Kuka on sotkenut äsken siivotun huoneen?

(varastaa) En tiennyt istuvani .... autossa.
(lainata) Lapsi haluaa koko ajan kuunnella kirjastosta .... levyä.
(pudottaa) Postilaatikkoon .... kirjeessä ei ollut postimerkkiä.
(lähettää) Vastaanottaja joutui lunastamaan ilman postimerkkiä .... kirjeen.
(piirtää) Lapset pitävät .... elokuvista.
(kieltää) Minkälaisia lapsilta .... elokuvat ovat?
(avata) Ensimmäiseksi huoneeseen tullessani huomasin .... ikkunan.
(vetää) Sitten näin auki .... lipastonlaatikot.
(repiä) Pitkin lattiaa oli .... kirjeitä ja valokuvia.

KAPPALE 49, HARJOITUS 13

Kertaa vielä aktiivin ja passiivin partisiippeja! Tee lauseita, joissa ne ovat verbin perfektimuodon osana!
Malli: mies, pestä, auto → Mies on pessyt auton. Auto on pesty.
mies, pestä, autot → Mies on pessyt autot. Autot on pesty.

poika, maalata, pöytä
äiti, ommella, napit
tyttö, tiskata, lautaset
naapuri, täyttää, lottokuponki
mies, lukea, lehti
nainen, siivota, makuuhuone
mies, varastaa, polkupyörä
kirjailija, julkaista, romaani

KAPPALE 49, HARJOITUS 14

Valitse harjoituksesta 13 sopivat partisiipit ja niiden objektit ja täydennä seuraavat lauseet! Nyt partisiippi on substantiivin attribuutti.
Malli: Auton pessyt mies menee sisään. Pesty auto jää ulos.
Autot pessyt mies menee sisään. Pestyt autot jäävät ulos.

.... tyttö kasteli hihansa. .... lautaset ovat kuivauskaapissa.

.... naapuri lähti viemään sitä kioskiin. ....
lottokuponki oli taskussa.

.... mies saatiin kiinni. .... polkupyörä
saatiin takaisin.

KAPPALE 49, HARJOITUS 15

Harjoittele kuvien avulla tekemään partisiippi-ilmauksia! Kerää lehdistä kuvia ja kerro, mitä kuvissa on! Esimerkiksi:
Tässä on tieltä ajanut auto.
Kuvassa on Helsinkiin risteilyaluksella saapuneita matkailijoita.

  risteilyaluksella < risteilyalus

KAPPALE 49, HARJOITUS 16

Jutellaan!

Etsi suomalaisesta sanomalehdestä uutisia tai artikkeleita, jotka kiinnostavat sinua! Kerro niistä opiskelutoverille!

Harjoituksen 12 kolme viimeistä lausetta ovat pienen kertomuksen alku. Jatka kertomusta opiskelutoverisi kanssa! Tehkää siitä jännittävä! (Huomatkaa, että suullisessa kommunikaatiossa ei tarvitse käyttää kirjakielen partisiippi-ilmauksia!)

Kappale 50

Kappale 50, harjoitus 1

Lue oppikirjan teksti "Lajittelua"(s. 204)! Vastaa kysymyksiin!

Tekstin alussa kerrotaan viidestä pahvilaatikosta. Mitä niihin laitetuille tavaroille tehdään?
Mikä oli poikien työnä?
Mitä Mika ensimmäiseksi teki?
Miksi heidän nyt on helppo päästä eroon ylimääräisistä pulloista ja purkeista?
Miksi juuri nyt on sopiva aika kerätä kirpputorille vietävät tavarat?
Mihin laatikkoon saapas joutuu?
Mitä Tuula ja pojat lopuksi tekivät?

Kappale 50, harjoitus 2

Kertaa verbien passiivimuotoja! Kirjoita seuraavista verbeistä samat muodot kuin mallissa!
Malli: heittää → heitetään, heitettiin, heitetty, heitettävä

tietää, päättää, kantaa, laittaa, saada, käydä, lajitella, siivota, valita

Kappale 50, harjoitus 3

Oppikirjan sivuilla 205–206 esitellään -ttava/-ttävä, -tava/-tävä-partisiippi. Seuraavissa lauseissa on partisiippi-ilmauksia. Kirjoita aukkoihin saman verbin infinitiivi!
Malli: Meillä on paljon tehtäviä töitä. → Meillä on paljon töitä, jotka täytyy tehdä.

Poika sai lahjaksi kauko-ohjattavan auton. Minkälaisella laitteella sitä voi .... ?
Puhumme juhlapäivinä syötävistä ruoista. Millaisia ruokia haluaisit .... ?
Järvivesi ei aina ole juotavaa vettä. Kaikkien järvien vettä ei voi ....
Bakteerit ovat vain mikroskoopilla nähtäviä eliöitä. Bakteerit voi .... ainoastaan mikroskoopilla.
Nämä eivät ole aivan helposti ymmärrettäviä asioita. Näitä asioita ei ole aivan helppoa ....

Komerossa on pois heitettäviä rikkinäisiä kenkiä. Meidän pitäisi .... pois kaikki rikkinäiset kengät, jos niitä ei kannata enää korjata.

    kauko-ohjattava   eliö
    laitteella < laite   komero
    bakteeri   rikkinäinen
    mikroskooppi   ei kannata < kannattaa

Kappale 50, harjoitus 4

**-ttava/-ttävä, -tava/tävä-partisiipilla on erilaisia merkityksiä. Se voi
a) vastata preesensiä tai futuuria, ja sillä voi ilmaista
b) pakkoa tai c) mahdollisuutta. Tutustu esimerkkeihin!**

a) Huomenna pelattava peli on joukkueen tärkein tällä kaudella.
   Maalattava seinä puhdistetaan ensin huolellisesti.

b) Tässä on välittömästi maksettava lasku.
   Kirjoita muistettava asia lapulle!

c) Nämä eivät ole syötäviä sieniä.
   Koko talossa on vain yksi avattava ikkuna.

    vastata   välittömästi
    joukkue   lappu
    kaudella < kausi

Kappale 50, harjoitus 5

**Harjoittele täytyy-ilmauksia! Tee annetuista sanoista kolme lausetta!
Malli:**
Poika lukee. → Pojan täytyy lukea. Pojan on luettava. Pojan on pakko lukea.
Pojat lukevat. → Poikien täytyy lukea. Poikien on luettava. Poikien on pakko lukea.

Jari ja Mika työskentelevät ahkerasti.
He auttavat äitiä.
Tuula nousee aikaisin.
Monet ihmiset ovat työssä myös yöllä.
Vauvat nukkuvat paljon.
Hän suunnittelee asiat etukäteen.
Sadun ukko kertoi jotakin ennen kuulematonta.
Hoviväki sanoi kuulleensa ukon jutut.
Kuningas antoi rahaa ukolle.

KAPPALE 50, HARJOITUS 6

Kirjoita samanlaisia lauseita kuin mallissa!
Malli: Sinä et halua ostaa mitään. → Sinun ei tarvitse ostaa mitään. Sinun ei ole pakko ostaa mitään.

He eivät halua lähteä mihinkään.
Minä en halua tilata sitä lehteä.
Mika ei halua viedä vanhoja leluja kirpputorille.

KAPPALE 50, HARJOITUS 7

Harjoittele vielä on tehtävä -ilmauksia! Huomaa, että lauseessa ei aina ole subjektia, vaan voidaan puhua yleispätevästi. Katso mallia! Vastauslauseen ensimmäinen sana on objekti, ja siinä ei tässä tapauksessa ole -n-päätettä.

Malli:
– Mitä on tehtävä, kun polkupyörä on rikki?
– Se on korjattava. Pyörä on korjattava.

– Mitä on tehtävä, kun polkupyörät ovat rikki?
– Ne on korjattava. Polkupyörät on korjattava.

Vastaa seuraaviin kysymyksiin mallin mukaan!

Mitä on tehtävä, kun ikkuna on likainen?
Mitä on tehtävä, kun ikkunat ovat likaiset?
Mitä on tehtävä, kun nurmikko on kuiva? (kastella)
Mitä on tehtävä, kun ruoho on pitkää. (leikata)
Mitä on tehtävä, kun koira raapii ovea?

KAPPALE 50, HARJOITUS 8

Kuvittele, että Urho Savolainen kertoo sinulle eräästä aamustaan! Hänellä oli paljon tehtävää. Mitä kaikkea hänen oli tehtävä? Kirjoita annetuista sanoista lauseet!
Malli: keittää kahvia, käydä suihkussa... → Hänen oli keitettävä kahvia, oli käytävä suihkussa...

laittaa aamiaista
herättää toiset
syödä jotakin

lukea lehti
kuunnella uutiset
kirjoittaa ostoslista
lähettää poika kouluun
viedä pienet kaksoset päiväkotiin
kaivaa auto esiin lumen alta
saapua ajoissa töihin

KAPPALE 50, HARJOITUS 9

Katso oppikirjan sivulta 206, miten -ttava/-ttävä, -tava/-tävä-partisiippia käytetään substantiivina! Sano sama asia niin, että käytät partisiippia!

Meillä ei ollut enää mitään sanomista.
Sinulla on vielä paljon oppimista.
Tule auttamaan minua! Keittiössä on paljon tekemistä.
Löytyisiköhän kioskista jotakin lukemista junamatkalle?

KAPPALE 50, HARJOITUS 10

Jutellaan!

Kuvittele, että sinulla on varastossa tavaroita, jotka sinun pitää lajitella. Sinulla on viisi laatikkoa, joihin on kirjoitettu "Kirpputorille vietävät tavarat", "Paperinkeräykseen vietävät", "Lasinkeräykseen vietävät", "Pois heitettävät" ja "Säilytettävät". Mihin laatikkoon laittaisit seuraavat tavarat? Mihin laatikkoon opiskelutoverisi laittaisi ne? Keskustelkaa asiasta!

	Kirpputori	Paperinkeräys	Lasinkeräys	Heitetään pois	Säilytetään
isoäidiltä saatu iso lasimaljakko					
pino sarjakuvalehtiä					
puoli tusinaa hopealusikoita					
punainen puinen kynttilänjalka					
vanha tietosanakirja					
pusero, jonka vetoketju on rikki					
syöttötuoli					
leipäkone					
tyhjä viinipullo					

	Kirpputori	Paperinkeräys	Lasinkeräys	Heitetään pois	Säilytetään
jumppapallo					
joogamatto					
lasten kumisaappaat					
luistimet ja jääkiekkomaila					
nalle					
matematiikan kirja					
viimevuotinen Ikean kuvasto					
jakkara, josta puuttuu yksi jalka					
keinuhevonen					
kassillinen tyhjiä lasipurkkeja					
jalkapallo					
Kirja "Miten saan ystäviä, menestystä, vaikutusvaltaa"					
laatikollinen legopalikoita					

<u>Keksikää yhdessä lisää! Ottakaa mukaan kuvia erilaisista tavaroista ja neuvotelkaa, mitä tekisitte tavaroille!</u>

<u>Lue opiskelutoverin kanssa oppikirjan teksti "Ennen matkaa" (s. 206–207)! Esittäkää keskustelu elävästi!</u>

<u>Kuvittele, että joku ei ymmärrä, mitä seuraavat ilmaukset tarkoittavat! Selitä ne hänelle!</u>
uusia passi
peruuttaa lehtitilaus
kastella kukat
vaihtaa rahaa
laskun eräpäivä
hotellissa on puolihoito

<u>Onko teillä tapana ostaa matkamuistoja? Minkälaisia matkamuistoja olette ostaneet itsellenne tai tuliaisiksi?</u>

<u>Lue opiskelutoverin kanssa seuraava teksti! Keksikää yhdessä salakirjoituksen ratkaisu!</u>

Viettäessäni lomaa kesämökillä etsin eräänä päivänä jotakin luettavaa mökin vanhasta kirjakaapista. Löysin vain moneen kertaan luettuja vanhoja romaaneja ja kuluneita koulukirjoja. Selaillessani niitä yhden kirjan välistä putosi paperinpala. Otin sen lattialta ja yritin saada selvää siihen kirjoitetusta tekstistä. Huomattuani, että tekstissä ei ollut ollenkaan kirjaimia vaan vain numeroita, arvasin, että teksti oli salakirjoitusta. Minun oli mietittävä vähän aikaa, ennen kuin keksin salakirjoituksen ratkaisun. Keksitkö sinä sen? Tällainen teksti lapussa oli:

11-9-18-10-1-11-1-1-16-9-14 20-1-11-1-14-1 15-14
11-9-18-10-5-11-21-15-18-9. 19-5-14 19-9-19-28-12-12-28 15-14
10-15-20-1-11-9-14 19-9-14-21-12-12-5.

Kyllä kannatti katsoa kirjakaapin taakse! Kirjekuoressa oli kahdenkymmenen euron seteli. Menin heti kirjakauppaan ja ostin uutta luettavaa. Myöhemmin kuulin sisareni keksineen minulle tällaisen yllätyksen. Hän tietää minun olevan lukutoukka.

moneen kertaan luettu
= monta kertaa luettu
kulunut < kulua
selaillessani < selailla
välistä (vertaa: välissä)
saada selvää
ei ollenkaan
arvasin < arvata

salakirjoitus
miettiä
ennen kuin
ratkaisu (verbi: ratkaista)
kannattaa
taakse (vertaa: takana)
tällainen
yllätys
lukutoukka

<u>Puhuitko lapsena jotakin salakieltä? Kenen kanssa? Kerro siitä!</u>

Kappale 51

Kappale 51, harjoitus 1

Lue oppikirjan teksti "Kolme suomalaista maalausta" (s. 208–209)! Mainitaanko taulujen kuvauksissa seuraavat yksityiskohdat?

istuvan tytön selän takana oleva tyyny
sairaana vuoteessa makaava lapsi
maljakkoon laitettu vihreä oksa
enkeliä kantava poika
enkelin pään ympärillä oleva side
enkeliä kantavien poikien ilme
ensimmäisessä huoneessa oleva ikkuna
maitokannuun laitettu kukkakimppu
pöydällä oleva tyhjä kukkamaljakko
seinälle ripustettu kuva

Etsi taulujen kuvauksista sanat seuraaviin lauseisiin!

Tytön posket ovat ....
Tytön kädessä olevan oksan lehdet ovat ....
Toisen pojan vaatteet ovat ....
Ikkunaverhot ovat ....
Oven edessä oleva matto on ....
Toisesta huoneesta näkyvän sängyn päiväpeitto on ....
Huoneiden seinät ovat ....
Ikkunanpuitteet ovat ....
Matoissa on .... raidat.
Tummaa sävyä keventää se, että päiväpeitto on .... ja pöytäliina ....

Kappale 51, harjoitus 2

Selitä, mitä seuraavat lauseet tarkoittavat!

Erik käytti lähteenä kirjaa "Tunnetko?".
Erikin mielestä maalaus on arvoituksellinen.
Ehkä maalaus heijastaa taiteilijan kokemuksia.
Vionojan taiteessa näkyy hänen kunnioituksensa pohjalaista talonpoikais-
kulttuuria kohtaan.

Kappale 51, harjoitus 3

Lue oppikirjan sivuilta 209–210, miten -va/-vä-partisiippia käytetään! Muuta seuraavat ilmaukset mallin mukaan! Huomaa sanajärjestys!

Malli 1: korituolissa istuva tyttö → tyttö, joka istuu korituolissa
enkeliä kantavat pojat → pojat, jotka kantavat enkeliä

taidenäyttelyssä käyvät ihmiset
kirjastossa musiikkia kuunteleva poika
tietokonepelejä pelaavat lapset
lentämistä pelkäävät matkustajat
valokuvia ottavat turistit
asemalla seisova juna
suomea ja ruotsia osaava työnhakija

Malli 2: lehti, joka ilmestyy kerran viikossa → kerran viikossa ilmestyvä lehti
kasvit, jotka kasvavat suolla → suolla kasvavat kasvit

vanhukset, jotka asuvat yksin omassa kodissaan
kaupunki, joka sijaitsee rannikolla
taiteilija, joka maalaa muotokuvia
tytöt, jotka harrastavat jalkapalloa
torikauppias, joka myy marjoja
ihmiset, jotka odottavat bussia pysäkillä

Kappale 51, harjoitus 4

Mitä muistat seuraavista oppikirjassa olleista henkilöistä?

Koulutoverinsa Kirsin tapaava Timo
Koulussa opettajana työskentelevä Anni Virtanen
Virtasella vierailevat Tuulan vanhemmat
Maatilan töihin tutustuva Erik
Sairastunutta Saria hoitava isoäiti
Etelänmatkastaan kertovat Alli ja Elli
Hiihtolomalla Lappiin lähtevä perhe
Pienkoneella lentävä Edith
Railin juhlissa otettuja valokuvia katseleva Raimo

KAPPALE 51, HARJOITUS 5

Myös -va/-vä-partisiippi on samassa muodossa kuin substantiivi, jonka attribuutti se on. Tee annetusta verbistä -va/-vä-partisiippi ja pane se oikeaan muotoon lauseeseen!

(nukkua)   Älä herätä .... tiikeriä!
(kävellä)   Saako unissaan .... ihmisen herättää?
(tarvita)   Auttakaa apua .... ihmistä!
(itkeä)   Lapsi sai lahjaksi .... nuken.
(kerätä)   Annan nämä postimerkit postimerkkejä .... ystävälleni.
(syödä)   Suolla kasvaa hyönteisiä .... kukkia.
(jatkua)   Säätiedotus lupaa .... sadetta.
(taluttaa)   Mummo näki pyörää .... tytön.
(itkeä)   Hän kysyi jotakin .... tytöltä.
(muuttua)   Elämme nopeasti .... maailmassa.
(nousta; las- .... ja .... lentokoneiden melu häiritsee
keutua)   alueen asukkaita.

unissaan (monikon inessiivi +
possessiivisuffiksi) < uni   hyönteisiä < hyönteinen
kävellä unissaan   säätiedotus
suo   tiedotus (verbi: tiedottaa)

KAPPALE 51, HARJOITUS 6

A. Tee aktiivi-ilmauksesta passiivi-ilmaus mallin mukaan!
Malli: autoa pesevä mies → pestävä auto

lottokuponkia täyttävä mies, saunaa lämmittävä mies, ministeriä haastatteleva toimittaja, lasta taluttava täti, puuta kaatava mies, pakettia tuova postinjakaja, postia jakava nainen

B. Tee passiivi-ilmauksesta aktiivi-ilmaus mallin mukaan!
Malli: pestävä auto, mies → autoa pesevä mies

etsittävä avain, lapsi; imuroitava lattia, siivooja; sammutettava rakennus, palokunta; paistettava kala, kokki; rakennettava leikkimökki, kirvesmies; soitettava sinfonia, orkesteri

KAPPALE 51, HARJOITUS 7

Jutellaan!

<u>Jos olet kurssilla, näyttele seuraavia henkilöitä! Opiskelutoverit arvaavat, mitä esität.</u>

ikkunaa pesevä henkilö
koiraa ulkoiluttava lapsi
lentäviä lintuja katsova henkilö
lastenvaunuja työntävä henkilö
maitoa tölkistä lasiin kaatava henkilö
kananmunan rasiasta ottava ja sen paistava henkilö
kartasta jotakin katua etsivä turisti

<u>Keksi itse lisää!</u>

<u>Ota mukaan kuva jostakin taideteoksesta! Kuvaile sitä opiskelutoverillesi! Kuunneltuaan kuvauksen hän kertoo, mitä yksityiskohtia hän muistaa kuvauksesta. Näytä sen jälkeen kuva hänelle!</u>

<u>Etsi tietoja siitä, minkälaisia taidenäyttelyjä opiskelupaikkakunnallasi on! Esittele niitä opiskelutoverillesi! Keskustelkaa siitä, mitä näyttelyä voisitte mennä katsomaan!</u>

<u>Tutustu opiskelutoverin kanssa seuraaviin sananlaskuihin! Keskustelkaa siitä, mitä ne mielestänne merkitsevät tai opettavat!</u>

Odottavan onkeen kala tulee.
Ei makaavan kissan suuhun hiiri juokse.
Ei haukkuva koira pure.
Ei kysyvä tieltä eksy.
Kyllä lyöpä aseen löytää.   (lyöpä = lyövä)
Sanottu sana, ammuttu nuoli.

    onkeen < onki   eksyä
    makaava < maata   ase
    hiiri   löytää
    haukkuva < haukkua   ammuttu < ampua
    pure < purra   nuoli

<u>Tutustu opiskelutoverin kanssa seuraaviin arvoituksiin! Osaatteko vastata niihin?</u>

Kannettava väsyy, mutta kantaja ei väsy. Mikä se on?
Edestakaisin kulkee, paikaltaan ei pääse.

51

Ei ole maassa, ei taivaassa, ei ulkona, ei sisällä.
Iho päällä, vaatteet sisässä.
Kesällä turkki päällä, talvella alaston.
Neljä veljestä yhden hatun alla.
Pitempi kuin pitkät puut, matalampi kuin maan ruohot.
Ylöspäin tyhjä, alaspäin täysi.

   kannettava < kantaa alaston
   väsyä   veljes
   edestakaisin   ylöspäin
   iho   alaspäin
   turkki

Kappale 52

Kappale 52, harjoitus 1

Lue oppikirjan teksti "Muistatko, kenen tekemä tämä on?" (s. 211)! Etsi kuvasta tekstissä mainitut esineet! Mitä muita esineitä kuvassa on? Keksi, mitä niistä voi sanoa!

Kappale 52, harjoitus 2

Lue oppikirjan sivuilta 212–213, mitä sanotaan -ma/-mä-partisiipista! Seuraavissa kysymyksissä on tämä partisiippi. Vastaa kysymyksiin!

Tiedätkö, mikä oli ensimmäinen vauvana sanomasi sana?
Muistatko, mikä oli ensimmäinen ihan itse lukemasi kirja?
Mikä on paras näkemäsi elokuva?
Mikä on pisin hiihtämäsi matka? (Tai jos et ole hiihtänyt, pisin kävelemäsi matka? Tai pisin pyöräilemäsi matka?)
Mikä on kaunein kuulemasi suomen kielen sana?
Mikä on paras kuulemasi vitsi?
Mikä on kallein ostamasi vaate?
Mikä on suurin näkemäsi eläin?
Mikä on suurin saamasi lottovoitto tai arpajaisvoitto?
Kuka on vanhin tuntemasi ihminen?

Kysy kysymykset opiskelutoveriltasi!

Kappale 52, harjoitus 3

-ma/-mä-partisiipin kanssa ilmoitetaan tekijä joko genetiivillä tai possessiivisuffiksilla. Selaile oppikirjaa ja etsi jokaiseen lauseeseen tieto tekijästä! Kirjoita sana genetiivissä! (Sivunumerot viittaavat kirjaan.)
Malli: Novelli "Kaukainen saari" (s. 133–134) on ..... kirjoittama.
→ Toivo Pekkasen

Valokuva, jota Tuulan vanhemmat katsovat (s. 71), on .... ottama.
Kaurapuuro (s. 73) on .... keittämä.
Kirje, joka on sivulla 87, on .... kirjoittama.

Rakennuslupa oli .... myöntämä. (S. 106.)
Sanomalehti (s. 120) on .... repimä.
Helsingin Senaatintorin alue on .... suunnittelema. (S. 133.)
Sivulla 143 on .... lausuma toivomus "Voi kun pian tulisi kesä!".
Kilpisjärven luonnon kalenteri (s. 150–151) on .... kirjoittama.
Kirja nimeltä "Lapsia" on .... kirjoittama. (Kirjailijan nimi löytyy tekstistä s. 173.)
Leikkijuna (s. 211) on .... tekemä.
Nalle (s. 211) on .... tekemä.

    selaile < selailla   lausua; lausua toivomus

Kappale 52, harjoitus 4

Kun partisiippi on attribuuttina, se on samassa muodossa kuin substantiivi. Katso oppikirjan s. 213! Tee verbeistä -ma/-mä-partisiippi ja kirjoita se lauseeseen oikeaan muotoon!

(silittää)   Kenen .... paita (pusero) sinulla on ylläsi?
(ommella)   Kenen .... hame/mekko sinulla on? Kenen .... housut sinulla on?
(kiillottaa)   Kenen .... kengät sinulla on jalassasi?
(kirjoittaa)   Kenen .... kirjan luit viimeksi?
(maalata)   Kenen .... taulun haluaisit seinällesi?
(laittaa)   Kenen .... ruoasta pidät eniten?
(antaa)   Kenen .... neuvot ovat auttaneet sinua eniten elämässä?
(ohjata)   Kenen .... elokuvia katsot mieluiten?
(kirjoittaa)   Kenen .... dekkareista pidät?

(-ma/-mä-partisiipin monikon vartalo on -mi. Katso oppikirjan s. 214!)

Vastaa kysymyksiin!

Kappale 52, harjoitus 5

Muuta -ma/-mä-partisiippirakenteet joka-lauseiksi!
Malli: miehen pesemä auto → auto, jonka mies pesi

palokunnan sammuttama rakennus, arkeologin löytämä kalliomaalaus, koiran repimä tohveli, Sibeliuksen säveltämä sinfonia, sinun pöydälle unohtamasi lippu, heidän tuntemansa henkilö, isovanhempien lahjoittama seinäkello, toimittajan tekemä haastattelu, lääkärin kirjoittama resepti, seinälle ripustamani taulu, rakentamasi talo, hänen lukitsemansa ovi, lukemanne viesti, asukkaiden siivoama piha

    resepti   lukitsemansa < lukita

Kappale 52, harjoitus 6

Vertaa ja kertaa partisiippeja! Tarkastele mallia! Siinä on aktiivin menneen ajan partisiippi (pessyt) **ja passiivin menneen ajan partisiippi** (pesty). pessyt **kertoo miehestä** (mies pesi) **ja** pesty **kertoo autosta** (auto pestiin). **-ma/-mä-partisiippi** (pesemä) **ilmaisee kaksi asiaa:** auto pestiin **ja** pesijä oli mies.
Malli: auton pessyt mies ja pesty auto → miehen pesemä auto

Tee seuraavista ilmauksista -ma/-mä-partisiippirakenne!

juhlan järjestänyt yhdistys ja järjestetty juhla, aidan maalannut naapuri ja maalattu aita, omenan kuorinut äiti ja kuorittu omena, ministeriä haastatellut toimittaja ja haastateltu ministeri, kakun leiponut leipuri ja leivottu kakku, sinfonian soittanut orkesteri ja soitettu sinfonia

    leipuri

Kappale 52, harjoitus 7

Katso oppikirjan sivulta 214, miten verbistä tehdään -matta/-mättä-muoto ja miten sitä käytetään!
Muuta lauseet mallin mukaan!
Malli: Onko sinun pakko kiihtyä? → Yritä olla kiihtymättä!

Onko teidän pakko riidellä?
Onko teidän pakko huutaa?
Onko sinun pakko keikuttaa tuolia?
Onko sinun pakko raapia hyttysenpuremia?

    kiihtyä   raapia
    keikuttaa (+ partitiiviobjekti)   hyttysenpurema = jälki, joka jää ihoon,
        (Vertaa: keikkua)   kun hyttynen pistää

KAPPALE 52, HARJOITUS 8

Tee lauseita mallin mukaan!
Malli: Onko työ tehty? → Ei, se jäi tekemättä.
Onko työt tehty? → Ei, ne jäivät tekemättä.

Onko kahvipannu pesty?
Onko kukat kasteltu?
Onko ikkuna suljettu?
Onko hampaat harjattu?

Mitä sinulta jäi tekemättä lähtiessäsi tänään kotoa?

KAPPALE 52, HARJOITUS 9

Kirjoita lauseita mallin mukaan!
Malli: Lähdin pois. En sanonut mitään. → Lähdin pois sanomatta mitään.

Lähdin työhön. En syönyt aamiaista.
Hiivin sisään. En herättänyt ketään.
Ajoimme koko yön. Emme pysähtyneet kertaakaan.
Hän tuijotti eläintä. Hän ei uskonut silmiään.
Panin laatikon takaisin hyllylle. En ottanut siitä mitään.

hiivin < hiipiä   tuijottaa

KAPPALE 52, HARJOITUS 10

Matkalle lähtijälle tuli kiire. Hän valittaa, että kaikki on vielä tekemättä.
Kirjoita – ja lue kiireisenä – hänen lauseensa!
Malli: Tukka täytyy vielä pestä. → Tukka on vielä pesemättä.

Kynnet täytyy vielä lakata.
Huulet täytyy vielä maalata.
Silmät täytyy vielä meikata.
Pusero täytyy vielä silittää.
Kengät täytyy vielä kiillottaa.
Aurinkolasit täytyy vielä etsiä.

kiireisenä < kiireinen

Kappale 52, harjoitus 11

Oppikirjan sivuilla 214–215 esitellään uusi sijamuoto, abessiivi. Lue, miten sitä käytetään! Tutustu seuraaviin ilmauksiin, joissa on abessiivimuoto! Käytä sanakirjoja apuna!

Selvisimme onnettomuudesta naarmuitta / vahingoitta.
Pääsitkö vaikeuksitta perille?
Kokous sujui välikohtauksitta.
Hän voittaa kilpailun vaivatta.
Poika lainasi isänsä auton luvatta.
Hän ajoi valoitta, ja vastaantulija ei huomannut häntä.
Ponnistelimme tuloksetta.
Tämän tilauksen voi lähettää postimaksutta; vastaanottaja maksaa postimaksun.

Asia päätettiin pitemmittä puheitta.
Kaikki sujui suuremmitta yllätyksittä.
Pääsimme isommitta kommelluksitta perille.
Hän selvisi tilanteesta pahemmitta seurauksitta.
Hän ryhtyi muitta mutkitta työhön.

Kappale 52, harjoitus 12

Katso oppikirjan sivulta 215, miten tehdään kielteinen adjektiivi! Sen lopussa on nominatiivissa -ton/-tön ja vartalossa -ttoma/-ttömä. Vastaa kysymyksiin mallien mukaan!
Malli: Mitä hissittömässä talossa ei ole? → Hissiä. Hissittömässä talossa ei ole hissiä.
Mitä virheettömässä kirjoituksessa ei ole? → Virheitä. Virheettömässä kirjoituksessa ei ole virheitä.

Mitä parrattomalla miehellä ei ole?
Mitä perheettömällä ihmisellä ei ole?
Mitä auringottomana päivänä ei näy?
Mitä puuttomalla alueella ei ole?
Mitä lehdettömässä puussa ei ole?
Mitä yllätyksettömästä elämästä puuttuu?

Kappale 52, harjoitus 13

Kirjoita aukkoihin -ton/-tön-adjektiivi oikeassa muodossa!

Ihminen, jolla ei ole asuntoa, on ....
Tästä järvestä ei saa kalaa. Tämä on ....
Tämä pesuaine ei tuoksu miltään. Siinä ei ole mitään hajua. Se on ....
   (Partitiivi!)
Hän ei ole saanut unta pitkään aikaan. Hän on viettänyt monta .... yötä.
Minulla ei ollut mitään kiirettä viikonloppuna. Vietin hauskan, ...
   viikonlopun.
Valoisaa kesäyötä, jolloin aurinko ei laske ollenkaan, sanotaan runollisesti
   .... yöksi. (Tee adjektiivi sanasta yö!)
Luvut 2, 4, 6, 8 jne. ovat parillisia lukuja. 1, 3, 5, 7 jne. ovat .... lukuja.
Suomenkielisessä lauseessa ei aina ole subjektia. Suomen kielessä on erilaisia
   .... lauseita.

Kappale 52, harjoitus 14

Selitä, mitä seuraavat ilmaukset tarkoittavat!

rajattomat mahdollisuudet
mauton ruoka
Jäin ihan sanattomaksi.
Me olemme syyttömiä tähän.
Hänen kasvonsa olivat täysin ilmeettömät.
Hän oli haluton lähtemään.
Miksi olet noin sydämetön?
Kaikki lennot ovat savuttomia.

Kappale 52, harjoitus 15

Adjektiiveista voidaan tehdä substantiiveja seuraavalla tavalla:
rakas → rakkaus, siisti → siisteys, nuori → nuoruus, köyhä → köyhyys
Samoin -ton/-tön-adjektiiveista:
lapseton → lapsettomuus, työtön → työttömyys

Kirjoita, mistä adjektiivista seuraavat substantiivit on muodostettu:
syyllisyys, syyttömyys, uskollisuus, uskottomuus, hyvyys, paremmuus

KAPPALE 52, HARJOITUS 16

Muistathan, että adjektiiveista voidaan muodostaa adverbi, jonka lopussa on -sti:
 nopea → nopeasti, hidas → hitaasti
Samoin -ton/-tön-adjektiivista:
 virheetön → virheettömästi, suunnaton → suunnattomasti

Kiinnitä huomiota siihen, että -sti-adverbit liittyvät verbiin. Esimerkiksi: Hän suuttui suunnattomasti. Päätäni särkee sietämättömästi. **Jos halutaan liittää adverbi esimerkiksi adjektiivin tai toisen adverbin eteen, vahvistamaan sitä, ei käytetä -sti-muotoa, vaan genetiiviä:** Hän oli suunnattoman vihainen. Hän on tavattoman kaunis. Puhuit tarpeettoman kauan.
 Vertaa: erikoisen pitkä, ihmeellisen pieni, hirveän iso.

KAPPALE 52, HARJOITUS 17

Lue oppikirjan sivulta 216, miten verbistä tehdään kielteinen adjektiivi! Sen lopussa on -maton/-mätön.
Tee verbistä -maton/-mätön-adjektiivi!

Mallissa 1 adjektiivi ilmaisee jotakin, mitä ei ole tehty:
keittämätön vesi = vesi, jota ei ole keitetty.
Malli 1: keittää – vesi → keittämätön vesi

tehdä – työ, odottaa – tapaus, hoitaa – puutarha, kammata – tukka

Mallissa 2 adjektiivi ilmaisee, mitä ei voi tehdä:
voittamaton este = este, jota ei voi voittaa.
Malli 2: voittaa – este → voittamaton este

sietää – kipu, uskoa – juttu, käsittää – väite

Mallissa 3 adjektiivi ilmaisee, mitä joku tai jokin ei ole tehnyt tai ei tee:
oppimaton ihminen = ihminen, joka ei ole oppinut.
Malli 3: oppia – ihminen → oppimaton ihminen

syntyä – lapsi, unohtua – ilta, lakata – melu, ymmärtää – ihminen

Kappale 52, harjoitus 18

Jutellaan!

Keskustelkaa siitä, mitä teillä on vinttikomerossa tai muussa varastossa! Mitä teidän on vaikea heittää pois?

Keskustele opiskelutoverin kanssa seuraavista asioista!
Väitetään, että tekemättömät työt väsyttävät eniten.
Kirja, jonka jätin lukematta loppuun
Näkemättä jäänyt elokuva, jonka olisin halunnut nähdä

Kappale 53

Kappale 53, harjoitus 1

Lue oppikirjan teksti "Kevättulva" (s. 218)! Vastaa kysymyksiin!

Miten tulva syntyi?
Millaisen alueen vesi saarsi?
Missä Raimo oli sinä aamuna?
Miten kiireesti perheen oli lähdettävä talosta?
Miten talojen asukkaiden kävi?
Miksi yksi perhe pääsi turvaan kuivin jaloin?
Mitä Raimo sanoi tulvasta?

Kappale 53, harjoitus 2

Etsi tekstistä kaksi verbiä, jotka kuvailevat ääntä!

Kappale 53, harjoitus 3

Oppikirjan sivuilla 218–219 esitellään harvinainen sijamuoto instruktiivi. Lue instruktiivi-ilmaukset! Etsi niistä lauseet, jotka sopivat seuraavien kuvien kuvateksteiksi!

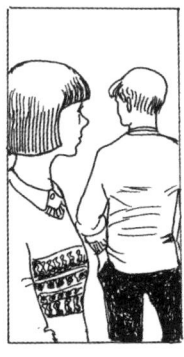

KAPPALE 53, HARJOITUS 4

Oppikirjan sivulla 220 esitellään harvinainen sijamuoto komitatiivi. Lue, mitä sen käytöstä sanotaan!
Vaihda kanssa-ilmaus komitatiiviin!

Lapsi tulee luokseni lelujensa ja kuvakirjojensa kanssa.
Pojat menevät luistinradalle luistimiensa ja jääkiekkomailojensa kanssa.
Lapset menivät juhliin vanhempiensa kanssa.
Kalle lähtee maalle vaimonsa, lastensa, koiriensa ja kissojensa kanssa.
Älä tule juuri siivottuun huoneeseen likaisten kenkiesi kanssa!

KAPPALE 53, HARJOITUS 5

Jokaisessa seuraavassa sanaryhmässä on yksi joukkoon kuulumaton sana. Etsi ne! Miksi ne eivät kuulu joukkoon? Jos et satu tuntemaan sanoja, etsi merkitykset sanakirjasta!

a) tulva
tulipalo
maanjäristys
lumivyöry

b) pato
silta
aita
lautta

c) ryskyä
paukkua
juuttua
haukkua

d) vene
laiva
purje
kanootti

e) paikka
kohta
suunta
alue

f) harvoin
nopeasti
äkkiä
pian

KAPPALE 53, HARJOITUS 6

Jutellaan!

Jos olet kurssilla, laatikaa pienryhmissä sanaryhmiä, joissa on yksi joukkoon kuulumaton sana! Jokainen ryhmä laatii muutamia tehtäviä. Kaikkien ryhmien tehtävät yhdistetään ja annetaan kaikille opiskelijoille "sanakokeeksi". Näin voitte kerrata esimerkiksi eläinten ja kasvien nimiä, ammatteja, urheilulajeja, värejä, muotoja jne.

Onko maailmassa äskettäin tapahtunut jokin luonnonkatastrofi? Keskustelkaa siitä! Ottakaa mukaan siitä kirjoitettuja uutisia!

Kappale 54

Kappale 54, harjoitus 1

Lue oppikirjan teksti "Taitaa tulla hyvä marjasato" (s. 221)! Kuinka tekstissä on ilmaistu seuraavat asiat?
Ehkä tulee paljon marjoja.
Ehkä Jari tarvitsee lehteä vielä.
Luulen, että hän on Martin luona.
Kyllä kai hän pian tulee kotiin.

Kappale 54, harjoitus 2

Lue oppikirjan sivulta 223 ilmaukset, joilla ilmaistaan epävarmuutta! Lue sitten sivulta 222 esimerkit potentiaalin käytöstä (Järjestöt aloittanevat neuvottelut huomenna. Jne.)**! Sano samat asiat toisella tavalla, tavallisella arkikielellä!**

Kappale 54, harjoitus 3

Kirjoita potentiaali-ilmaukset toisella tavalla; käytä annettuja sanoja!
Malli: Hän tehnee matkan laivalla. (luultavasti)
→ Hän tekee matkan luultavasti laivalla.

Lama jatkunee vielä useita vuosia. (mahdollisesti)
Meidän täytynee lähteä. (varmaankin)
Kaikki tiennevät, mistä on kysymys. (Luultavasti)
Avustuslähetykset saapunevat perille tänään. (todennäköisesti)
Lentokone lienee törmännyt vuoreen. (Arvellaan + että-lause)
Työntekijät lienevät saaneet palkkansa. (ilmeisesti)
Kukaan teistä ei muistane, miltä tämä seutu näytti ennen.(varmaankaan)
Alueen ensimmäiset asukkaat eivät liene olleet suomalaisia. (kaikesta päättäen)
Kirja käännettäneen ruotsiksi. (ilmeisesti)
Kaikille lienee ilmoitettu tapauksesta. (varmaankin)

    lama
    avustuslähetys
    törmätä
    arvella
    seutu
    kaikesta päättäen = kaikesta päätellen < päätellä

KAPPALE 54, HARJOITUS 4

Virallisissa kirjeissä voi nähdä potentiaalimuotoja. Jos esimerkiksi imperatiivimuoto olisi liian voimakas, kehotus voidaan ilmaista seuraavaan tapaan:

Vastannette mahdollisimman pian.
Muistanette, että olemme sopineet asiasta.
Ymmärtänette, että on välttämätöntä pitää asia toistaiseksi salassa.
Ottanette yhteyttä heti asian selvittyä.

    välttämätön   ottaa yhteyttä
    pitää salassa   selvittyä < selvitä

KAPPALE 54, HARJOITUS 5

Tee sanoista kolme lausetta mallin mukaan! Ensimmäisessä lauseessa asia esitetään varmana, toisessa lauseessa todennäköisenä ja kolmannessa toivottuna.

Malli: Suomi – voittaa – jääkiekko-ottelu →
a) Suomi voittaa jääkiekko-ottelun.
b) Suomi voittanee jääkiekko-ottelun.
c) Voi kun Suomi voittaisi jääkiekko-ottelun!

Suomi – saada – mitali
asuntojen hinnat – ei – nousta
hänestä – tulla – presidentti
puolueen puheenjohtaja – erota

KAPPALE 54, HARJOITUS 6

Jutellaan!

<u>Valitse sanomalehdestä jokin lyhyt uutinen tai pitemmän uutisen osa! Selosta sen sisältö opiskelutoverillesi vapaasti omin sanoin!</u>

<u>Tutki opiskelutoverin kanssa suomalaista sanomalehteä! Etsikää lehdestä seuraavat!</u>

etusivu, pääkirjoitus, pilapiirros, otsikko, uutinen (kotimaanuutinen, ulkomaanuutinen, rikosuutinen, onnettomuusuutinen, urheilu-uutinen, pikku-uutinen), artikkeli (kirjoitus, juttu), haastattelu, arvostelu (kirja-arvostelu, teatteriarvostelu,

54

elokuva-arvostelu, musiikkiarvostelu), kuvateksti, ilmoitus (kuolinilmoitus, työpaikkailmoitus), mainos, televisio-ohjelma, radio-ohjelma, sarjakuva, mielipideosasto, palsta, aukeama

Vastatkaa seuraaviin kysymyksiin siitä lehdestä, jota tutkitte!

Mistä pääkirjoituksessa puhutaan?
Mikä ensimmäisen uutissivun uutinen kiinnostaa sinua eniten? Miksi?
Onko lehdessä sinun kotimaatasi koskevia uutisia tai kirjoituksia? Mitä mieltä olet niistä?
Mistä asioista taloussivuilla tai taloutta käsittelevissä uutisissa tai artikkeleissa kirjoitetaan?
Mikä mielipidekirjoitus näyttää sinusta mielenkiintoiselta?
Kiinnostaako jokin urheilu-uutinen sinua? Miksi?
Mikä mainos miellyttää/ärsyttää sinua?
Mikä valokuva herättää mielenkiintoasi?
Löydätkö ilmoitussivuilta jotakin sinua kiinnostavaa?
Mistä sarjakuvasta pidät? Miksi?
Minkä televisio-ohjelman haluaisit katsoa?
Onko kauppojen erikoistarjouksissa jotakin sinulle sopivaa?

Kappale 55

Oppikirjan kappaleessa 55 selitetään perusteellisesti, miten possessiivisuffikseja käytetään.

Kappale 55, harjoitus 1

Katso oppikirjan sivulta 227, millaiseen vartaloon possessiivisuffiksi liitetään!

A.
Sano yksikön nominatiivi ilman possessiivisuffiksia!
Malli: käteni → käsi

hevoseni, ehdotuksesi, mielipiteensä, harrastukseni, retkenne, lentokoneensa, oppilaani, vuoteensa, vuokralaisemme, virheesi, kokouksenne, uneni

B.
Liitä sanoihin possessiivisuffiksi!
Malli: käsi → käteni

saapas, vaate, liittolainen, seurue, sormi, asiakas, hame, toivomus, eläke, uima-allas, lapsenlapsi, veri, polvi, tutkimus

C.
Katso oppikirjan sivulta 228, millainen monikon nominatiivi on possessiivisuffiksin kanssa! Sano monikon nominatiivi ilman possessiivisuffiksia!
Malli: kaikki tekoni → teot

kaikki hattuni, kaikki piippuni, kaikki lusikkasi, kaikki tietonsa, kaikki lounastuntimme, kaikki kuittinne, molemmat jalkani, molemmat kätesi, molemmat käsivartesi, molemmat kenkäni

D.
Liitä sanoihin possessiivisuffiksi!
Malli: teot → tekoni

viat, laukut, tavat, mieliruoat, jutut, tädit, voileivät, pyykit, tuntomerkit, matot

Kappale 55, harjoitus 2

Tulosobjektin -n (yksikkö) ja -t (monikko) katoavat possessiivisuffiksin edellä. Katso oppikirjan s. 228!

A.
Sano objekti ilman possessiivisuffiksia!
Malli: Aloitan työni. → Aloitan työn.

Ostin takkini Lahdesta.
Olet ratkaissut ongelmasi.
Hän otti kynänsä.
Näimme kuninkaamme.
Olette myyneet talonne.
He kertoivat uutisensa.

B. Sano objekti ilman possessiivisuffiksia!
Malli: Hän avasi ikkunansa. → Hän avasi ikkunat.

Pesin sukkani.
Unohdit avaimesi kotiin.
Hän kaatoi pihakoivunsa.
Huomasimme virheemme.
Järjestitte kaappinne.
Virtaset jättivät lapsensa isoäidin hoitoon.
Tuula kutsui naapurinsa kahville.

C.
Sano substantiivit ilman possessiivisuffiksia! Adjektiivi tai pronomini näyttää, onko sana yksikössä vai monikossa.

Hän pani uudet kenkänsä kaappiin.
Johtaja esitteli uuden sihteerinsä.
Hän näytti meille uudenmallisen kännykkänsä.
Voisitko lukea meille kauniin runosi?
Hän otti pienen poikansa syliinsä.
Hän opetti pienet poikansa pelaamaan jalkapalloa.
Haluaisin maalata tuon kirjoituspöytäni.

Kappale 55, harjoitus 3

Lisää substantiiveihin possessiivisuffiksi! (Vahva vartalo + possessiivisuffiksi.)

Malli 1: Pesen kädet. → Pesen käteni.

Pesen jalat.
Pesen tukan.
Leikkaan kynnet.
Kiillotan kengät.
Parsin sukat.
Silitän paidan.

Malli 2: Hän pesi kädet. → Hän pesi kätensä.
He pesivät kädet. → He pesivät kätensä.

Hän kampasi tukan.
Hän ajoi parran.
He puristivat kädet nyrkkiin.
He panivat hatut hyllylle.

Kappale 55, harjoitus 4

Kun tulosobjektissa on possessiivisuffiksi, n-päätteinen objekti ja nominatiiviobjekti ovat samannnäköiset. Katso oppikirjan s. 228!
Sano objekti ilman possessiivisuffiksia!
Malli: Aloita työsi! → Aloita työ!

Minun on löydettävä lompakkoni.
Meidän täytyy maksaa laskumme.
Avatkaa laukkunne!
Heidän pitää kirjoittaa osoitteensa tähän.
Sinun on aika tehdä harjoituksesi.

Kappale 55, harjoitus 5

Lisää objekteihin possessiivisuffiksi!

Minulla oli epäonnen päivä:
Minä kaaduin ja satutin (polvi).
Jätin (sormi) oven väliin.

Iskin (varvas) kiveen.
Nyrjäytin (nilkka).
Palellutin (korva).

    epäonni   nyrjäyttää
    satuttaa   palelluttaa
    iskeä

Kappale 55, harjoitus 6

Monikon genetiivin päätteen n katoaa possessiivisuffiksin edellä. Katso oppikirjan s. 229!
Lisää genetiivimuotoihin 3. persoonan possessiivisuffiksi!
Malli: silmien väri → hänen silmiensä väri

hiuksien väri
lasten nimet
vanhempien ikä
sisarien ja veljien syntymäpäivät

Kappale 55, harjoitus 7

Harjoittele muotoja, joissa on jokin sijapääte ja possessiivisuffiksi! Kirjoita sana oikeaan muotoon ja liitä siihen possessiivisuffiksi!

Minun (äiti) on viisi lasta.
Sain kirjeen (äiti).
Vastasin (äiti) heti.
Kaikki pitävät minun (äiti).
Haluatko tutustua minun (äiti)? (Illatiivin päätteestä katoaa -n.)

Kappale 55, harjoitus 8

Lue oppikirjan s. 231! Katso malleja! Mallissa 1 possessiivisuffiksi tarkoittaa samaa henkilöä kuin lauseen subjekti. Possessiivisuffiksi riittää ilman genetiiviä. Mallissa 2 tarvitaan possessiivisuffiksin lisäksi genetiivi, koska lauseessa on puhe kahdesta eri henkilöstä tai asiasta.
Malli 1: Minä tapaan äitini. Hän tapaa äitinsä.
Malli 2: Sinä tapaat minun äitini. Sinä tapaat hänen äitinsä.

Vastaa kysymyksiin kirjoittamalla annettu sana oikeassa muodossa!
Liitä sanoihin possessiivisuffiksi.

Malli 1:
  Ketä Kalle auttaa? (isä)
  Kenelle Tuula soittaa? (vanhemmat)
  Mistä Elli kertoi? (matka)
  Kehen Jorman äiti tutustui? (tuleva miniä)

Malli 2:
  Ketä Kalle auttaa? (me + isä)
  Mistä Elli kertoi? (he + matka)
  Keneltä sinä kuulit uutisen? (hän + poika)
  Mihin olette kyllästyneet? (he + vanhat jutut)

Kappale 55, harjoitus 9

Lue oppikirjan sivulta 229, milloin voi käyttää 3. persoonan possessiivisuffiksia, jossa on vokaali + n! Käytä seuraavissa tapauksissa possessiivisuffiksia vokaali + n, jos se on mahdollista!

Hänen tyttärellänsä on kaksi lasta.
Lapset pitävät isoäidistänsä ja isoisästänsä.
Koputin hänen ovellensa.
Kysyin hänen nimeänsä.
Hänen tyttärensä asuu maalla.
Hänen kaikki tyttärensä asuvat maalla.
Hän avasi ovensa.
Koputin hänen oveensa.
Hän näytti minulle kaikkien lastensa valokuvat.

Kappale 55, harjoitus 10

Katso seuraavia lauseita, jotka kertovat asennoista! Niissä on jonkin ruumiinosan nimi ja siinä possessiivisuffiksi.

Hän nousi varpailleen.
Hän kävi polvilleen.
Minä käännyin kyljelleni.
Nukutko selälläsi?
Lapsi nukkuu vatsallaan.
Näin sirkuksessa miehen, joka osaa seisoa päällään ja kävellä käsillään.
Lensin nenälleni.

Kirjoita ruumiinosan nimi nominatiivissa!

Kappale 55, harjoitus 11

Monissa sanontatavoissa on substantiivin possessiivisuffiksi. Yhdistä ilmaus ja selitys!

1. Hän nauroi partaansa.
2. Hän sai selkäänsä.
3. Hän otti nokkaansa/nokkiinsa.
4. Hän tuli järkiinsä.
5. Hän tuli tajuihinsa.
6. Hän ei ottanut sitä kuuleviin korviinsa.
7. Hän soittaa suutaan.
8. Hän sai nenilleen.

a) Hän puhuu turhia asioita ja paljon.
b) Hän ymmärsi, miten asiat oikeasti ovat.
c) Hän nauroi salaa.
d) Hän sai piiskaa.
e) Häntä pilkattiin.
f) Hän suuttui.
g) Hän tuli taas tietoiseksi ympäristöstään.
h) Hän ei välittänyt siitä, mitä sanottiin.

Kappale 55, harjoitus 12

Tutustu fyysisiä ja psyykkisiä tunteita ilmaiseviin verbeihin! Katso oppikirjan s. 226!
Tällaisiin verbeihin liittyy partitiiviobjekti, eikä lauseessa tarvitse olla subjektia. Verbi on silloin yksikön 3. persoonan muodossa.
Esimerkiksi: Minua naurattaa. Minua janottaa.

Tällaisia verbejä ovat mm. seuraavat: mm. = muun muassa

harmittaa, suututtaa, raivostuttaa
kaduttaa
pelottaa

haukotuttaa
pyörryttää, huimaa (inf. huimata)
oksettaa

inhottaa
huolestuttaa
hymyilyttää, naurattaa
itkettää
nukuttaa, väsyttää

yskittää
janottaa
palelee (inf. palella)
laiskottaa
haluttaa, huvittaa

Verbeillä voi olla subjektikin. Silloin verbi on subjektin mukaan yksikön tai monikon 3. persoonan muodossa.
Esimerkiksi: Tämä asia harmittaa minua. Millaiset asiat harmittavat sinua?
Minua kaduttaa, että sanoin niin. (Subjektina että-lause.)
Minua ei huvita lähteä. (Subjektina infinitiivi.)

Vertaa tunneverbejä seuraaviin "tapahtumis- ja toimimisverbeihin", joita käytetään kaikissa persoonamuodoissa normaalin subjektin kanssa!

Tunneverbi	**Toimintaverbi**
minua harmittaa	harmistua, minä harmistun (asiasta)
minua suututtaa	suuttua, minä suutun (asiasta)
minua raivostuttaa	raivostua, minä raivostun (asiasta)
minua kaduttaa	katua, minä kadun (+ partitiivi)
minua pelottaa	pelätä, minä pelkään (+ partitiivi)
minua inhottaa	inhota, minä inhoan (+ partitiivi)
minua huolestuttaa	huolestua, minä huolestun (asiasta)
minua hymyilyttää	hymyillä, minä hymyilen (asialle)
minua naurattaa	nauraa, minä nauran (asialle)
minua itkettää	itkeä, minä itken
minua nukuttaa	nukkua, minä nukun
minua väsyttää	väsyä, minä väsyn
minua haukotuttaa	haukotella, minä haukottelen
minua pyörryttää	pyörtyä, minä pyörryn
minua oksettaa	oksentaa, minä oksennan
minua yskittää	yskiä, minä yskin
minua palelee	palella, minä palelen
minua haluttaa	haluta, minä haluan
minua huvittaa	viitsiä, minä viitsin

Tunnetiloja ja niihin liittyviä toimintoja voidaan ilmaista myös seuraavalla tavalla:

minua harmittaa	olen harmissani
minua suututtaa	olen vihainen
minua raivostuttaa	olen raivoissani
minua pelottaa, minä pelkään	olen peloissani
minua huolestuttaa	olen huolissani

minua väsyttää	olen väsynyt, olen väsyksissä
minua oksettaa	voin pahoin, voin huonosti, minulla on paha olo
minua yskittää	minulla on yskä
minua janottaa	minulla on jano
minua palelee, minä palelen	minulla on kylmä
minua laiskottaa	olen laiskalla tuulella
minua haluttaa, minä haluan	minun tekee mieli

Huomaa myös seuraavat verbit!

Asia kiinnostaa minua.	Olen kiinnostunut asiasta.
	Kiinnostuin asiasta jo nuorena.
inf. kiinnostaa	inf. kiinnostua

KAPPALE 55, HARJOITUS 13

Jutellaan!

<u>Kysy kysymykset opiskelutoveriltasi! Hän kysyy sitten samat asiat sinulta.</u>

Millaiset asiat harmittavat sinua? Milloin sinua harmitti kovasti?
Suututtaako sinua nyt jokin asia?
Kaduttaako sinua jokin asia?
Pelottaako sinua, jos hissi jää kerrosten väliin?
Pelkäätkö pimeää?
Milloin sinua pelotti kovasti?
Millaiset vitsit naurattavat sinua? Kerro jokin vitsi!
Itkettääkö sinua usein elokuvissa?
Milloin itkit viimeksi? Miksi?
Väsyttääkö sinua keväisin? Väsyttääkö sinua nyt?
Nukuttaako sinua aamuisin, kun sinun pitäisi nousta?
Huimaako sinua korkeilla paikoilla?
Voitko pahoin bussi- tai merimatkoilla? Oksensitko lapsena automatkoilla?
Millaiset asiat kiinnostavat sinua?
Paleleeko sinua?
Mitä sinun tekee mieli tehdä?

<u>Kuvittele tällainen tilanne: Olet kadottanut jonkin esineesi (käsineesi, sateenvarjosi tai jotakin muuta). Kerrot tästä opiskelutoverillesi. Yritätte yhdessä keksiä, mistä voisit etsiä kadottamaasi esinettä. Muistelet, missä paikoissa kävit ja mihin se olisi voinut jäädä. Opiskelutoveri kirjoittaa paikat muistiin. Kun hänellä on ainakin 10 paikkaa listassaan, kirjoittakaa yhdessä tällaisia lauseita:</u>
    Ehkä unohdit sen junaan.

Jospa se jäi bussiin.
Jätitkö sen kirjastoon, kirjaston hyllylle?
Oletko etsinyt sitä komerosta?
Sinähän kävit apteekissa. Kysy apteekista, jätitkö sen sinne.

<u>Keksikää myös sellaisia paikkoja, joista puhutaan postpositioiden avulla.</u>
<u>Esimerkiksi:</u>
    penkin alla – penkin alta – penkin alle
    kaapin päällä – kaapin päältä – kaapin päälle
    seinän vieressä – seinän vierestä – seinän viereen
<u>Esimerkiksi:</u>
    Ehkä pudotit avaimesi penkin alle.
    Katsoitko jo kaikkien paperien välistä?
    Kävitkö Pekan luona? Oletko etsinyt sitä Pekan kotoa?

<u>Keskustele opiskelutoverisi kanssa sukulaisistanne, perheenjäsenistänne ja</u>
<u>ystävistänne!</u>

<u>Lue opiskelutoverisi kanssa seuraavat puhekieliset lauseet! Tiedättekö tai</u>
<u>osaatteko arvata, mitä ne merkitsevät?</u>

Mee ovelle! Aukase ovi! Paa ovi kii!
Tuu takas tänne mun luo! Ota mun kädestä kii!
Tuu mun kans sinne mihin mäkin menen!
Paa tää tohon!
Ota toi kuppi tosta ja anna se mulle!
Hae toi mun kirja ja tuo se tänne!
Vie tää reppus tonne!
Käy ton luona ja tuu sit takas!
Ota noi tosta kätees! Paa ne takas!
Kato tota! Kato noita!
Kato kelloo ja sano paljo se on!
Kato ikkunasta ulos ja sano mitä näät!
Kato onks sun taskussas tai kukkarossas pikkurahaa! Sano monta kymmensenttistä sulla on!
Mee ikkunan luo! Käänny muhun päin! Oota vähän aikaa! Lähe juokseen!
Eti kynä ja paperia ja kirjota paperiin luku kakssataanelkytkuus!

<u>Pyytäkää jotakuta suomalaista sanomaan edellä olevat lauseet puhekielellä tai</u>
<u>kotimurteellaan! Tehkää, mitä hän sanoo!</u>

Kappale 56

Kappale 56, harjoitus 1

Lue oppikirjan teksti "Lapset pelastivat itse itsensä" (s. 233)! Vastaa kysymyksiin!

Miten auto joutui järveen?
Millainen keli silloin oli?
Miten päin auto meni jään läpi?
Tapahtuiko onnettomuus sillalla?
Pystyivätkö lapset avaamaan auton oven?
Millä lapset kuljetettiin pois paikalta?
Missä kunnossa lapset olivat?

Kappale 56, harjoitus 2

Tekstissä on ilmaus *toinen toistaan auttaen*. Lue oppikirjan sivulta 234 esimerkkejä pronominien toiset + nsa ja toinen + toinen + nsa käytöstä! Tee sitten seuraava harjoitus! Kysymyssanasta näet, missä sijamuodossa pronominin täytyy olla.

Tuula ja Jorma rakastavat toisiaan.	(Ketä?)
He kertovat meille	(Kenestä?)
He keskustelevat .... kanssa.	(Kenen?)
He tutustuivat .... kesällä.	(Keneen?)
He kysyvät asioita	(Keneltä?)
He auttavat..................... .	(Ketä?)
He ovat kiinnostuneita .... asioista.	(Kenen?)
He antavat .... lahjoja.	(Kenelle?)
He käyvät .... sukulaisten luona.	(Kenen?)

Kappale 56, harjoitus 3

Tekstissä on lause: "kenelläkään ei ollut vakavia vammoja". Lue oppikirjan sivuilta 234–235 esimerkkejä kukaan-pronominin muodoista! Tee sitten seuraava harjoitus!

Vastaa kysymyksiin käyttäen vain pronominia!
Malli: Kuka kuoli onnettomuudessa? → Ei kukaan.

Kenen täytyi jäädä sairaalaan?
Kenellä oli pahoja vammoja?
Kenelle täytyi antaa tekohengitystä?
Kenestä lehdessä oli valokuva?
Ketä syytettiin onnettomuudesta?
Keneltä vaadittiin korvauksia?

    tekohengitys   vaatia
    syyttää   korvaus

KAPPALE 56, HARJOITUS 4

Sano nyt samat vastaukset niin, että käytät lauseita, joissa on kukaan-pronominin oikea muoto ja kielteinen verbi!
Malli: Kukaan ei kuollut onnettomuudessa.

KAPPALE 56, HARJOITUS 5

Kirjoita lauseisiin kukaan-pronominin sopiva muoto!

En tavannut ....
Etkö voi puhua asiasta .... ?
Hän ei voi puhua täällä omaa kieltään .... kanssa.
En ole vielä tutustunut ....
Hän on vihainen kaikille, hän ei pidä ....
Kysyin asiaa monelta ihmiseltä, mutta en saanut kunnon vastausta ....
.... ei ymmärrä minua.

KAPPALE 56, HARJOITUS 6

Harjoittele *itse* + possessiivisuffiksi -ilmauksen käyttöä!
A.
Tässä puhuu itserakas ihminen. Kirjoita pronomini *itseni* oikeaan muotoon hänen lauseisiinsa!

Rakastan itseäni.
Ihailen .... Pidän .... hyvin kauniina. Katselen usein
.... peilistä. Puhun vain hyvää .... Ostan lahjoja vain ....

B.
Mitä toiset hänestä sanovat? Kirjoita pronomini *itsensä* **oikeaan muotoon heidän lauseisiinsa!**

Hän rakastaa itseään.
Hän ihailee .... Hän pitää .... kauniina. Hän katselee
.... kaikista peileistä. Hän puhuu .... aina ja kaikkialla.
Hän ei osta koskaan lahjoja kenellekään muulle, vain ....

C.
Mitä puhuu ihminen, joka suhtautuu itseensä kielteisesti? Kirjoita lauseita, jotka ovat aivan päinvastaisia kuin itserakkaan ihmisen lauseet!

KAPPALE 56, HARJOITUS 7

Jutellaan!

Onko sinulle tapahtunut jotain jännittävää? Kerro siitä opiskelutoverille!

Etsi lehdistä tai verkkosivuilta pieniä uutisia ja kerro ne opiskelutoverille omin sanoin, niin kuin olisit ollut silminnäkijä!

Keskustelkaa ihmisestä, joka toimii niin kuin 6. harjoituksen C-kohdan henkilö! Antakaa hänelle rohkaisevia neuvoja!

LISÄHARJOITUKSIA

Harjoitus 1

Harjoittele kysymyssanoja! Kirjoita jokaisen kysymyssanan jälkeen niin monta sopivaa jatkoa kuin keksit tai jaksat! Kysy kysymykset opiskelutoveriltasi!
Malli: Mitä ... ? → Mitä teit eilen illalla? Mitä syöt aamiaiseksi? Jne.

Missä ...?
Mistä ...?
Mihin ...?
Milloin ...?
Miksi ...?
Minkä ...?
Mitä ...?
Kenet ...?
Ketä ...?
Kenelle ...?
Keneltä ...?
Kenellä ...?
Kenestä ...?
Kenen ...?

Harjoitus 2

A.
Kuvittele, että kuulet vähäpuheisen ihmisen puhuvan puhelimessa! Hän vastaa aina vain yhdellä tai muutamalla sanalla. Mitä soittaja kysyi häneltä? Kirjoita soittajan kysymykset!

– ?
– Kiitos hyvää.
– ?
– Eilenkö? Turussa.
– ?
– Lahteen.
– ?

– Junalla.
– ?
– Hotellissa.
– ?
– Kauppakadulla.
– ?
– Pari päivää.
– ?
– Torstaina.
– ?
– Seitsemältä illalla.
– ?
– ...

(Nyt et enää viitsi kuunnella.)

B.
Lisää seuraaviin kysymyksiin kysymyssanat!

.... tuo on? – Se on gerbiili.
.... se on? – Aavikkohiiri. Se on nykyään aika suosittu lemmikkieläin.
.... tämä on? – Naapurin lasten.
.... he ovat saaneet sen? – Tädiltään.
Tiedätkö, ... maan pääkaupunki Kuala Lumpur on? – Malesian.
.... maassa vuoden 1992 olympialaiset pidettiin? – Espanjassa.
.... on maailman tärkein viljalaji? – Riisi.
.... auringonkukan siemenistä tehdään? – Öljyä.
.... ovat maailman pisimmät joet? – Niili ja Amazon.
.... pitkiä ne ovat? – Yli 6000 kilometriä.
.... sinä etsit? – Lompakkoani.
.... sinulla oli se viimeksi? – Kaupassa.
.... laitat sen tavallisesti, kun olet maksanut? – Kassin pohjalle.
.... olet etsinyt sitä? – Joka paikasta.
Hauskaa, että löysit lompakkosi. .... löysit sen? – Hattuhyllyltä.
Olin ottanut sen kassista ja laittanut sinne.
.... eläimen he näkivät? – Suden.
.... eläimen jälkiä nämä ovat? – Karhun.
.... eläimestä sinä pidät? – Koirasta.
.... eläintä pelkäät? – Sutta.
.... kukista pidät? – Ruusuista.

.... ostit lehden? – Asemalta.
.... unohdit käsineesi? – Junaan.
.... salmiakki maistuu? – Väkevältä.
.... kysyt niin paljon? – Koska olen utelias.

Harjoitus 3

Kuvittele, että sinulle tarjotaan a) kolmea kirjaa, b) kahta kirjaa! Sanot, miksi et halua niitä. Kirjoita lauseisiin sopivat pronominit; valitse ne seuraavasta luettelosta!

kaikki, kummankaan, kummassakaan, kummastakaan, kumpaakaan, kumpikaan, molemmat, minkään, missään, mistään, mikään, mitään

a) Sinulta kysytään: Minkä näistä haluaisit? Sinä vastaat:
En halua .... niistä.
Olen lukenut ne .... enkä pitänyt ....
.... niistä ei kiinnosta minua.
.... juoni ei ole kiinnostava.
.... niistä ei ole mielenkiintoisia henkilöitä.

b) Sinulta kysytään: Kumman näistä haluaisit? Sinä vastaat:
En halua .... niistä.
Olen lukenut ne .... enkä pitänyt ....
.... niistä ei kiinnosta minua.
.... juoni ei ole kiinnostava.
.... niistä ei ole mielenkiintoisia henkilöitä.

Harjoitus 4

Sinua pyydetään valitsemaan kahdesta. Vastaa ensin niin, että valitset molemmat, sitten niin, että et valitse kumpaakaan! Vastaa seuraaviin kysymyksiin ensin sanalla *molemmat* **ja sitten sanoilla** *ei kumpikaan*.
Malli: Kumpaa sinä rakastat? → a) Molempia. b) En kumpaakaan.

Kummasta sinä pidät?
Kummalle sinä kirjoitat?
Kummalta saat viestejä?
Kumpaan sinä luotat?
Kumman kanssa viihdyt?
Kumman ottaisit mukaan autiolle saarelle?

Harjoitus 5

Sinua pyydetään valitsemaan. Sinusta on samantekevää, mitä saat tai mitä tehdään tai milloin jotakin tapahtuu jne. Vastaa mallin mukaan!

Malli 1: Mitä söisit? → Ihan sama, mitä vaan (= vain).

Joisitko jotakin? Mitä haluaisit?
Missä haluaisit istua?
Mistä aloitettaisiin?
Mihin mennään?
Millä mennään?
Mitkä kengät minä panisin jalkaan?

Malli 2: Kenet kutsuisimme? → Kenet tahansa. Ihan kenet vaan.

Kenen kanssa puhuisimme asiasta?
Keneltä voisimme kysyä neuvoa?
Kenelle tästä voisi kertoa?
Ketä pyytäisimme auttamaan?
Kuka teistä aloittaa laulun?

Malli 3: Milloin voin lähteä? → Milloin vaan, ei mitään väliä.

Koska lähdetään?
Miten järjestäisin nämä kirjat?
Kuinka kauan voin viipyä?
Kuinka monta kirjaa saan lainata?

Malli 4: Kumman sämpylän ottaisit? → Ihan kumman vaan.

Kummat saappaat ostaisit?
Kummalla kynällä kirjoittaisit mieluummin?
Kumpaa paperia käyttäisit?
Kumpaan laatikkoon nämä paperit laitetaan?
Kummalle hyllylle kirjat täytyy laittaa?

Harjoitus 6

Lapsi on huonolla tuulella eikä hyväksy mitään ehdotustasi. Kirjoita lapsen kielteiset vastaukset!
Malli: Mitä haluaisit syödä? → En mitään.
Mikä ruoka olisi hyvää? → Ei mikään.

Keitetään puuroa! Mitä puuroa sinä söisit?
Mistä ruoasta sinä tykkäisit?
Ota nyt vähän makaronilaatikkoa! Söisitkö sinä haarukalla vai lusikalla? Millä sinä haluaisit syödä?
Laitetaan nalle nukkumaan! Laitetaanko nalle sänkyyn? Mihin nalle laitetaan?
Mennään ulos hiekkalaatikolle! Missä sinun lapiosi on?
Katsopas, kuka tuolla pihalla on! Kuka siellä odottaa sinua leikkimään?
Kenen kanssa on kiva leikkiä?
Kuka on nyt noin pahalla tuulella?
Kuule, mitä jos mentäisiin kirjastoon! Lainataan kirjoja! Mikä kirja olisi kiva?

Harjoitus 7

Katso oppikirjan sivulta 252 jokin-pronominin taivutusmuodot! Kirjoita aukkoihin pronominin oikea muoto! Jos käytössä on kaksi varianttia, kirjoita molemmat!

Malli: Hän puhui jostakin/jostain elokuvasta, jonka hän oli nähnyt äskettäin.

Kerro .... elokuvasta, joka on jäänyt mieleesi.
Selosta .... elokuvan tai kirjan juoni.
Haastattele .... opiskelutoveriasi.
Kirjoita viesti .... kansanedustajalle.
Kysy .... tuttavaltasi, millaisia suunnitelmia hänellä on.
Pyydä .... suomalaista ihmistä kertomaan muistojaan.
Tutustu .... taidenäyttelyyn ja kerro siitä.
Lue .... suomalainen lastenkirja ja esittele se toisille.
Käy .... museossa ja kerro, mitä näit siellä.
Laula .... laulu, joka on suosittu kotimaassasi, ja selosta sen sisältö suomeksi.
Kerro, mitä teit .... kesänä kesälomallasi.
Piirrä kuva, jossa joku on pukeutunut .... satuhahmoksi, ja anna toisten arvata, ketä tai mitä hahmo esittää.
Ota selvää, onko .... opiskelutoverillasi sama syntymäpäivä kuin sinulla.
Mainitse .... nähtävyyksiä, joita turistit käyvät katsomassa kotikaupungissasi.
Kysele .... opiskelutovereiltasi, mitä he harrastavat.
Kysele .... opiskelutovereittesi mielipiteitä ja ajatuksia tuulivoimasta.

Tee jokin tai joitakin edellä olevista tehtävistä!

Harjoitus 8

Tutustu seuraaviin määrää ilmaiseviin sanoihin!

monta
harva, moni, muutama, usea
harvat, jotkin, jotkut, monet, muutamat, useat
kaikki, koko
ei yhtään, hiukan, jonkin verran, paljon, vähän

Esimerkkejä:

Kuinka monta nimeä sinulla on?
Montako nimeä sinulla on?
Tässä talossa asuu monta perhettä.
Ostin monta kirjaa.
Olen nähnyt tämän elokuvan monta kertaa.
Kuinka monta/montaa kieltä puhut?

Kuinka monessa maassa olet asunut?
Olen käynyt monessa Suomen kaupungissa.
Saman asian voi sanoa monella tavalla.
Hän ei ole käynyt meillä moneen viikkoon.
Olen monena iltana yrittänyt soittaa sinulle.

Kuinka moni teistä on käynyt Lapissa?
Harva meistä on kokenut hirmumyrskyn.
Vain muutama meistä on kuullut asiasta.

Minulla on vain muutama euro.
Voitko selittää asian muutamalla sanalla?

Saman asian voi sanoa usealla tavalla.
Hän selitti asian minulle useaan kertaan (= moneen kertaan, monta kertaa).

Monet ovat kertoneet tapauksesta.
Harvat ovat nähneet sen omin silmin.
Muutamat meistä olivat tapahtumapaikalla.
Jotkut heistä eivät jaksaneet olla mukana loppuun asti.
Useat olivat eri mieltä asiasta.

Olen puhunut tästä monille ihmisille.
Olen puhunut tästä monien ihmisten kanssa.
Olen puhunut tästä useille ihmisille / useiden ihmisten kanssa.
Olen kertonut tästä muutamille luotettaville henkilöille.

Joissakin tämän kerrostalon asunnoissa on oma sauna, mutta useimmissa ei ole.
Harvoista kaupungeista on kirjoitettu niin monia kirjoja kuin Pariisista.
Puutarhassa on muutamia omenapuita ja monia erilaisia marjapensaita.
Näyttelyssä esiteltiin useita uusia tuotteita.

Kaikki lähtivät huoneesta.
Kaikki asukkaat muuttivat pois.
Oletko lukenut kaikki nämä kirjat? – Olen lukenut ne kaikki.
Lue jokin näistä kirjoista; kaikki ovat mielenkiintoisia.

Kerron tämän kaikille.
He ostivat kaikille lapsilleen oman asunnon.
Kaikilla naapureillamme on auto.
En ole käynyt kaikissa Suomen kaupungeissa.
Yritin kaikin voimin saada oven auki, mutta en onnistunut.

Kaikki on hyvin.
Kaikki on täällä kallista.
Ei kaikki ole kultaa, mikä kiiltää. (Sananlasku.)
Hän menetti kaiken, mitä hänellä oli.
Hän menetti tulipalossa kaiken omaisuutensa (= koko omaisuutensa).

Koko perhe sairastui.
Luin koko lehden, kaikki jutut.
Olin koko päivän ulkona.

Minulla ei ole yhtään rahaa.
Minulla ei ole yhtään kolikoita.
Minulla on jonkin verran rahaa.
Tuliko juhlaan paljon ihmisiä? – Ei paljon, mutta jonkin verran kuitenkin.
Kävele vähän matkaa minun kanssani!
Voitko odottaa vähän aikaa?
Täällä on vähän ihmisiä.
Sain paljon kirjeitä ja tekstiviestejä.
Laittaisin tähän hiukan lisää suolaa. – Minusta siinä on jo liikaa (= liian paljon)
    suolaa.

HARJOITUS 9

Huomaa, miten monikollinen subjekti ilmaistaan, jos siihen liittyy määrää ilmaiseva sana! Vastaa kysymyksiin mallin mukaan!
Malli: Osaavatko suomalaiset englantia? (moni)
    → Monet osaavat. Monet suomalaiset osaavat englantia.

Osaavatko suomalaiset japania? (harva)
Opiskelevatko aikuiset? (usea)
Ovatko ihmiset tyytyväisiä palkkaansa? (harva)
Pelkäävätkö ihmiset ukkosta? (moni)
Pelaavatko tytöt jääkiekkoa? (joku)

Huomaa siis, että sanat paljon, vähän ja monta (ja muut sellaiset sanat, joiden kanssa käytetään partitiivia) eivät sovi lauseen alussa olevan subjektin eteen!

Väärin: Paljon ihmisiä harrastaa urheilua.
~~~~~~~~~~~Paljon ihmisiä ei pidä lentämisestä.
~~~~~~~~~~~Tässä kaupungissa vain vähän taloja on korkeita.

Oikein: Monet ihmiset harrastavat urheilua.
~~~~~~~~~~Monet ihmiset eivät pidä lentämisestä.
~~~~~~~~~~Tässä kaupungissa vain harvat talot ovat korkeita.

Harjoitus 10

Sanat *paljon* ja *vähän* sopivat objektisanan eteen, jos verbillä tavallisesti on tulosobjekti (jos toiminnalla on selvä tulos). Mutta jos verbillä on partitiiviobjekti, niitä ei voi käyttää.
Esimerkkejä:
Ostin paljon kirjoja. (Vertaa: Ostin kirjan.)
Muistan vain vähän sanoja. (Vertaa: Muistan sanan.)
Tunnen paljon kasveja. (Vertaa: Tunnen tämän kasvin.)
Olen lukenut vain vähän romaaneja. (Vertaa: Luin romaanin.)

Väärin: Tällainen musiikki häiritsee paljon ihmisiä.
~~~~~~~~~~~Hän pelkää vain vähän ihmisiä.

Oikein: Tällainen musiikki häiritsee monia ihmisiä. (Vertaa: Musiikki häiritsee minua.)
~~~~~~~~~~Hän pelkää vain harvoja ihmisiä. (Vertaa: Hän pelkää minua.)

Harjoitus 11

Jos olet lukenut koko oppikirjan, tunnet verbit *ehtiä*, *jaksaa*, *pystyä*, *raaskia* ja *uskaltaa*. Ne merkitsevät jollakin tavalla "voimista", mahdollisuutta tehdä jotakin. Tällaisia verbejä on muitakin. Niitä käytetään useimmiten kieltei-

sessä lauseessa – kun kerrotaan, ettei jostakin syystä voida tehdä jotakin – tai kysymyksissä.

Valitse aukkoihin sopiva verbi ja kirjoita se yksikön 1. persoonan kielteiseen muotoon!

ehtiä, jaksaa, pystyä, raaskia, uskaltaa

Malli: Nyt väsyttää. En ...... enää lukea. → jaksa

En .... lukea tätä kirjaa loppuun, ennen kuin minun on palautettava se kirjastoon.
En .... lähteä ajamaan tällä pyörällä, pelkään, että jarrut eivät toimi.
En .... herättää häntä vielä. Hän nukkuu niin makeasti.
En .... tekemään tätä työtä ilman apua.
En .... kantaa näin painavaa laukkua.

Etsi hyvästä sanakirjasta myös seuraavat verbit ja tarkastele niiden merkityksiä!
kehdata (kehtaan), keritä (kerkiän), kyetä (kykenen), malttaa, tarjeta (tarkenen), viitsiä

HARJOITUS 12

Lue vasemmalta esimerkkilause ja etsi oikealta sopiva selitys!

En voi	Miksi?
En ehdi tulla.	Olen haluton, laiska.
En jaksa syödä enempää.	Se maksaa liikaa.
En tarkene mennä ulos.	On liian kylmä.
En uskalla kävellä yksin yöllä.	Rahani eivät riitä.
En kehtaa koskaan sanoa mitään kokouksissa.	Olen liian ujo.
En viitsi mennä ulos.	Jalkani on kipeä.
En raaski ostaa sitä.	Aika ei riitä.
En pysty ostamaan tuota autoa.	Vatsani on täynnä.
En pysty sanomaan "ei".	Olen arka. Pelkään.
En pysty kävelemään.	Luonteeni ei ole riittävän vahva.

Jos osaat englantia, voit lukea lisää tällaisista verbeistä seuraavista kahdesta kirjasta:
Aili FLINT, Semantic Structure in the Finnish Lexicon: Verbs of Possibility and Sufficiency. Suomalaisen Kirjallisuuden Seura. Helsinki 1980.
Heikki KANGASNIEMI, Modal Expressions in Finnish. Suomalaisen Kirjallisuuden Seura. Helsinki 1992.

Harjoitus 13

**Jos olet lukenut koko oppikirjan, olet huomannut, että monilla verbeillä on hyvin samannäköinen pari. Esimerkiksi verbillä *herätä* on pari *herättää*. Toisen verbin kanssa on objekti, toinen verbi kertoo vain subjektista. Vertaa: *Minä herään aikaisin. Minä herätän sinut aikaisin.*
Tutustu huolellisesti seuraaviin verbipareihin! Kirjoita sitten lauseisiin sopivat verbit!**

jatkaa – jatkua; jättää – jäädä; kerätä – kerääntyä; liittyä – liittää; lopettaa – loppua; löytyä – löytää; muuttaa – muuttua; nostaa – nousta; nähdä – näkyä; poistaa – poistua; päästä – päästää; riippua – ripustaa; sammua – sammuttaa; soida – soittaa; suuttua – suututtaa; syttyä – sytyttää; unohtaa – unohtua; valmistaa – valmistua; varoa – varoittaa

Jaksatteko jo .... matkaa?
Harjoitus .... seuraavalla sivulla.

Älä .... tulitikkuja lasten ulottuville!
Minä tulin sisään, mutta toiset .... vielä ulos.

Olimme monta tuntia metsässä ja .... marjoja.
Suomi voitti maaottelun, ja innokkaat kannattajat .... juhlimaan.

Hän .... jo nuorena puolueeseen.
Tämä oli ennen itsenäinen kunta, mutta sitten se .... naapurikaupunkiin.

Mihin aikaan te .... työt?
Toivottavasti lakko .... pian.

Paikka .... helposti, se oli merkitty karttaan.
Mihin kellarin avain on joutunut? En .... sitä mistään.

Meidän täytyy .... huonekalujen järjestystä, että vauvan sänky mahtuu tänne.
Kotikyläni ei ole enää samanlainen kuin ennen; se on .... kovasti.

Juhlapäivinä me .... lipun salkoon.
Kun aletaan laulaa Maamme-laulua, ... seisomaan.

.... tuon mainoksen tekstin? En .... niin kauas ilman silmälaseja.
Talossa valvotaan vielä, ainakin ikkunasta .... valoa.

Millä aineella tämän tahran voi .... ?
Poliisi sanoi, että sivullisten täytyy .... paikalta.

Hän oli kauan sairaalassa, mutta nyt hän on jo .... kotiin.
Koira pyrkii ulos. Avaa ovi ja .... se!

Takki .... naulassa.
Voitte .... takkinne tänne.

Majakan valo syttyy ja ....
Muistakaa .... valo, ennen kuin lähdette.

Ovikello on rikki, se ei ....
Naapuri .... ovikelloa ja kutsui kahville.

Mistä sinä .... (= tulit vihaiseksi)?
Olet vihaisen näköinen. Mikä sinua .... ?

Kynttilä .... , mutta sammui heti tuulessa.
Minä .... kynttilän ja laitoin sen ikkunalle.

Minulla ei ole henkilökorttia mukana. .... ottaa sen mukaan.
Henkilökorttini .... toisen takin taskuun.

Tässä tehtaassa .... urheilujalkineita.
Hallituksen budjettiesitys .... ensi viikolla.

Jos menette jäälle, muistakaa .... heikkoja kohtia!
Etkö muista, mitä minä sanoin? Minä .... sinua vaarasta.

Kielioppikirjoissa näet termit transitiivinen ja intransitiivinen. Transitiiviverbi on verbi, jolla on objekti. Intransitiiviverbillä ei ole objektia.

Kirjoitustehtäviä

Kappaleet 1–5

Kirjoita itsestäsi!
Minä olen ...
Minä puhun ...
Minun nimeni ...
Minä opiskelen ...
Minä asun ...
Minä olen työssä ...
Minun syntymäpäivä on ...
Minä osaan ...

Kappaleet 6–10

Kotimaani lippu [Kappale 6]

Mitä haluaisit tehdä tänään? [Kappale 7]

Kirjoita kuvatekstit sivuilla 34–35! [Kappale 7]

Haluat informaatiota jostakin kurssista. Kirjoita viesti opettajalle! [Kappale 8]

Jatka! [Kappale 8]
Haluaisin ...
Voitteko sanoa ...
Täällä ei saa ...
Minun täytyy ...
Minun ei tarvitse ...
On hauska ...

Kirjoita, mitä Timolle kuuluu! [Kappale 9]
Kirjoita postikortti, niin kuin Erik! [Kappale 9]

Sinulla on Suomen kartta. Kirjoita lista: Tunnen nämä kaupungit. [Kappale 10]

Ilta kotona [Kappale 10]

Kappaleet 11–15

Vastaa kysymyksiin! [Kappale 11]
Missä sinä olet työssä?
Mistä sinä olet kotoisin?
Oletko sinä kotoisin maalta vai kaupungista?

Katso karttaa ja kirjoita kaksi listaa! [Kappale 12]
a) Haluaisin matkustaa ...
b) En haluaisi matkustaa ...

Erikin matka Itä-Suomessa. (Kirjoita selostus!) [Kappale 13]

Kirjoita viisi kysymystä Annille! [Kappale 14]

Matkani kotoa kouluun/työhön [Kappale 14]
Kuinka kauan matka kestää? Millä matkustat? Mistä lähdet? Missä nouset bussiin/junaan? Käveletkö? Mitä katua pitkin?

Virtasella iltapäivällä ja illalla [Kappale 15]

Kappaleet 16–20

Kylä/Kaupunki, jossa asun/asuin [Kappale 16]

Mitä mummo kertoi lapsille? [Kappale 16]

Kirjoita selostus: [Kappale 17]
Miten Jarin ja Mikan huone muuttuu?
Miten olohuone muuttuu?

Oppikirjan sivulla 72 Sari kysyy kuusi kysymystä. Kirjoita viisi kysymystä lisää! [Kappale 17]

Haluat tehdä pizzan. Mitä ostat sitä varten? Kirjoita ostoslista! [Kappale 18]

Miten teet muistiinpanoja? Katso oppikirjan sivut 55–56 ja kirjoita Erikin korteista lyhyet muistiinpanot! Esimerkiksi:
[Kappale 18]
– Saimaa, Suomen suurin järvi.
– Punkaharju, 7 km pitkä.

Isoisä tekee kysymyksiä isoäidille puhelun jälkeen. Vastaa kysymyksiin!
[Kappale 19]

Kuka oli puhelimessa?
Oliko Sari kipeä?
Muistitko sinä kiittää paketista?
Sopiiko heille, jos menemme ensi viikonloppuna?
Tuleeko joku vastaan?

Televisio ja radio Virtasen perheessä. Kirjoita, mitä saat tietää asiasta, kun luet tekstin "Television ääressä" (oppikirjan s. 83)! [Kappale 20]

Etsi sanomalehdestä 2–3 kuvaa! Mikä niistä on paras? Miksi? Kirjoita kuvasta! [Kappale 20]

Kappaleet 21–25

Olet maalaistalon isäntä tai emäntä. Saat sähköpostia opiskelijalta, joka pyrkii kesätöihin. Lue viesti ja kirjoita opiskelijalle vastaus! [Kappale 21]

> Hei!
> Olen kiinnostunut työstä maalla teidän tilalla. Tarjoatte matkailupalvelua. Kuinka paljon vieraita teillä käy kesällä? Kuinka monta kesäapulaista otatte? Mitä töitä he tekevät? Ehkä en osaa hoitaa lehmiä, mutta voin auttaa puutarhassa ja keittiössä. Leivon mielelläni. Viime kesänä olin töissä hotellissa.
> Ystävällisin terveisin
> Marika Lind

Kirjoita selostus jostain leikistä! Kerro, miten sitä leikitään! [Kappale 22]

Suomi on tuhansien järvien maa. Yksi niistä on Päijänne. Etsi verkosta tietoja Päijänteestä! Kirjoita lyhyt teksti, jossa on esimerkiksi numerotietoja tai jotakin matkailusta! [Kappale 22]

Mitä sinä teit viime viikonloppuna? (Ei tarvitse olla totta!) [Kappale 23]

Oppikirjan sivulla 98 Tuulan vanhemmat muistelevat Tuulan ja Jorman tutustumista. Haluamme tietää, miten Tuulan vanhemmat itse tutustuivat. Kuvittele, mitä Tuula tietää siitä! Kerro romanttinen juttu Pentistä ja Kaarinasta! [Kappale 23]

Lue teksti "Mitä teit kesälomalla?" (oppikirjan s. 99)! Olit mukana jonkun tekstin henkilön lomalla (olit Ritvan koulutoveri, Jukan vieras, Annelin kanssa Kreikassa tai Timon kaveri). Kirjoita, mitä teitte! [Kappale 24]

Suunnittele ohjelma kesäleirin nuotioiltaa varten! [Kappale 25]

Kappaleet 26–30

Lehdissä on paljon kuvia myytävistä taloista (= taloista, jotka myydään). Valitse yksi kuva ja kirjoita talosta! Kuvittele, että teet taloon muutoksia. Minkälaisia muutoksia? Miksi? [Kappale 26]

Erik (oppikirjan sivulla 115) ei nähnyt Hämeen linnaa. Etsi sinä hänelle tietoja linnasta! Kirjoita lyhyt esittely! [Kappale 27]

Kerro jostakin kaupungista, jonka keskustassa virtaa joki! [Kappale 27]

Katso oman maasi karttaa ja Suomen karttaa! Vertaa niitä ja kirjoita eroista! Kiinnitä huomiota esimerkiksi rajoihin, naapurimaihin, vuoriin, metsiin, vesistöihin, kaupunkeihin ja niiden sijaintiin jne. [Kappale 28]

Haastattele jotain vanhaa ihmistä! Keskustele hänen kanssaan siitä, miten hänen kotiseutunsa on muuttunut. Kirjoita luettelo muutoksista!
[Kappale 29]

Olet saanut flunssan. (Voi, voi!) Miten hoidat itseäsi? Kerro, mitä teet ja mitkä toimet auttavat sinua! [Kappale 30]

Lue oppikirjan sivulta 129 tarina Narkissos-nuorukaisesta! Kaikkien kulttuurien mytologiassa on tarinoita. Etsi jokin tarina ja kirjoita se lyhyesti!
[Kappale 30]

Kappaleet 31–35

Lue oppikirjan sivulta 133 teksti "Helsingin historiasta"! Kirjoita teksti jonkin kaupungin historiasta! [Kappale 31]

Lue teksti "Kaukainen saari" (oppikirjan s. 133–134)! Kirjoita, mitä ajatuksia se herättää! Otsikko: Elämä oli äkkiä muuttunut harmaaksi ja ikäväksi [Kappale 31]

Kirjoita kaksi postikorttia! Toinen on Allilta ja toinen Elliltä. [Kappale 32]

Kirjoita 10 mielipidettäsi joistakin asioista! Aloita lauseet näin:
– Minusta ...
– Minun mielestäni ...
– Olen sitä mieltä, että ... [Kappale 32]

Kirjoita satu! Se voi olla satu, jonka olet kuullut tai lukenut lapsena tai myöhemmin, tai se voi olla satu, jonka olet itse keksinyt. [Kappale 33]

Väitetään, että se, kuinka mones lapsi olet perheessä, vaikuttaa moneen asiaan elämässäsi. Oletko sinä esikoinen, kuopus vai jossakin keskellä tai oletko ainoa lapsi? Mitä mieltä olet väitteestä? Kirjoita mielipiteesi! [Kappale 34]

Kirjoita aiheesta "Kyllä oli harmi!". [Kappale 35]

Kappaleet 36 – 40

Oppikirjassa kerrotaan, millainen sää Kilpisjärvellä on eri kuukausina. Ajattele jotakin kotimaasi paikkaa! Kirjoita, millaista siellä on huhtikuussa, heinäkuussa ja marraskuussa! [Kappale 36]

Muistele syntymäpäivälahjoja, joita olet saanut! Kerro niistä! [Kappale 37]

Tekstissä "Pihalla" (oppikirjan s. 159) kerrotaan, mitä muutoksia Virtaset haluavat tehdä pihallaan. Minkälainen piha sinulla on, tai minkälaisen pihan haluaisit? [Kappale 38]

Lue oppikirjan kappale 39, teksti ja esimerkit! Jatka seuraavia lauseita! Ajattele, että kirjoitat itsestäsi. Käytä maan/mään-muotoja! [Kappale 39]
Menen tänään ...
Vien isoäidin ...
Joudun ...
Jään ...
Opettelen ...
Olen vihdoinkin oppinut ...
Rupean ...
En suostu ....
Olen tottunut ...
Pyydän sinua ...
Vaadin sinua ...

Oppikirjan sivulla 169 kerrotaan, että Anni halusi ruveta opiskelemaan ranskaa. Hän ilmoittautui alkeiskurssille. Kirjoita Annille neuvoja, miten hän olisi hyvä opiskelija! [Kappale 40]

Kappaleet 41– 45

Lue jokin kertomus (novelli) suomeksi tai jollakin muulla kielellä! Kirjoita sitten kertomuksen tapahtumat lyhyesti suomeksi! Kuvaile myös kertomuksen henkilöitä! [Kappale 41]

Kirjoita aiheesta "Näin opiskelu sujuu"! Käytä -minen-sanoja eri sijamuodoissa. Kerro esimerkiksi, mistä on hyötyä, mihin kannattaa kiinnittää huomiota, mikä on tarpeetonta jne. [Kappale 42]

Tässä on kolme kertomuksen alkua. Valitse niistä yksi ja kirjoita kertomus! Käytä menneen ajan muotoa *i*-tempusta, koska se on tyypillinen kertomuksen aikamuoto. [Kappale 43]
a) Yöllä oli satanut puoli metriä lunta.
b) Hän oli vihdoinkin onnistunut.
c) Olin jo kauan haaveillut, että…

Lue uudestaan teksti "Millä tavalla mummo sai Sarin viihtymään?" (oppikirjan s. 173–174). Kirjoita selostus mummon tekemisistä! Käytä muutamia tehtyä-rakenteita! (Katso mallia harjoituksesta 9!) [Kappale 44]

Kirjoita teksti, jossa kerrot jonkun ihmisen elämänvaiheista! [Kappale 45]

Kappaleet 46–50

Etsi kirjoista tai verkosta tietoja kaktuksien hoitamisesta! Kirjoita lyhyt selostus asiasta! [Kappale 46]

Etsi kirjoista tai verkosta tietoja seuraavista kahdesta luonnonkukasta: valkovuokko ja kannusruoho! Vertaile niitä! Kirjoita esimerkiksi väristä, koosta, kukkimisajasta, kasvupaikasta jne. [Kappale 46]

Lue uudestaan teksti "Erik tutustuu maatilaan" (oppikirjan s. 87)! Mitä Erik kertoo tekevänsä? Kirjoita selostus, jossa käytät tekevän-rakenteita! Esimerkiksi: Erik kirjoittaa oppivansa joka päivä jotakin uutta; Hän kertoo yhden naapurin viljelevän viljaa. [Kappale 47]

Lue uudestaan teksti "Mitä teit kesälomalla?" (oppikirjan s. 99)! Mitä tiedämme henkilöiden tehneen kesälomalla? Kirjoita selostus, jossa käytät tehneen-rakennetta! Esimerkiksi: Tiedämme Ailan olleen maalla; Luimme Annelin käyneen Kreikassa. [Kappale 48]

Kun olet tehnyt harjoituksen 16 (kappaleessa 49), kirjoita se kertomus, jonka teit yhdessä opiskelutoverin kanssa! [Kappale 49]

Kirjoita mielipidekirjoitus asiasta, jossa sinusta on parannettavaa! [Kappale 50]

KAPPALEET 51–56

Etsi kuva jostakin maalauksesta ja kirjoita siitä kuvaus! Käytä tekstissäsi muutamia -va/-vä-partisiippeja! (Katso mallia Erikin teksteistä oppikirjan sivuilta 208–209!) [Kappale 51]

Valitse yksi seuraavista otsikoista ja kirjoita siitä teksti!
Ihailemani ihminen
Tämä olisi saanut jäädä tekemättä
Kutsumaton vieras [Kappale 52]

Kerää yhden päivän sanomalehdestä uutisia ja kirjoita niistä kooste!
[Kappale 53]

Etsi uutinen, joka on kirjoitettu äidinkielelläsi tai jollakin muulla kielellä, ei suomeksi! Kirjoita sen sisältö suomeksi! [Kappale 54]

Oppikirjan kappaleessa 55 selostetaan possessiivisuffiksien käyttöä. Niihin kannattaa perehtyä, sillä niitä tulet näkemään, kun luet lehtiä ja kirjoja. Tämän kappaleen jälkeen suosittelemme, että alat viimeistään nyt lukea suomenkielistä kaunokirjallisuutta. Yksi hyvä klassikko on Toivo Pekkasen teos "Lapsuuteni". Voisit kokeilla lukemista tekemällä seuraavan harjoituksen: Hanki "Lapsuuteni"-kirja! Ota esiin kolmannen luvun toinen jakso (Kolmas luku, jakso II)! Siinä kirjan kertojaminä lähtee kouluun. Kiinnitä lukiessasi huomiota possesiivisuffikseihin!
[Kappale 55]

Seuraavassa on "Lapsuuteni"-kirjasta poimittuja lauseita. Lue ne ja kiinnitä huomiota pronomineihin! [Kappale 56]

Talossa oli toinenkin minun ikäiseni poika, ja yhdessä me eräänä päivänä lähdimme matkalle. Menimme ulos portista pidellen toisiamme lujasti kädestä.

Istuuduin ja aloin hakata kiveä vasarallani ja unohdin pian kaiken muun.

Heillä kaikilla oli siis mukava olla toistensa kanssa, ja äiti suorastaan kehuikin tuota vierastamme.

Minusta tuntui kuin isä ja äiti olisivat koettaneet olla toisilleen ystävällisempiä kuin ennen, mutta muuten kaikki oli samanlaista kuin oli ollutkin muistojeni alusta asti.

Epämääräisen pelkoni lisääntyessä kiipesin vedestä maalle. Ketään ei tuntunut olevan lähelläni.

Hän ei enää keskustellut kenenkään kanssa eikä vastannut edes ruokapöydässä isänsä uteliaisiin kysymyksiin.

Seuraavana päivänä ja lukemattomina muina päivinä tapasimme jälleen toisemme kadulla.

Juoksentelimme vain mökistä toiseen ja pihamaalta pihamaalle, katselimme kaikkea ja kaikkia ikään kuin vieraat ja livistimme aina tiehemme, jos jokin vaara uhkasi.

Kun olimme tulleet kotiin kahden kesken, isä syötti minulle leivoksia ja makeisia ja kuvaili kerran toisensa jälkeen, kuinka komea ja suuri pikkupoika meillä nyt oli.

Enimmäkseen vietimme ajan meidän pihallamme, sen korkeimmalla paikalla, rakennellen milloin mitäkin.

Hänen kotonaan ei ollut koskaan ketään, sillä hänen molemmat vanhempansa olivat päivisin työssä, ja siksi mekään emme osanneet pysähtyä sinne.

Katosimme kaikkien muiden näkyvistä, kiipeilimme ullakoille ja katoille, tutkimme kaikki varastot ja nurkkiin kootut hylätyt romukasat, ja aina kun lopulta tulimme takaisin toisten luo, olimme likaisia tomusta ja saatoimme äitimme vihaisiksi tai toisinaan suorastaan itkemään.

Kirjoita alleviivattujen sanojen yksikön nominatiivi!

Eräänä päivänä lopetin jostakin syystä kiven hakkaamisen ja rupesin katselemaan ympärilleni.

Ja suuren kiven ääreen minut pantiin työhön vasaroineni. – – En pelännyt sitä, vaan iskin vasarani sen silittämättömään kylkeen.

Äiti oli jostakin syystä hyvin levoton. Aavistin sen hänen käyttäytymisestään.

Lattialla oli kapeat, pitkät matot, mutta ne näyttivät paljon vanhemmilta kuin kamarin matot ja lattian pintakin kului pian paikoitellen maalittomaksi.

Tuskin uskalsin kävellä näissä huoneissa muuten kuin varpaillani.

Seuraavien lauseiden alleviivatut kohdat ovat rakenteita, joissa on infinitiivi- ja partisiippimuotoja. Kirjoita kohdat toisella tavalla, niin että käytät lauseita, jotka alkavat konjunktiolla (*että, kun, ja*) tai relatiivipronominilla (*joka, mikä*)!

Vähitellen rauhoituin, mutta ymmärsin kokeneeni jotakin hyvin vaarallista.

Maistellessani kaikkea saamaani hyvää seurasin koko ajan kuin puolittain salaa vieraan äidin nopeaa menoa.

Koko elämä sujui täällä kovempaa vauhtia kuin meillä tai missään tuntemassani paikassa.

Makasin [sairaana] keittiön laajassa sängyssä raskaasti hengittäen ja tuntien koko olemassaoloni epämiellyttäväksi.

En ymmärtänyt läheskään kaikkia heidän sanojaan, mutta käsitin muutenkin, että he puhuivat minusta hyvää ja uskoivat minun pian paranevan.

Arvosteltuaan hetkisen taloa ja ympärillään olevia ihmisiä vieras rouva kääntyi lähimpänä olevan pojan puoleen ja kysyi, missä Lindströmit asuivat.

Aavistin saavani kokea tänään jotakin uutta ja jännittävää.

Minä vilkaisin häneen epäröiden.

Silloin vasta äiti huomasi puheessani tapahtuneet muutokset, uteli missä liikuin, ja lopetti yhtäkkiä retkeni.

Kaikki lapset huomasivat minut ja ainakin minun kokoiseni pysähtyivät katselemaan, kadehtien sekä ihaillen minua.

Kun äiti jonkin ajan kuluttua tuli jälleen luokseni, huomasin hämärästi varjojen pidentyneen ja auringon laskeutuneen yhä lähemmäksi taivaanrantaa.

Istuimme tuossa huoneessa pitkän aikaa mitään erikoista puhelematta.

Katosimme kaikkien muiden näkyvistä, kiipeilimme ullakoille ja katoille, tutkimme kaikki varastot ja nurkkiin kootut hylätyt romukasat, ja aina kun lopulta tulimme takaisin toisten luo, olimme likaisia tomusta ja saatoimme äitimme vihaisiksi tai toisinaan suorastaan itkemään.

Harjoitusten ratkaisut

Kappale 1, harjoitus 2
Ruotsi on maa, ruotsi on kieli. Minä puhun ruotsia. Tanska on maa, tanska on kieli. Minä puhun tanskaa. Norja on maa, norja on kieli. Minä puhun norjaa. Islanti on maa, islanti on kieli. Minä puhun islantia. Viro on maa, viro on kieli. Minä puhun viroa. Unkari on maa, unkari on kieli. Minä puhun unkaria. Ranska on maa, ranska on kieli. Minä puhun ranskaa. Espanja on maa, espanja on kieli. Minä puhun espanjaa. Italia on maa, italia on kieli. Minä puhun italiaa. Kreikka on maa, kreikka on kieli. Minä puhun kreikkaa. Saksa on maa, saksa on kieli. Minä puhun saksaa. Hollanti on maa, hollanti on kieli. Minä puhun hollantia. Venäjä on maa, venäjä on kieli. Minä puhun venäjää. Japani on maa, japani on kieli. Minä puhun japania. Kiina on maa, kiina on kieli. Minä puhun kiinaa.

Kappale 3, harjoitus 1
a) Ei ole totta. (He ovat huoneessa, mutta he eivät istu. He seisovat.)
b) Ei ole totta. (Huoneessa on sohva.)
c) On totta.
d) Ei ole totta. (Kaupassa on viisi asiakasta ja kassa.)
e) On totta.
f) Ei ole totta. (Hän lukee, mutta hän ei seiso, hän istuu.)
g) Ei ole totta. (Koira on penkin vieressä, mutta se ei istu.)
h) On totta.

Kappale 3, harjoitus 2
Oslo: Kyllä, se on Norjassa. Lontoo: Ei, se ei ole USA:ssa. Ateena: Kyllä, on. Amsterdam: Ei ole. Madrid: On. Wien: Ei ole. Lyon: Ei ole. Belgrad: Ei ole. Vaasa: On. Bern: On. Budapest: On. Lissabon: Ei ole. Napoli: Ei ole. Tanger: Ei ole. Nairobi: On. Addis Abeba: Ei ole. Kairo: On. Sapporo: On. Dhaka: Ei ole. Sydney: On. Chicago: Ei ole. Montreal: On. Tokio: Ei ole. Hanoi: On. Praha: On. Pietari: On.
Namibia: Ei ole. Hollanti: Kyllä, on. Venezuela: Kyllä, on. Suomi: Ei ole. Intia: Ei ole. Islanti: Kyllä, on. New York: Kyllä, on.

Kappale 3, harjoitus 3
Saimaa: Suomi. Seine: Ranska. Tonava: Saksa, Itävalta, Slovakia, Unkari, Serbia, Romania (+ Kroatian ja Serbian raja; Bulgarian ja Romanian raja; Romanian ja Ukrainan raja). Volga: Venäjä. Laatokka: Venäjä. Niili: Uganda, Etiopia, Etelä-Sudan, Sudan, Egypti. Amazon: Peru, Brasilia. Victoriajärvi: Tansania, Uganda, Kenia.

Kappale 4, harjoitus 2
Pekka ei ole opiskelija. Pekka ei ole ruotsalainen. Hän ei opiskele matematiikkaa. Hänen sukunimensä ei ole Virtanen. Minä en puhu turkkia. Et opiskele espanjaa. Opettaja ei kirjoita. Opiskelijat eivät lue. Tämä ei ole valokuva. Opiskelijat eivät ole ulkona. En ole kotona. Nyt ei ole syyskuu. Minun syntymäpäiväni ei ole joulukuussa.

KAPPALE 4, HARJOITUS 3
Tämä opiskelija on ruotsalainen. Minä olen Pekka. Puhun hyvin suomea. Te opiskelette englantia. Opettaja puhuu paljon. Opiskelijat kysyvät paljon. Tämä on valokuva. Opiskelija istuu pöydän ääressä. Lauantai on vapaapäivä. Nyt on tiistai. Olemme kurssilla tiistaina. Hän kirjoittaa hyvin. He lukevat oikein.

KAPPALE 4, HARJOITUS 9
Seitsemän plus kuusitoista on kaksikymmentäkolme. Kolmekymmentäyksi plus kolmetoista on neljäkymmentäneljä. Kaksi plus yhdeksäntoista on kaksikymmentäyksi. Kolmekymmentäkuusi plus kahdeksan on neljäkymmentäneljä.
Seitsemänkymmentäneljä miinus viisi on kuusikymmentäyhdeksän. Sata miinus kahdeksankymmentäkaksi on kahdeksantoista. Neljäkymmentäseitsemän miinus kolmetoista on kolmekymmentäneljä. Yhdeksänkymmentä miinus yhdeksän on kahdeksankymmentäyksi.
Kolme kertaa seitsemän on kaksikymmentäyksi. Kahdeksan kertaa kuusi on neljäkymmentäkahdeksan. Neljä kertaa viisi on kaksikymmentä. Yhdeksän kertaa kaksi on kahdeksantoista.

KAPPALE 4, HARJOITUS 10
Väärin. Oikein. Väärin. Oikein. Oikein. Väärin. Oikein. Väärin. Oikein.

KAPPALE 5, HARJOITUS 1
Hän asuu Tukholmassa, Ruotsissa. Hän puhuu ruotsia. Hän asuu Moskovassa. Hän puhuu venäjää. Opiskeletko sinä yliopistossa? Me opiskelemme englantia. Asun Puistokadulla. Me asumme Mäntykadulla. Kuka asuu Kuusitiellä? Opiskelijat kirjoittavat, lukevat, kysyvät ja vastaavat. Mitä te haluatte kysyä? Missä kaupungissa sinä asut? Millä kurssilla sinä opiskelet? Asun tässä talossa. Kurssi alkaa syyskuussa. Talvella on kylmä, kesällä on lämmin.

KAPPALE 5, HARJOITUS 2
A.
Anne, Antti, Hanna, Heidi, Jani, Janne, Johanna, Juha, Katja, Mari, Marko, Mika, Mikko, Minna, Petri, Sami, Sanna, Satu, Tiina, Timo
B.
Heikkinen, Heinonen, Hämäläinen, Järvinen, Korhonen, Koskinen, Laine, Lehtinen, Lehtonen, Mäkelä, Mäkinen, Nieminen, Saarinen, Salminen, Virtanen
C.
Seppo Heikkilä, Matti Jokinen, Kari Kinnunen, Eeva Laine, Lauri Laitinen, Ville Laitinen, Leena Mattila, Markku Niemi, Erkki Rantanen, Hannele Salo, Ritva Salonen, Onni Tuominen, Maija Turunen, Anni Virtanen, Jorma Virtanen, Tuula Virtanen,
D.
Espoo, Helsinki, Hämeenlinna, Joensuu, Jyväskylä, Kotka, Kuopio, Lahti, Lappeenranta, Oulu, Pori, Tampere, Turku, Vaasa, Vantaa

KAPPALE 6, HARJOITUS 2
1.2. Riitan nimipäivä, 9.12. Kyllikin nimipäivä, 18.1. Lauran nimipäivä, 30.10. Eilan nimipäivä, 13.5. Kukan ja Flooran nimipäivä, 5.3. Leilan ja Lailan nimipäivä, 23.4. Yrjön, Jyrkin, Jyrin, Jorin, Jirin ja Yrjänän nimipäivä, 24.12. Aatamin, Eevan, Eevin

ja Eveliinan nimipäivä, 2.7. Marian, Maijan, Marin, Meerin, Marikan, Maijun, Riian, Maarian, Maikin ja Kukka-Maarian nimipäivä, 10.11. Martin nimipäivä, 10.6. Sepon nimipäivä, 19.8. Maunon ja Maunun nimipäivä.

KAPPALE 6, HARJOITUS 3
1: Norjan, Viron
2. Tanskan, Ranskan

Ison-Britannian, Portugalin, Kreikan, Turkin, Iranin, Kenian, Egyptin, Kiinan, Vietnamin, Suomen, Islannin

KAPPALE 6, HARJOITUS 5
tuon vihreän kirjan nimi, tämän paperin väri, tuon opiskelijan laukku, ranskalaisen opiskelijan sanakirja, tämän hyvän hammaslääkärin osoite
opettaja Börje Töyryn työpäivä, tohtori Saimi Tarvaisen puhelinnumero, arkkitehti Noora Tonterin työpaikka, leipuri Yrjö Lyijyn perhe

KAPPALE 6, HARJOITUS 7
nimen, kielen, pienen, sienen, saaren, vuoren, niemen
vuoden, käden, veden, suden, uuden
kirjeen, virheen, kappaleen, monisteen, terveen
aikuisen, sinisen, valkoisen, punaisen, keltaisen, suomalaisen, ulkomaalaisen
avaimen, puhelimen
vastauksen, kysymyksen, harjoituksen, rakennuksen
kalliin

lammen – lampi, mäen – mäki, joen – joki, lahden – lahti

KAPPALE 6, HARJOITUS 8
Mauno Koivisto, rehtori Lahti, ahkera opiskelija, suomalainen opettaja, tumma nainen, kaunis tyttö
Marokko, Helsinki, hauska päivä, punainen pöytä, musta tuoli, vihreä taulu, mikä maa, ruma sana, tämä rakennus, vanha avain, ikävä päivä
Marjatan, Olli Niemen, kuningatar Silvian, pienen vauvan
Englannin, Suomen, tuon mäen, valkoisen paperin, ruskean takin, pitkän kadun, uuden yliopiston, mukavan kaupungin, keltaisen kynän

KAPPALE 7, HARJOITUS 1
Menetkö, Puhutko, Kuunteletko, Syötkö, Pelaatko, Käytkö, Opiskeletko, Kirjoitatko, Kysytkö, Vastaatko, Istutko, Jutteletko, Juotko, Lähdetkö, Riittävätkö

KAPPALE 7, HARJOITUS 3
1. Hän laskee. 2. Hän haluaisi, että poika ei istu sisällä / että poika pelaa jalkapalloa / että poika lähtee ulos. 3. Hän ei enää halua pelata. 4. Ei. Hän haluaa vielä laskea.

KAPPALE 7, HARJOITUS 4
kuunnella, kävellä, mennä, syödä, juoda, pelata, pelätä, ajatella, opiskella, kysyä, nousta

Kappale 7, harjoitus 5
tehdä, opiskella, kysyä, istua, jutella, juoda, olla, mennä, kävellä, puhua, lukea, kuunnella, pelata, käydä, kirjoittaa, vastata

Kappale 8, harjoitus 1
häiritä, häiritsen, kysyä, opiskella, oppia, opit, asutte, alkavat, polttaa, Poltatko, herään, herätä, Kuunteletteko

Kappale 8, harjoitus 3
Kyllä hän lukee. Kyllä hän kirjoittaa. Kyllä hän oppii. Kyllä hän opiskelee. Kyllä hän opettaa. Kyllä hän ymmärtää. Kyllä hän työskentelee. Kyllä hän lepää. Kyllä hän syö. Kyllä hän tekee ruokaa. Kyllä hän osaa tanssia.

Kyllä he lukevat. Kyllä he kirjoittavat. Kyllä he oppivat. Kyllä he opiskelevat. Kyllä he opettavat. Kyllä he ymmärtävät. Kyllä he työskentelevät. Kyllä he lepäävät. Kyllä he syövät. Kyllä he tekevät ruokaa. Kyllä he osaavat tanssia.

Kappale 8, harjoitus 4
Etkö sinä ymmärrä? Eikö hän tule? Eikö se riitä? Etkö sinä kuuntele? Ettekö te muista? Eikö hän herää? Eikö kurssi jatku? Eikö hän juo kahvia? Eivätkö he juo kahvia? Etkö sinä voi auttaa? Eivätkö he ole kotona? Eikö Pekka tule? Etkö arvaa?

Kappale 8, harjoitus 6
1. Opiskelijan täytyy lukea. Opettajan täytyy puhua. Papin täytyy työskennellä sunnuntaina. Maalarin täytyy maalata. Siivoojan täytyy siivota. Leipurin täytyy leipoa. Mikon täytyy käydä koulua.
2. Sinä ymmärrät. Me autamme teitä. Äiti tietää. Vahtimestari avaa ovet. Pieni lapsi nukkuu paljon.
3. Sinun ei tarvitse juoda kahvia. Hänen ei tarvitse herätä kello kuusi. Meidän ei tarvitse pelata. Isoisän ei tarvitse käydä koulua. Vanhan ihmisen ei tarvitse olla työssä. Pekan ei tarvitse kävellä kotiin.
4. Minä en käy saunassa. John ei kuuntele. Te ette odota. He eivät tule. Antti ei lähde kotiin. Kelloseppä ei kysy kelloa.

Kappale 8, harjoitus 7
Herää, vastaa, Avaa, Lue, häiritse, Kuuntele, kysy, Valitse, Osta, lähde, odota

Kappale 8, harjoitus 8
olkaa, kuunnelkaa, kirjoittakaa, kysykää, lukekaa, vastatkaa, arvatkaa, muistakaa, auttakaa, tulkaa, menkää, herätkää, nouskaa, lähtekää

Kappale 8, harjoitus 9
Menkää pois! Istukaa ja odottakaa tässä! Herätkää! Sanokaa jotakin! Puhukaa hitaasti! Vastatkaa heti! Kirjoittakaa tähän nimi ja osoite! Kuunnelkaa! Ostakaa kumisaappaat! Älkää menkö vielä! Älkää odottako enää! Älkää kysykö niin paljon! Älkää puhuko niin nopeasti! Älkää häiritkö! Älkää tulko tänne! Älkää kuunnelko!

Kappale 9, harjoitus 2
1. taksiin, junaan, laivaan 2. taksissa, junassa 3. autosta, taksista 4. taksilla, junalla,

lentokoneella, polkupyörällä 5. laivan, auton 6. äitini, isäni 7. äidilleni, isälleni, siskolleni, perheelleni 8. opettajilleni, siskoilleni

KAPPALE 10, HARJOITUS 2
minä odotan, sinä odotat, hän odottaa, me odotamme, te odotatte, he odottavat, odota! odottakaa!
minä otan, sinä otat, hän ottaa, me otamme, te otatte, he ottavat, ota! ottakaa!
minä autan, sinä autat, hän auttaa, me autamme, te autatte, he auttavat, auta! auttakaa!
minä soitan, sinä soitat, hän soittaa, me soitamme, te soitatte, he soittavat, soita! soittakaa!
minä pidän, sinä pidät, hän pitää, me pidämme, te pidätte, he pitävät, pidä! pitäkää!
minä lähden, sinä lähdet, hän lähtee, me lähdemme, te lähdette, he lähtevät, lähde! lähtekää!
minä käännän, sinä käännät, hän kääntää, me käännämme, te käännätte, he kääntävät, käännä! kääntäkää!
minä kiellän, sinä kiellät, hän kieltää, me kiellämme, te kielätte, he kieltävät, kiellä! kieltäkää!
minä ymmärrän, sinä ymmärrät, hän ymmärtää, me ymmärrämme, te ymmärrätte, he ymmärtävät, ymmärrä! ymmärtäkää!
minä liikun, sinä liikut, hän liikkuu, me liikumme, te liikutte, he liikkuvat, liiku! liikkukaa!
minä luen, sinä luet, hän lukee, me luemme, te luette, he lukevat, lue! lukekaa!
minä ongin, sinä ongit, hän onkii, me ongimme, te ongitte, he onkivat, ongi! onkikaa!
minä opin, sinä opit, hän oppii, me opimme, te opitte, he oppivat, opi! oppikaa!
minä kylven, sinä kylvet, hän kylpee, me kylvemme, te kylvette, he kylpevät, kylve! kylpekää!

paikan, paikassa, paikalla, paikat; kirkon, kirkossa, kirkolla, kirkot; kortin, kortissa, kortilla, kortit; maton, matossa, matolla, matot; kaupan, kaupassa, kaupalla, kaupat; kadun, kadussa, kadulla, kadut; pöydän, pöydässä, pöydällä, pöydät; sodan, sodassa, sodalla, sodat; illan, illassa, illalla, illat; rannan, rannassa, rannalla, rannat; virran, virrassa, virralla, virrat; ruoan, ruoassa, ruoalla, ruoat; jalan, jalassa, jalalla, jalat; kaupungin, kaupungissa, kaupungilla, kaupungit; kylvyn, kylvyssä, kylvyllä, kylvyt; kamman, kammassa, kammalla, kammat

KAPPALE 11, HARJOITUS 2
Erkki Ovaska on kotoisin Oulusta. Nyt hän asuu Espoossa. Sirkka Nieminen on kotoisin Porista. Nyt hän asuu Kemissä. Esko Miettinen on kotoisin Jyväskylästä. Nyt hän asuu Kouvolassa. Hilkka Virolainen on kotoisin Hämeenlinnasta. Nyt hän asuu Kuopiossa. Tuija Nyström on kotoisin Helsingistä. Nyt hän asuu Joensuussa.

Hän on kotoisin Italiasta, mutta asuu nyt Norjassa. Hän on kotoisin Espanjasta, mutta asuu nyt Tanskassa. Hän on kotoisin Unkarista, mutta asuu nyt Suomessa. Hän on kotoisin Puolasta, mutta asuu nyt Saksassa. Hän on kotoisin Irlannista, mutta asuu nyt Hollannissa. Hän on kotoisin Ruotsista, mutta asuu nyt Kreikassa. Hän on kotoisin Turkista, mutta asuu nyt Iranissa. Hän on kotoisin Vietnamista, mutta asuu nyt Belgiassa. Hän on kotoisin Intiasta, mutta asuu nyt Pakistanissa. Hän on kotoisin Portugalista, mutta asuu nyt Brasiliassa. Hän on kotoisin Brasiliasta, mutta asuu nyt Meksikossa. Hän on kotoisin Kiinasta, mutta asuu nyt Yhdysvalloissa.

KAPPALE 11, HARJOITUS 3
Turistit ovat Helsingin Musiikkitalossa. Turistit tulevat Helsingin Musiikkitalosta.
Turistit ovat Turun linnassa. Turistit tulevat Turun linnasta. Turistit ovat
Tampereen tuomiokirkossa. Turistit tulevat Tampereen tuomiokirkosta. Turistit
ovat Ruotsalaisessa teatterissa. Turistit tulevat Ruotsalaisesta teatterista. Turistit
ovat Eremitaasissa. Turistit tulevat Eremitaasista. Turistit ovat Kumussa, Tallinnan
taidemuseossa. Turistit tulevat Kumusta, Tallinnan taidemuseosta. Turistit ovat
Tukholman kuninkaanlinnassa. Turistit tulevat Tukholman kuninkaanlinnasta. Turistit
ovat Oslon Viikinkilaivamuseossa. Turistit tulevat Oslon Viikinkilaivamuseosta.

KAPPALE 11, HARJOITUS 4
puhelinluettelosta, sanakirjasta, lehdestä/Internetistä, kartasta, lehdestä/Internetistä

KAPPALE 11, HARJOITUS 6
kupista, mukista, lasista, pullon suusta

KAPPALE 11, HARJOITUS 7
1: punaiset kupit, halvat kirjat, uudet avaimet, postikortit, hyvät kopiokoneet, ikävät päivät, rikkaat ihmiset, mukavat miehet
2: keltainen lusikka, musta kissa, kotieläin, kopiokortti, osoite, ihana ilta, kuukausi, viikko, köyhä ihminen, vaalea nainen, terve lapsi
3: vihreässä metsässä, valkoisessa talossa, likaisella lattialla, kauniissa kaupungissa, uudessa asuntolassa, kivassa huoneessa, sinisellä tuolilla, isossa puistossa, tässä saunassa
4: kuuma maa, punainen matto, suuri yliopisto, päärakennus, tuo seinä, vanha kirjasto, uusi pöytä, harmaa hattu, pitkä katu, pieni kirjakauppa

KAPPALE 12, HARJOITUS 5
Kukkamaljakko on pöydällä. Ruusut ovat maljakossa. Ruoka on lautasella/hellalla/mikroaaltouunissa. Jäätelö on pakastimessa. Likaiset sukat ovat pesukoneessa. Kissa istuu pesukoneen päällä. Perunat ovat kattilassa. Kattila on hellalla. Kala on jääkaapissa/pakastimessa. Lautaset ovat astianpesukoneessa/pöydällä. Kahvi on kupissa. Viini on lasissa.

KAPPALE 12, HARJOITUS 6
isossa kaupungissa, tuolla kadulla, vanhassa kirkossa, ruskealla matolla / ruskeassa matossa, köyhässä maassa, tuossa baarissa, tässä kahvilassa, tällä torilla, vaalealla seinällä / vaaleassa seinässä, kylmällä lattialla, suuressa metsässä, pienellä tuolilla, uudella pöydällä, sinisessä bussissa, valkoisessa talossa

KAPPALE 12, HARJOITUS 7
korissa, koriin, veneessä, Tokioon, lattialla, ravintolaan, kurssille, kadulla, baarissa, kylpyhuoneeseen, kylpyyn, kylvyssä, Järvenpäähän, pieneen kaupunkiin, Porvooseen, pienessä kaupungissa, teatterissa, teatteriin, Rovaniemellä, Rovaniemelle, urheilukentällä, kirkkokuorossa, kirkkoon, Kirkossa, parvekkeela, parvekkeelle

KAPPALE 12, HARJOITUS 8
kirkkoon, jokeen, mäkeen, kenkään, Helsinkiin, lamppuun, kauppaan, kylpyyn, kampaan, lampeen, hattuun, sotaan, rantaan, Englantiin, kultaan, partaan

KAPPALE 12, HARJOITUS 9
1: pieneen kahvilaan, pitkälle penkille, valkoiseen taloon, kauniiseen kaupunkiin, puhtaalle lattialle, uuteen asuntolaan, siniselle tuolille, kivaan huoneeseen, isoon puistoon, tähän saunaan
2: kuumasta maasta, suuresta yliopistosta, punaiselta matolta, päärakennuksesta, tuolta seinältä, vanhasta kirjastosta, uudelta pöydältä, harmaasta hatusta, vihreästä metsästä
3: päärakennukseen, matolle, uimahalliin, veneeseen, nurkkaan, pöydälle, kauniiseen kaupunkiin, Lappeenrantaan, Porvooseen, Jyväskylään, Tampereelle, Pietariin, Brysseliin, Kyprokseen/Kyprokselle
4: Lahti, Espoo, Madrid, Vantaa, parveke, huone, puhelin, kenkä, joki, järvi, ranta, sama kerros

KAPPALE 12, HARJOITUS 10
Lappeenranta on kaukana Turusta. Kuopio on kaukana Kouvolasta. Lahti ei ole kaukana Kouvolasta. Onko Espoo kaukana Helsingistä? Afrikka on kaukana Suomesta. Koti on kaukana täältä.

KAPPALE 13, HARJOITUS 2
Käyn tavallisesti kirjastossa, mutta nyt menen kirjakauppaan. Käyn tavallisesti teatterissa, mutta nyt menen konserttiin. Käyn tavallisesti torilla, mutta nyt menen kauppaan. Käyn tavallisesti pienessä kaupassa, mutta nyt menen tavarataloon. Käyn tavallisesti suihkussa, mutta nyt menen kylpyyn. Käyn tavallisesti työssä, mutta nyt menen kurssille. Käyn tavallisesti Vantaalla, mutta nyt menen Espooseen. Käyn tavallisesti Tampereella, mutta nyt menen Lappeenrantaan. Käyn tavallisesti Länsi-Suomessa, mutta nyt menen Itä-Suomeen. Käyn tavallisesti Kreikassa, mutta nyt menen Espanjaan.

KAPPALE 13, HARJOITUS 3
Missä, Milloin, Missä, Kenen, Mitä, Millä, Mihin, Kuka, Missä, Mitä, Mistä, Minkämaalainen, Mihin, Missä, Mihin, Missä, Miksi, Mitä, Mikä, Minkälainen

KAPPALE 13, HARJOITUS 4
a) Lappeenranta, Savonlinna, Joensuu, Kuopio, Jyväskylä, Lahti, Helsinki (Erik asuu Helsingissä)
b) Saimaa, Saimaan kanava, Olavinlinna, Punkaharju, Kerimäki (Kerimäen kirkko), Puijon näkötorni
c) laiva, ystävän auto, bussi

KAPPALE 14, HARJOITUS 1
kymmenen nolla nolla / tasan kello kymmenen; nolla nolla viisitoista; neljätoista viisitoista / viisitoista yli kaksi (iltapäivällä); yhdeksän neljäkymmentäviisi / viisitoista vaille kymmenen; kaksikymmentä kymmenen / kymmenen yli kahdeksan (illalla); kahdeksan viisikymmentäviisi / viisi/viittä vaille yhdeksän; kymmenen kolmekymmentä / puoli yksitoista; kahdeksantoista kymmenen / kymmenen yli

kuusi (illalla); kaksi kaksikymmentä / kaksikymmentä yli kaksi; kaksikymmentä kolmekymmentä / puoli yhdeksän (illalla); kuusi kolmekymmentä / puoli seitsemän; kaksikymmentäkaksi kaksikymmentäviisi / kaksikymmentäviisi yli kymmenen (illalla); neljä neljäkymmentä / kaksikymmentä/kahtakymmentä vaille viisi; yksitoista viisi / viisi yli yksitoista

Tulen kello 8.30.Tulen kello 20.30. Tulen 10.15. Juna lähtee kello 15.15. Lentokone saapuu kello 17.00 ja lähtee kello 18.05. Bussi lähtee 11.20. Juna saapuu asemalle 20.50.

KAPPALE 14, HARJOITUS 2
soi, nouset, lähdet, lähtee, alkaa, päättyy, palaat, syöt, menet, sammutat

KAPPALE 15, HARJOITUS 1
Jorma on suomalainen mies. Jormalla on suomalainen vaimo. Tuulalla ja Jormalla on kolme lasta. Mikalla ja Jarilla on sisko. Sari on Mikan ja Jarin pikkusisko. Perheellä on oma talo.

KAPPALE 15, HARJOITUS 2
Tytöllä on postikortti. Naisella on kampa. Lapsella on kuva. Naapurilla on avain. Hänellä on parta. Meillä on koira. Teillä on hevonen. Heillä on kauppa. Pienellä tytöllä on pieni nukke.

KAPPALE 15, HARJOITUS 3
Onko sinulla sanakirja? On./Ei ole. – Onko sinulla uusi kirja? On./Ei ole. – Oletko sinä kirjastossa? Olen./En ole. – Oletko sinä kirjastonhoitaja? Olen./En ole. – Oletko sinä pääkaupungissa? Olen./En ole. – Oletko sinä työssä? Olen./En ole. – Oletko sinä lääkäri? Olen./En ole. – Oletko sinä sairas? Olen./En ole. – Oletko sinä työtön? Olen./ En ole. – Onko sinulla vihko? On. Ei ole. – Oletko sinä kotona? Olen./En ole. – Oletko sinä ulkona? Olen. /En ole. – Oletko sinä virolainen? Olen./En ole. – Onko sinulla koira? On./Ei ole. – Onko sinulla televisio? On. /Ei ole. – Oletko sinä Suomessa? Olen./En ole. – Oletko sinä suomalainen? Olen./En ole. – Onko sinulla suomalainen ystävä? On./Ei ole. – Oletko sinä ystäväni? Olen./En ole.

KAPPALE 15, HARJOITUS 4
1: maasta maahan, pääkaupungista pääkaupunkiin, kunnasta kuntaan, tehtaasta tehtaaseen, apteekista apteekkiin, kaupasta kauppaan, liikkeestä liikkeeseen, kirkosta kirkkoon, sairaalasta sairaalaan, rakennuksesta rakennukseen, tavaratalosta tavarataloon, huoneesta huoneeseen, saunasta saunaan, kirjastosta kirjastoon, bussista bussiin, junasta junaan, autosta autoon, kengästä kenkään, saappaasta saappaaseen, järvestä järveen, joesta jokeen, ryhmästä ryhmään, työstä työhön, tunnista tuntiin, päivästä päivään, viikosta viikkoon, kuukaudesta kuukauteen, vuodesta vuoteen, kädestä käteen, suusta suuhun
2: tuolilta tuolille, matolta matolle, hyllyltä hyllylle, katolta katolle, parvekkeelta parvekkeelle, lautaselta lautaselle, mäeltä mäelle, kiveltä kivelle, kadulta kadulle, torilta torille, sillalta sillalle, pysäkiltä pysäkille, asemalta asemalle, rannikolta rannikolle, kurssilta kurssille

KAPPALE 16, HARJOITUS 1
Tuula on työssä postissa. Seppo on työssä kunnantalossa. Antti on työssä pankissa.

Elina on työssä apteekissa. Kaarina on työssä terveysasemalla. Aila on työssä kunnan pääkirjastossa. Eero on työssä huonekaluliikkeessä. Ville on työssä pesulassa. Oili on työssä kampaamossa. Salla on työssä linja-autoaseman kahvilassa. Eeva on työssä kenkäkaupassa. Veikko on työssä tehtaassa. Heikki on työssä urheilukentällä. Hannu on työssä paloasemalla. Olli on työssä uimahallissa. Liisa on työssä peruskoulussa.

Kappale 16, harjoitus 2
Kunta, jossa he asuvat, on Etelä-Suomessa. Kunta, jossa he asuvat, on keskikokoinen. Kunta, jossa he asuvat, on maalaiskunta, ei kaupunki. Talo, jossa he asuvat, on aseman lähellä. Talo, jossa he asuvat, on vanha.

Kappale 16, harjoitus 3
perheen, eräässä, asukasta, rautatieaseman, heidän, halua, kaupungissa, Heidän, Kotikylässä, Jorma ja Tuula Virtasella, Monet, työssä, tuntia, kävelevät, voivat, kouluun

Kappale 16, harjoitus 4
opiskelijaa, suomalaista, kurssia, opettajaa, kynää, kirjaa, vihkoa, kuvaa, sivua, kirjainta, numeroa, päivää, viikkoa, vuotta, kuukautta, nimeä, osoitetta, rakennusta, katua, kaupunkia, kylää, kauppaa, liikettä, pankkia, korttia, kirjettä, ystävää, puhelinta, sairaalaa, miestä, naista, tyttöä, poikaa, ihmistä, lasta, pientä, suurta, kieltä, kysymystä, vastausta, lyhyttä, pitkää, vettä, uutta, kallista, karttaa, lamppua, siltaa, toria, asemaa, tehdasta, eläkeläistä, bussia, junaa, laivaa, lentokonetta, puuta, suuta, päätä, minuuttia, tuntia, tietä, erästä, asuntoa, lukiota

Kappale 16, harjoitus 5
280 sivua, 18 kirjainta, 56 kappaletta, 3 vokaalia ja 5 konsonanttia, 12 kuukautta, 4 nimeä, 4 kuvaa, 8 rakennusta

Kappale 17, harjoitus 2
Sinulla on polkupyörä, mutta ei moottoripyörää. Hänellä on radio, mutta ei televisiota. Meillä on jääkaappi, mutta ei pakastinta. Teillä on tietokone, mutta ei tulostinta. Heillä on koira, mutta ei kissaa.

Kappale 17, harjoitus 3
Onko hänellä auto? On./Ei. – Onko hän opettaja? On./Ei. – Oletteko te illalla kotona? Olemme./Emme. – Olemmeko me myöhässä? Olette./Ette. – Onko meillä rahaa? On. /Ei. – Onko teillä polkupyörä? On./Ei. – Olenko minä oikeassa? Olet./Et. – Oletko sinä ahkera? Olen./En. – Onko sinulla hyvä tuoli? On./Ei.

Kappale 17, harjoitus 4
En ole teatterikoulun opiskelija. En ole historian opiskelija. Sinä olet oikeassa. Et ole myöhässä. Sinulla ei ole sanakirjaa mukana. Hän on täällä. Hänellä on hyvä ystävä. Meillä ei ole asuntoa. He eivät ole kotona. Sinulla on oma huone. Minulla ei ole kirjoituspöytää. Minulla on muovikassi. Hänellä ei ole lämmintä takkia. Hän ei ole puhelias.

Kappale 17, harjoitus 5
Eteisessä on naulakko. Parvekkeella ei ole naulakkoa.

Olohuoneessa on levysoitin. Makuuhuoneessa ei ole levysoitinta.
Työhuoneessa on kirjoituspöytä. Lastenhuoneessa ei ole kirjoituspöytää.
Saunassa on kiuas. Kylpyhuoneessa ei ole kiuasta.
Keittiössä on ompelukone. Autotallissa ei ole ompelukonetta.
Kirjoituspöydän alla on roskakori. Ruokapöydän alla ei ole roskakoria.

KAPPALE 17, HARJOITUS 7
isompi, hitaampi, suurempi, kalliimpi, halvempi, harvinaisempi, vaikeampi, kylmempi, kuumempi, korkeampi, matalampi, pienempi, nuorempi, vanhempi, lyhyempi, kauniimpi, rikkaampi

KAPPALE 17, HARJOITUS 8
ahkera – laiska, hauskempi – ikävämpi, helpompi – vaikeampi, huono – hyvä, iso – pieni, kauniimpi – rumempi, kevyempi – painavampi, korkea – matala, kylmempi – lämpimämpi, laiha – lihava, lyhyempi – pitempi, ohut – paksu, uusi – vanha

KAPPALE 17, HARJOITUS 9
Liisa on nuorempi kuin Leena. Leena ei ole yhtä nuori kuin Liisa. Alli on vanhempi kuin Elli. Elli ei ole yhtä vanha kuin Alli. Sinun laukkusi on painavampi kuin minun laukkuni. Minun laukkuni ei ole yhtä painava kuin sinun (laukkusi). Meidän työmatkamme on lyhyempi kuin teidän työmatkanne. Teidän työmatkanne ei ole yhtä lyhyt kuin meidän. Naapuritalo on korkeampi kuin tämä talo. Tämä talo ei ole yhtä korkea kuin naapuritalo. Ville on ahkerampi kuin Kalle. Kalle ei ole yhtä ahkera kuin Ville. Romaani on paksumpi kuin runokirja. Runokirja ei ole yhtä paksu kuin romaani. Villapusero on lämpimämpi kuin silkkipusero. Silkkipusero ei ole yhtä lämmin kuin villapusero.

KAPPALE 17, HARJOITUS 10
rakennuksen, parvekkeen, autotallin, kylpyhuoneen, talon, huoneen, moottoripyörän ja polkupyörän, ikkunan, ruokapöydän, pesukoneen, paperitehtaan, sukulaisen, isoäidin, uunin

KAPPALE 17, HARJOITUS 11
Hän tulee sisään. Hän vie tuolin ikkunan lähelle. Hän muuttaa kauas. Hän ottaa maljakon television päältä. Hän ottaa maton pois ruokapöydän alta.

KAPPALE 17, HARJOITUS 12
kaukaa, kauas, kaukana, lähellä, edestä, alta, ulos, ulkona, ulkoa, alhaalta, ylhäältä, päällä, takana, päältä, päälle, taakse, ylös, alas, ylhäällä

KAPPALE 17, HARJOITUS 13
B: Väärin. Väärin. Oikein. Väärin. Oikein. Oikein. Väärin. Väärin. Oikein.

KAPPALE 18, HARJOITUS 1
sokeria, maitoa, kermaa, suolaa, ruista, vehnää, voita, öljyä, puuroa

KAPPALE 18, HARJOITUS 5
Tarvitsen basilikaa, hiivaa, jauhelihaa, juustoa, oreganoa, suolaa, tomaattia, tomaattisosetta, vehnäjauhoja, vettä/maitoa, öljyä

KAPPALE 18, HARJOITUS 6
Saharassa on hiekkaa. Grönlannissa on lunta ja jäätä. Kylpyammeessa on vettä. Tuhkakupissa on tuhkaa. Lautasella on kastiketta. Savupiipusta tulee savua. Postimerkissä on liimaa. Mustekynässä on mustetta. Jäätelössä on sokeria.

KAPPALE 18, HARJOITUS 7
Jogurttipurkki on muovia. Lautanen on posliinia. Peili on lasia. Yöpaita on silkkiä. Sormus on kultaa. Veitsi on terästä.

KAPPALE 18, HARJOITUS 8
Onko sinulla sampoota, peili, kampa, hajuvettä, partavettä, partakone, kynsilakkaa, deodoranttia, huulipunaa, talouspaperia, muovipussi, astianpesukone, astianpesuainetta, hernekeittoa, lautanen, lasi, viinipullo, punaviiniä, valkoviiniä, oluttölkki, voita, veitsi, haarukka, lusikka, suolaa, sinappia, ketsuppia, lautasliina, pöytäliina, rahaa

Kyllä on. Minulla on sampoota, kaksi peiliä, kaksi kampaa, hajuvettä, partavettä, kaksi partakonetta, kynsilakkaa, deodoranttia, huulipunaa, talouspaperia, kaksi muovipussia, kaksi astianpesukonetta, astianpesuainetta, hernekeittoa, kaksi lautasta, kaksi lasia, kaksi viinipulloa, punaviiniä, valkoviiniä, kaksi oluttölkkiä, voita, kaksi veistä, kaksi haarukkaa, kaksi lusikkaa, suolaa, sinappia, ketsuppia, kaksi lautasliinaa, kaksi pöytäliinaa, rahaa

KAPPALE 18, HARJOITUS 9
Olut, Keitto, Vesi, Kastike, Perunat, Omenat, Lihapullat

KAPPALE 18, HARJOITUS 10
1: paljon kirkkoja, paljon lamppuja, paljon levyjä, paljon siskoja, paljon tyttöjä
2: paljon laivoja, paljon siltoja, paljon kirjoja ja karttoja, paljon kampoja
3: paljon pankkeja, paljon busseja, paljon kuppeja ja laseja
4: paljon junia, paljon kyniä, paljon hyviä ystäviä, paljon järviä, paljon nimiä
5: paljon suomalaisia ihmisiä, paljon lapsia, paljon kysymyksiä ja vastauksia, paljon puhelimia
6: paljon perheitä, paljon lentokoneita, paljon huoneita
7: paljon tehtaita, paljon maita, paljon moottoriteitä, paljon soita
8: Kuinka paljon työntekijöitä tässä työpaikassa on? Kuinka paljon sairaaloita maassa on? Kuinka paljon kynttilöitä pöydällä on?
9: Kyllä, on monta hoitajaa, monta hyvää ohjelmaa, monta hyvää näytelmää
10: paljon naapureita, paljon teattereita ja orkestereita, paljon tuntureita
11: Kaupungissa on monta poliisia, paljon poliiseja; Tehtaassa on monta insinööriä, paljon insinöörejä; Yliopistossa on monta professoria, paljon professoreja; Maljakossa on monta tulppaania, paljon tulppaaneja
12. muutamia rakennuksia, muutamia ajatuksia, muutamia tutkimuksia, muutamia ehdotuksia, muutamia sopimuksia
13: paljon salaisuuksia, vain yksi salaisuus; paljon onnettomuuksia, vain yksi

onnettomuus, paljon nähtävyyksiä, vain yksi nähtävyys, paljon yhteyksiä, vain yksi yhteys

KAPPALE 18, HARJOITUS 11
isot kaupat, pienet huoneet, kauniit puistot, pitkät tiet, rikkaat ja köyhät maat, mielenkiintoiset ihmiset, hyvät työpaikat, vanhat rakennukset, kirkkaat värit, rakkaat ystävät, kalliit kirjat, vanhat luokkatoverit, suuret sairaalat, uudet kartat, työttömät nuoret, modernit puhelimet, uudet naapurit, hauskat postikortit, siniset kukat, suuret järvet ja saaret, vanhat laivat, valkoiset lautaset, kivat elokuvat, hyvät ruoat, keskikokoiset kaupungit, lyhyet matkat, nopeat junat, pienemmät asemat, korkeat kaapit, kovat penkit, isot ikkunat, tummatukkaiset tytöt, pitkät pojat, lämpimät kesät, kivemmat lahjat, vaikeat kysymykset, vanhanaikaiset polkupyörät, suomalaiset merimiehet, vihreät puut, kylmät yöt

KAPPALE 19, HARJOITUS 1
soittaa, mennä, kirjoittaa, lähettää, jutella/keskustella/puhua, kysyä/pyytää, kertoa, vastaa, kuuluu

KAPPALE 19, HARJOITUS 2
eräältä ystävältä, naapurilta, Väinö Pääkköseltä, Sarin äidiltä, Tuulan isältä, isoisältä, Yrjö-sedältä, opiskelijoilta, suomen opettajalta, pojilta, koulun rehtorilta, professori Hakuliselta, eräältä turistilta, postinjakajalta, ruotsalaiselta urheilijalta, naapurin lapsilta, lääkäriltä, kukkakaupan myyjältä, siskoltani, Pekalta ja Jukalta, Hannun vaimolta, Annin mieheltä, Ahmedilta, Erikiltä, Paavo Wiikiltä

KAPPALE 19, HARJOITUS 3
Hannulle, vaimolle, siskolle, pojalle, äidille, toiselle naapurille, työtoverille

KAPPALE 19, HARJOITUS 4
soitosta, kirjeestä, lahjasta, seurasta, kyydistä, avusta

KAPPALE 19, HARJOITUS 5
teille, hauskasta illasta

KAPPALE 19, HARJOITUS 6
Tuulalle, häneltä, heille, minulta, sinulle, perjantaina, minulle, puhelimeen, isoäidille, äidille, puhelimeen, isoäidille, isoisälle, paketista, Virtaselle, seuraavana viikonloppuna, soitosta, isälle

KAPPALE 20, HARJOITUS 1
hänestä, heistä, siitä, niistä, tästä, tuosta, hänelle, hänestä, minusta, meistä

KAPPALE 20, HARJOITUS 2
kouluja, kouluissa, kouluista; hyllyjä, hyllyissä, hyllyistä; pöllöjä, pöllöissä, pöllöistä; lamppuja, lampuissa, lampuista; penkkejä, penkeissä, penkeistä; kuppeja, kupeissa, kupeista; laseja, laseissa, laseista; turisteja, turisteissa, turisteista; sanoja, sanoissa, sanoista; laivoja, laivoissa, laivoista; kampoja, kammoissa, kammoista; karttoja, kartoissa, kartoista; kuvia, kuvissa, kuvista; kyniä, kynissä, kynistä; ystäviä, ystävissä,

ystävistä; emäntiä, emännissä, emännistä; isäntiä, isännissä, isännistä; ihmisiä, ihmisissä, ihmisistä; järviä, järvissä, järvistä; lahtia, lahdissa, lahdista; vastauksia, vastauksissa, vastauksista; kysymyksiä, kysymyksissä, kysymyksistä; ehdotuksia, ehdotuksissa, ehdotuksista; ajatuksia, ajatuksissa, ajatuksista; salaisuuksia, salaisuuksissa, salaisuuksista; onnettomuuksia, onnettomuuksissa, onnettomuuksista; koneita, koneissa, koneista; puita, puissa, puista; tehtaita, tehtaissa, tehtaista; öitä, öissä, öistä; teitä, teissä, teistä; soita, soissa, soista; kahviloita, kahviloissa, kahviloista; avaimia, avaimissa, avaimista; korkeita, korkeissa, korkeista; pimeitä, pimeissä, pimeistä

Kappale 20, harjoitus 3
1: Lehdissä on kirjoituksia pienistä kaupoista. Lehdissä on kuvia sinisistä busseista ja punaisista metrojunista. Lehdissä on kirjoituksia pankeista. Kirjoissa on kuvia puista ja kukista.
2: Onko teillä esitteitä tanskalaisista lampuista? Onko teillä esitteitä hollantilaisista tulppaaneista? Onko teillä tietoja Suomen kunnista? Onko teillä tietoja kaupungin kouluista? Onko teillä tietoja suomalaisista juhlapäivistä?
3: Mitä mieltä olette opiskelijoista, opettajista, naapureista, nuorista ihmisistä, lääkäreistä, pienistä lapsista
4: Puhumme sanakirjasta, sanakirjoista; vanhasta kartasta, vanhoista kartoista, likaisesta lasista, likaisista laseista; televisio-ohjelmasta, televisio-ohjelmista; orkesterista, orkestereista; hyvästä ystävästä, hyvistä ystävistä; kortista ja kirjeestä, korteista ja kirjeistä; kauniista rakennuksesta, kauniista rakennuksista

Kappale 20, harjoitus 4
Pidän kartoista. Rakastan karttoja. Pidän elokuvista. Rakastan elokuvia. Pidän tähdistä Rakastan tähtiä. Pidän meristä. Rakastan meriä. Pidän järvistä. Rakastan järviä. Pidän kukista. Rakastan kukkia. Pidän aamuista. Rakastan aamuja. Pidän ihmisistä. Rakastan ihmisiä. Pidän kielistä. Rakastan kieliä. Pidän väreistä. Rakastan värejä. Pidän linnuista. Rakastan lintuja.

Kappale 20, harjoitus 5
joka, jonka, jolla, jossa, josta, jotka, joista

Kappale 20, harjoitus 6
asuu, on, asuvat, on, on, pitävät, keskustella, ovat

Kappale 20, harjoitus 7
joka, jolla, jolle, jolta, jonka, jota, josta

Kappale 20, harjoitus 8
Annan kukat ystävälle, jolla on tänään nimipäivä. Ostan lehden, jossa on viikon televisio- ja radio-ohjelma. Nousen bussiin, joka lähtee laiturista 15. Pidän ruoasta, jossa on valkosipulia. Naapurillani on koira, jonka nimi on Musti. Isoäiti kiittää Tuulaa paketista, jossa oli sininen pusero. Tämä postikortti tulee Erikiltä, joka on matkalla Suomessa. Pane tämä kirja hyllylle, jolla on vielä tilaa. Tämä on lähiö, jossa asuu paljon lapsiperheitä. Hannu asuu kerrostalossa, jossa on kolme kerrosta.

KAPPALE 20, HARJOITUS 9
joka, josta, jonka, jonka, jolle, jolta, jotka, joista, joille, joilta
joka, jonka, jolla, josta

KAPPALE 20, HARJOITUS 10
Naapurille, jolla on auto. Erikiltä, joka matkustaa Suomessa. Jormalla, joka asuu tässä talossa. Jormalla ja Tuulalla, jotka asuvat tässä talossa. Markusta, jonka sisko asuu Ruotsissa. Allin, joka asuu yksin. Hollantilaisen pojan, joka opiskelee suomea. Ravintolaan, jossa syön joka päivä. Asuntolassa, jossa hän asuu. Tampereelle, jossa hänellä on tuttavia. Junaan, joka lähtee kohta. Kauppa, jossa Jorma on työssä. Kaupasta, jossa Jorma on työssä. Paperitehtaassa, joka on heidän kotikaupungissansa. Huoneessa, joka on talon yläkerrassa. Tytön, jolla on syntymäpäivä. Perheen, jolla on paljon lapsia. Lääkäristä, joka työskentelee sairaalassa.

KAPPALE 21, HARJOITUS 1
A.
I. tutustua, kirjoittaa, oppia, elää, kasvattaa, hoitaa, tuottaa, viettää, pitää, pyrkiä, riittää, auttaa, poimia, leipoa, ostaa
II. myydä, käydä
III. viljellä, ajatella, tulla
IV. tarjota, kerätä, arvata, osata
V. tarvita
Huomaa erikseen verbi tehdä!
B.
kirjoittaa, oppia, kasvattaa, hoitaa, tuottaa, viettää, pitää, pyrkiä, riittää, auttaa, leipoa
tutustua, elää, poimia, ostaa
C.
elää – eletään, kasvattaa – kasvatetaan, myydä – myydään, hoitaa – hoidetaan, tuottaa – tuotetaan, tarvita – tarvitaan, kerätä – kerätään, poimia – poimitaan, leipoa – leivotaan, ostaa – ei osteta
D.
tutustutaan, kirjoitetaan, opitaan, viljellään, tarjotaan, käydään, vietetään, pidetään, ajatellaan, pyritään, tullaan, autetaan, arvataan, osataan, tehdään

KAPPALE 21, HARJOITUS 2
A: kirjoitetaan/piirretään, keitetään, kuivataan, avataan/lukitaan, imuroidaan, pyyhitään, harjataan, otetaan, sytytetään, kammataan, ommellaan, pestään
B: tanssitaan, tehdään, laitetaan/tehdään/valmistetaan, katsotaan/näytetään/esitetään, urheillaan, voimistellaan, uidaan, ajetaan, kävellään, luetaan

KAPPALE 22, HARJOITUS 1
kirjoitetaan, Myydään, Tarjotaan, Autetaan, Poimitaan, leivotaan, Mennään, Kysytään

KAPPALE 22, HARJOITUS 2
Kysy sinä, me vastataan. Me tiedetään, kenen kissa tämä on. Me tullaan huomenna teille. Me tykätään suklaasta. Me luetaan nämä kirjat nopeasti. Me matkustetaan Tallinnaan. Me ei muisteta, mitä tämä sana tarkoittaa. Me ei osata ranskaa. Me ei haluta puhua tästä asiasta. Me ei jakseta enää leikkiä.

Kappale 22, harjoitus 3
1: Marianne leikkii Markuksen kanssa. Sari matkustaa ulkomaille isoäidin kanssa. Jaana asuu Marin kanssa. Tiina käy elokuvissa Jussin kanssa. Jussi on kihloissa Tiinan kanssa. Annikki on naimisissa Sepon kanssa. Lapset menevät ulos hoitajan kanssa.
2: Jorma pelaa jalkapalloa poikien kanssa. Äiti on ulkona lasten/lapsien kanssa. Myyjä puhuu asiakkaiden/asiakkaitten kanssa. Tuula juttelee naapurien/naapureiden/naapureitten kanssa. Opettaja keskustelee opiskelijoiden/opiskelijoitten kanssa. Yrjö-setä riitelee sukulaisten/sukulaisien kanssa. Kalle menee saunaan työtoverien/työtovereiden/työtovereitten kanssa.

Kappale 22, harjoitus 4
vanhojen tavaroiden/tavaroitten, pöytien, hyvien ystävien, junien, bussien, itämaisten/itämaisien mattojen

Kappale 22, harjoitus 5
kaupunkien asukkaat, kurssien tentit, perheiden/perheitten lapset, kirjojen kannet, elokuvien nimet, puiden/puitten hedelmät, kirkkojen tornit, kukkien värit, lasten/lapsien huoneet, ruokien reseptit, tavaroiden/tavaroitten hinnat, rakennusten/rakennuksien värit, kuninkaiden/kuninkaitten kruunut, potilaiden/potilaitten ongelmat, asukkaiden/asukkaitten osoitteet, turistien reitit

Kappale 22, harjoitus 6
Minun täytyy nousta aikaisin. Meidän täytyy mennä kauppaan. Opiskelijan täytyy lukea paljon. Isoäidin täytyy soittaa Tuulalle. Tuulan täytyy kirjoittaa isoäidille. Kaikkien ihmisten/ihmisien täytyy osata nykyään käyttää tietokonetta.

Kappale 22, harjoitus 7
ihmisten/ihmisien, Meidän, Bussinkuljettajien, Lasten/Lapsien, Koululaisten/Koululaisien, Perheenäitien, Vanhusten/Vanhuksien, Köyhien, Pienten/Pienien, heikkojen, Sotilaiden/Sotilaitten

Kappale 23, harjoitus 1
Kuka soitti? Kenen kanssa hän puhui? Milloin he tulivat? Matkustivatko he junalla? Ketkä olivat asemalla vastassa? Mitä Tuula kysyi heiltä? Kuinka matka meni? Mitä he toivat lapsille? Saivatko lapset jotakin hyvää? Mitä Sari teki? Näyttikö hän kaikki koulukirjansa? Kävelivätkö he ulkona? Oliko pojilla šakkipeli? Pelasivatko pojat isoisän kanssa šakkia? Kuka voitti? Kuka otti valokuvia? Missä perhe kävi lauantaina? Missä huoneessa vieraat nukkuivat? Milloin he heräsivät? Miksi he nousivat hyvin hiljaa? Missä he istuivat? Kuinka kauan he odottivat? Mihin aikaan isoäiti keitti kahvia? Milloin vieraat lähtivät? Milloin he saapuivat kotiin? Mitä he tekivät heti, kun he olivat taas kotona? Oliko heillä hauska viikonloppu?

Kappale 23, harjoitus 2
A: Kävelin. Nukuin. Soitin. Toin. Sain. Puhuin. Otin. Kävin. Heräsin. Odotin. Keitin. Kirjoitin. Ajattelin. Avasin.
B: Hän käveli. Hän nukkui hyvin. Hän soitti heille. Hän toi minulle jotakin. Hän sai kirjeitä. Hän puhui suomea. Hän otti valokuvia. Hän kävi eilen saunassa. Hän heräsi aikaisin. Hän odotti kauan. Hän keitti vieraille kahvia. Hän kirjoitti kirjeitä. Hän ajatteli asiaa. Hän avasi ikkunat.

KAPPALE 23, HARJOITUS 3
kiersin, kiersit, kiersi, kiersimme, kiersitte, kiersivät; myönsin, myönsit, myönsi, myönsimme, myönsitte, myönsivät; piirsin, piirsit, piirsi, piirsimme, piirsitte, piirsivät; rakensin, rakensit, rakensi, rakensimme, rakensitte, rakensivat; sukelsin, sukelsit, sukelsi, sukelsimme, sukelsitte, sukelsivat; sävelsin, sävelsit, sävelsi, sävelsimme, sävelsitte, sävelsivät; tunsin, tunsit, tunsi, tunsimme, tunsitte, tunsivat; uskalsin, uskalsit, uskalsi, uskalsimme, uskalsitte, uskalsivat

KAPPALE 23, HARJOITUS 4
Kävin, Matkustin, lensi, oli, vei, Asuin, kävin, Tapasin, Kysyin, kerroin, kävelin, Menin, söimme, saimme, oli, lauloi, soitti, halusin, lähdimme, viivyimme, tarjosimme, pitivät, kertoivat, puhuivat, ymmärsin, kirjoitin, soitin, ajoimme, katselimme, täytyi, Tilasin, vei, saattoi, juttelimme, lähti, Tulin, purin, pesin, luin, loppui, alkoi

KAPPALE 24, HARJOITUS 2
Aila, Jukka, Anneli, Antti, Sini ja Timo eivät tässä puhu totta.

KAPPALE 24, HARJOITUS 3
A.
I. soutaa, istua, lukea, kirjoittaa, pitää, matkustaa, osallistua, tutustua, sairastua, joutua, laittaa
II. uida, käydä, myydä
III. olla, kävellä, katsella, opiskella, mennä, katsella
IV. kerätä, lainata, tavata, maata
V. tarvita
Huomaa erikseen verbi tehdä!
B.
en soutanut, en istunut, en lukenut, en kirjoittanut, en pitänyt, en matkustanut, en osallistunut, en tutustunut, en sairastunut, en joutunut, en laittanut
en uinut, en käynyt, en myynyt
en ollut, en kävellyt, en katsellut, en opiskellut, en mennyt, en katsellut
en kerännyt, en lainannut, en tavannut, en maannut
en tarvinnut
en tehnyt

KAPPALE 24, HARJOITUS 4
Ei käynyt. Souti. Ui. Ei ollut. Ei lainannut. Tapasi. Kävi. Ei ollut. Eivät käyneet. Pitivät. Ei kerännyt. Osallistui. Ei opiskellut. Ei ollut. Ei joutunut. Ei maannut. Meni. Opiskeli. Ei istunut. Ei osallistunut. Pääsi. Oli. Ei myynyt. Oli. Ei ollut. Ei kirjoittanut. Katseli. Laittoi.

KAPPALE 24, HARJOITUS 5
En opiskellut. En muuttanut. Eivät tulleet. En ollut. Ei ollut. En mennyt. En tavannut. En ostanut.

KAPPALE 24, HARJOITUS 6
1: etkö osaakin, etkö luekin, etkö käykin, etkö olekin, eikö olekin, etkö matkustakin, etkö olekin, etkö opiskelekin, eikö olekin, etkö osaakin

2: etkö lukenutkin, eikö ollutkin, eikö ollutkin, etkö matkustanutkin, etkö ollutkin, etkö päässytkin, etkö saanutkin, etkö laittanutkin

Kappale 24, harjoitus 7
1l. Hän ei käynyt Vaasassa. Hän kävi Tampereella.
2.i. Hän ei opiskellut englantia. Hän opiskeli saksaa.
3.f. En ostanut appelsiineja. Ostin omenia.
4.k. Emme asuneet kaupungissa. Asuimme maalla.
5.c. He eivät matkustaneet lentokoneella. He matkustivat laivalla.
6.j. Naapurini ei soittanut pianoa. Hän soitti viulua.
7.d. En kerännyt marjoja. Keräsin sieniä.
8.e. Erkin loma ei mennyt hyvin. Se meni pilalle.
9.m. Hän ei ollut sisällä. Hän oli ulkona.
10.b. Emme kirjoittaneet kirjeitä. Kirjoitimme postikortteja.
11.a. Hän ei päässyt yliopistoon. Hän pääsi ammattikorkeakouluun.
12.g. En laittanut lämmintä ruokaa. Laitoin vain salaattia.
13. h. He eivät juoneet kahvia. He joivat teetä.

Kappale 24, harjoitus 9
Mitä sinulle kuuluu? Oletko terve? Mitä sinä nyt teet? Minkälainen sää siellä on? Oletko sinä yksin kotona? Koska sinä tulet tänne? Saitko minun kirjeeni? Missä sinun veljesi on? Tiedätkö, että Erkki joutui sairaalaan?

Kappale 24, harjoitus 10
matkoja – matkoi-, retkiä – retki-, juhlia – juhli-, töitä – töi-, kiertoajeluja – kiertoajelui-, tenttejä – tenttei-, naapureita – naapurei-, koulutovereita – koulutoverei-, ystäviä – ystävi-, kaupunkeja – kaupunkei-, maita – mai-, museoita – museoi-, nähtävyyksiä – nähtävyyksi-

Kappale 24, harjoitus 11
1: Osallistuin matkoihin. Osallistuitko retkiin? Osallistuimme juhliin. Kaikki osallistuivat töihin. Turistit osallistuivat kiertoajeluihin. Osallistuin tentteihin.
2: Tutustuin naapureihin. Tutustuimme lasten koulutovereihin. Tutustuin pojan ystäviin. Turistit tutustuivat kaupunkeihin. He tutustuivat pieniin maihin. Tutustuitko suuriin museoihin? Tutustuin kaupungin kuuluisiin nähtävyyksiin.

Kappale 24, harjoitus 12
kirjeitä, uusia koneita, ehdotuksia, tutkimuksia, vastauksia, vanhoja karttoja, sairaaloita, apteekkeja, roomalaisia numeroita, puhelimia

Kappale 24, harjoitus 13
A.
sukkaan, sukkiin, hattuun, hattuihin, pukuun, pukuihin, jalkaan, jalkoihin, käteen, käsiin
B.
rikkaaseen, rikkaisiin, oppaaseen, oppaisiin, sateeseen, sateisiin, taiteeseen, taiteisiin, tieteeseen, tieteisiin, osoitteeseen, osoitteisiin

KAPPALE 25, HARJOITUS 2
lämmitetään, sulatetaan, pakastetaan, säilytetään, keitetä, keitetään, juodaan, leivotaan, pakataan, laitetaan, kannetaan, imuroidaan, pyyhitään, pestään

KAPPALE 25, HARJOITUS 3
nousta, mennä, syödä, leipoa, kirnuta, kutoa, pestä, nukkua, teurastaa, suolata, tehdä, käydä, lukita

KAPPALE 25, HARJOITUS 4
B. En nukkunut, ei soinut, en herännyt, ei annettu, ei hymyilty, juteltu, ei tarjottu, oli, eivät auttaneet, ei kutsuttu, En saanut, ei soitettu, ei ollut

KAPPALE 25, HARJOITUS 5
1550, 1952, 1889, 1640, 1809, 1917,1918, 1939, 1955, 1862, 1870

KAPPALE 26, HARJOITUS 1
Ei ole totta. On totta. On totta. Ei ole totta. On totta. Ei ole totta. Ei ole totta.

KAPPALE 26, HARJOITUS 2
mitä annat, mitä etsit, mitä haluat, missä istut, mitä juot, mistä juttelette, mitä kuuntelet, mitä kysyt, missä käyt, mihin käännyt, mitä luet, mihin lähdet / mistä lähdet, mihin menet, mitä muistat, mitä myyt, missä nukut, mitä opiskelet, mihin osallistut, mihin pääset / mistä pääset, mitä saat, mitä tarjoat, mistä tulet / mihin tulet, mihin tutustut, mitä unohdat

KAPPALE 26, HARJOITUS 3
Saksa voitti Kanadan kaksi yksi. Ranska voitti Nigerian yksi nolla. Japani voitti Uuden-Seelannin kaksi yksi. Japani voitti Meksikon neljä nolla. Yhdysvallat voitti Kolumbian kolme nolla. Brasilia voitti Norjan kolme nolla.

KAPPALE 26, HARJOITUS 4
1: Panen sanakirjan pois. Luen lauseen. Ompelen napin. Kaulin taikinan. Leivon kakun. Ostan uuden kahvinkeittimen.
2: Kirjoittakaa harjoitus! Kertokaa tarina! Katsokaa elokuva! Maalatkaa seinä! Maksakaa lasku! Peskää matto! Tyhjentäkää roskakori! Ostakaa pesukone!
3: Viemme paketin postiin. Haemme matkalaukun kellarikomerosta. Kuuntelemme uuden levyn. Annamme isoäidille lahjan. Pesemme auton. Myymme moottoripyörän. Pakkaamme matkalaukun.
4: Heidän täytyi ottaa laina pankista. Heidän täytyi ostaa uusi auto. Heidän täytyi myydä moottorivene. Heidän täytyi maksaa vuokra. Heidän täytyi kirjoittaa kirje. Heidän täytyi jo lähettää joulukortti Australiaan. Heidän täytyi tavata Yrjö-setä. Heidän täytyi lainata kielioppi kirjastosta.
5: Kuka korjasi polkupyörän? Kuka maalasi pöydän? Kuka maksoi laskun? Kuka vei paketin postiin? Kuka mittasi, punnitsi ja rokotti lapsen?
6: Makkara paistettiin. Huone siivottiin. Matto imuroitiin. Lattia pestiin. Ovi lukittiin. Kassakaappi avattiin. Varas nähtiin. Mies tunnettiin.

KAPPALE 26, HARJOITUS 6
Tyttö leikkasi kirjastossa taidekirjasta kuvan. Poika maalasi patsaan kädet punaisella maalilla. Poika työnsi puistonpenkin mereen. Nainen piilotti kaupassa silkkihuivin takkinsa alle. Mies kantoi ison maton autoon. Pojat ripustivat polkupyörän puun oksalle. Tytöt irrottivat pysäkillä roskalaatikon tolpasta.

KAPPALE 26, HARJOITUS 7
tämän kaupungin, tuon korkean rakennuksen, nimen, meren, sen saaren, Heikin, hänet, nimen, sen

KAPPALE 26, HARJOITUS 8
hauskaa kirjaa, levyä, pienoislentokonetta, valokuvia, hyvää kakkureseptiä, lehteä tekstiviestiä, sanomalehteä, kotitehtävää, omenaa, valokuvia, sanoja, villapuseroa

KAPPALE 26, HARJOITUS 9
Odotin bussia, junaa, ystävää, sinua, postia; Hän auttoi minua, meitä, naapuria, ystäviä. Ajattelen asiaa, matkaa, työtä, lomaa, erästä poikaa, erästä tyttöä, häntä, sitä. Rakastan sinua, häntä, teitä, äitiä, isää, lapsia, omaa maata, tätä maata, musiikkia. Pelkäätkö minua, talvea, ihmisiä, ukkosta, hammaslääkäriä?

KAPPALE 27, HARJOITUS 1
1: Kahvi on lopussa. Osta kahvia! Tee on lopussa. Osta teetä! Sokeri on lopussa. Osta sokeria! Jäätelö on lopussa. Osta jäätelöä! Suola on lopussa. Osta suolaa! Leipä on lopussa. Osta leipää! Tomaattisose on lopussa. Osta tomaattisosetta! Sinappi on lopussa. Osta sinappia! Silli on lopussa. Osta silliä! Kaali on lopussa. Osta kaalia! Kurkku on lopussa. Osta kurkkua! Pesujauhe on lopussa. Osta pesujauhetta! Sampoo on lopussa. Osta sampoota! Käsivoide on lopussa. Osta käsivoidetta!
2: Porkkanat ovat lopussa. Osta porkkanoita! Punajuuret ovat lopussa. Osta punajuuria! Lantut ovat lopussa. Osta lanttuja! Omenat ovat lopussa. Osta omenoita/omenia! Banaanit ovat lopussa. Osta banaaneja! Jauhot ovat lopussa. Osta jauhoja! Piparkakut ovat lopussa. Osta piparkakkuja! Keksit ovat lopussa. Osta keksejä! Munat ovat lopussa. Osta munia!

KAPPALE 27, HARJOITUS 3
1: ruusun, uuden lampun, kauniin maton, omenapuun, Millaisen nuken, hyvän sanakirjan
2: punaisia ruusuja, lamppuja, mattoja, uusia pelejä, sanoja, muutamia omenapuita, nukkeja, nukenvaatteita
3: Aku Ankkaa, Karvista, jääkiekkopeliä, Saria
4: sanakirjaa, tulppaania, neilikkaa, palapeliä, takkia, juhlapukua, lattiaa

KAPPALE 27, HARJOITUS 4
Tunnetko Matin? Etkö tunne Mattia? Tunnetko Sepon? Etkö tunne Seppoa? Tunnetko Markuksen? Etkö tunne Markusta? Tunnetko Jorma Virtasen? Etkö tunne Jorma Virtasta? Tunnetko insinööri Dahlmanin? Etkö tunne insinööri Dahlmania? Tunnetko tuon naisen? Etkö tunne tuota naista? Tunnetko tämän miehen? Etkö tunne tätä miestä? Tunnetko tuon lapsen? Etkö tunne tuota lasta? Tunnetko tämän kaupungin? Etkö tunne tätä kaupunkia? Tunnetko tuon laulun? Etkö tunne tuota laulua? Tunnetko minut? Etkö tunne minua?

Kappale 27, harjoitus 5
Tunnen hänet. En tunne häntä. – Näen sen. En näe sitä. – Näin ne. En nähnyt niitä. – Tapaan heidät. En tapaa heitä. – Muistan hänet. En muista häntä. – Unohdin sen. En unohtanut sitä. – Tunnen sen. En tunne sitä. – Tunnen ne. En tunne niitä. – Lähetin sen. En lähettänyt sitä. – Ymmärsin ne. En ymmärtänyt niitä.

Kappale 27, harjoitus 6
liian pieniä kenkiä, polkupyörää, ikkunaa, maljakkoa, kännykkää, tätä elokuvaa, vaarallista lelua

Kappale 27, harjoitus 7
kortti, naapureita, Suomen, perunoita, kermaa, työ, kuumaa mehua, tennistä, polkupyörää, Laskua, Kaupunki, muita ihmisiä, runoja, kännykän, Tuulaa, oven, saappaita, ruokaa, sen, Romaani, riita, minut, sinua

Kappale 28, harjoitus 1
nähnyt, lukenut, uinut, pyöräillyt, työskennellyt, löytänyt, asunut, opiskellut, satanut, satanut

Kappale 28, harjoitus 2
olen nukkunut vähän, olen jutellut toisten matkustajien kanssa, olen lukenut lehteä, olen syönyt eväitä, olen käynyt kahvilavaunussa.
nukuin vähän, juttelin toisten matkustajien kanssa, luin lehteä, söin eväitä, kävin kahvilavaunussa.

Kappale 28, harjoitus 3
1: Kuka on kirjoittanut sen romaanin? Kuka on säveltänyt tämän sinfonian? Kuka on ommellut tämän pöytäliinan? Kuka on piirtänyt nämä kuvat? Kuka on leiponut tämän kakun? Kuka on rakentanut näin kauniin mökin?
2: Kuka on pessyt astiat? Kuka on rikkonut ikkunan? Kuka on töhrinyt seinän? Kuka on sekoittanut paperit? Kuka on leikannut kuvia lehdestä?

Kappale 28, harjoitus 4
Kukaan ei ole sulkenut ikkunaa. Kukaan ei ole pessyt astioita. Kukaan ei ole vienyt roskia ulos. Kukaan ei ole hakenut postia. Kukaan ei ole pyyhkinyt pölyjä. Kukaan ei ole kastellut kukkia. Kukaan ei ole antanut ruokaa koiralle.

Kappale 28, harjoitus 5
Oletteko sulkeneet ikkunan? Oletteko pesseet astiat? Oletteko vieneet roskat ulos? Oletteko hakeneet postin? Oletteko pyyhkineet pölyt? Oletteko kastelleet kukat? Oletteko antaneet ruokaa koiralle?

Kappale 28, harjoitus 6
Herätyskello soi. Hän nousi ylös, katsoi lämpömittaria, sytytti valon, avasi radion, haki lehden eteisestä, vei sen keittiöön, pani teeveden liedelle, kävi vessassa ja suihkussa, kampasi hiukset, pesi hampaat, pukeutui, meni keittiöön, otti voin ja juuston jääkaapista, teki teen, kaatoi teetä mukiin, istui pöydän ääreen, levitti sanomalehden pöydälle, alkoi lukea sitä, leikkasi leipää, voiteli kaksi leivänpalaa, pani päälle juustoa, söi voileivät, joi teen, herätti muut, sanoi "hei hei!" ja lähti työhön.

KAPPALE 28, HARJOITUS 7
Oletko joskus syönyt maksalaatikkoa? Oletko juonut piimää? Oletko kävellyt Helsingin Esplanadilla? Oletko lukenut suomalaisia kirjoja? Oletko pelannut pesäpalloa? Oletko luistellut? Oletko leiponut karjalanpiirakoita? Oletko soutanut? Oletko tanssinut valssia?

KAPPALE 28, HARJOITUS 8
Yöllä on satanut lunta. Joku on ottanut/vienyt/varastanut sen. Joku on avannut sen. Joku on sulkenut sen. Pojat ovat vahingossa rikkoneet ikkunan. Kukaan ei ole ostanut kahvia.

KAPPALE 28, HARJOITUS 9
En ole koskaan vihannut ketään. En ole koskaan pelännyt ketään. En ole koskaan ihaillut ketään. En ole koskaan kadehtinut ketään. En ole koskaan halveksinut ketään. En ole koskaan ikävöinyt ketään. En ole koskaan kaivannut ketään.

KAPPALE 28, HARJOITUS 10
nukahtaa, nukuttaa, nukkua, herättää, herätä, nukahdin, heräsin, nukkunut, herätti, nukuttaa, nukahtivat, herätä

KAPPALE 29, HARJOITUS 2
1: Maalla on aina käyty saunassa lauantaina. Maalaistaloissa on aina noustu aikaisin. Meillä on aina syöty jouluna lanttulaatikkoa. Suomessa on aina hiihdetty paljon. Niin on aina sanottu.
2: Tämä asia on tiedetty jo kauan. Hänestä on puhuttu jo kauan. Matkaa on suunniteltu jo kauan. Sinua on odotettu jo kauan.
3: Lattia on jo imuroitu. Puut on jo kaadettu. Huone on jo siivottu. Ikkunat on jo pesty.
4: Täällä ei ole koskaan puhuttu siitä. Minua ei ole koskaan kuunneltu. Hänestä ei ole koskaan pidetty täällä. Tätä konetta ei ole koskaan korjattu. Näitä kirjoja ei ole koskaan annettu lainaksi.

KAPPALE 29, HARJOITUS 3
Kynnet on lakattu. Huulet on maalattu. Silmät on meikattu. Pusero on silitetty. Kengät on kiillotettu. Matkalaukku on pakattu.

KAPPALE 29, HARJOITUS 4
Laskut on maksettu, kissa on viety hoitoon, kukat on kasteltu, pyykit on otettu sisään parvekkeelta, lamput on sammutettu, sähkölaitteet on otettu irti verkosta, lomaosoite on annettu Ellille, ovi on lukittu kunnolla ja avain (on) viety naapurille.

KAPPALE 29, HARJOITUS 5
Ikkunat on avattu. Ovi on suljettu. Astiat on pesty. Lehti on revitty. Tässä on istuttu. Huoneessa on kävelty. Lasista on juotu.

KAPPALE 29, HARJOITUS 6
Ovea ei ole suljettu. Astioita ei ole pesty. Pölyjä ei ole pyyhitty. Postia ei ole haettu. Kukkia ei ole kasteltu. Minulle ei ole puhuttu asiasta. Minulle ei ole kerrottu mitään.

KAPPALE 29, HARJOITUS 7
Se on avattu. Se on suljettu. Se on pakattu. Se on korjattu. Se on rikottu. Se on kuivattu. Se on pesty. Se on siirretty. Se on lämmitetty.

KAPPALE 29, HARJOITUS 8
Enkö minä ole sata kertaa sanonut, että takki laitetaan naulakkoon, voi viedään jääkaappiin, lehdet pannaan hyllylle, liimapuikko kierretään kiinni, televisiosta katkaistaan virta, paperit järjestetään, likaiset vaatteet kerätään likapyykkikoriin, tyhjät pullot kannetaan kauppaan, banaaninkuoret laitetaan biojätteisiin.

KAPPALE 29, HARJOITUS 9
siirretty, peitetty, otettu, irrotettu, pesty, raaputettu, tuotu

KAPPALE 29, HARJOITUS 10
tehnyt, maalanneet, maalattu, korjattu, korjannut, ostettu, heitetty, kutonut, kudottu, käännetty, kääntänyt, suljettu, sulkenut, lainanneet, lainattu, asuneet, asuttu

KAPPALE 30, HARJOITUS 2
suureksi, linnuksi, valkoiseksi kyyhkyseksi, surulliseksi, Liisaksi, puheenjohtajaksi, ylioppilaaksi, prinssiksi, minkäväriseksi, valmiiksi

KAPPALE 30, HARJOITUS 3
Lapset tulivat terveiksi. Puut kasvoivat isoiksi. Valkoiset liinat tulivat likaisiksi. Koivut tulevat syksyllä keltaisiksi. Jalat tulivat kipeiksi. Nämä ehdokkaat valittiin kansanedustajiksi. Tuolit maalataan vihreiksi.

KAPPALE 30, HARJOITUS 4
vaunuiksi, hevosiksi, tanssiaispuvuksi, joutseniksi, prinssiksi, kauniiksi prinsessaksi, näkymättömäksi

KAPPALE 30, HARJOITUS 5
pitkältä, väsyneeltä, mintulta, valkosipulilta, surulliselta, vihaiselta, pahalta, käheältä, ihanalta

KAPPALE 30, HARJOITUS 6
Niin, se näyttää puhtaalta. Niin, se näyttää kalliilta. Niin, se näyttää mielenkiintoiselta. Niin, se näyttää kypsältä. Niin, hän näyttää vihaiselta.

KAPPALE 30, HARJOITUS 7
Ostan käsivoidetta, joka tuoksuu hyvältä. Ostan jäätelöä, joka maistuu mansikalta. Ostan tyynyn, joka tuntuu mukavalta. Ostan kynttilän, joka näyttää omenalta.

KAPPALE 30, HARJOITUS 8
Täällä tuoksuu kaalilaatikolta. Äiti on varmasti tehnyt kaalilaatikkoa. Täällä tuoksuu hernekeitolta. Äiti on varmasti tehnyt hernekeittoa. Täällä tuoksuu valkosipuliperunoilta. Äiti on varmasti tehnyt valkosipuliperunoita. Täällä tuoksuu sipulipihveiltä. Äiti on varmasti tehnyt sipulipihvejä. Täällä tuoksuu puolukkapuurolta. Äiti on varmasti tehnyt puolukkapuuroa. Täällä tuoksuu sienikastikkeelta. Äiti on varmasti tehnyt sienikastiketta. Täällä tuoksuu omenapiirakalta. Äiti on varmasti tehnyt

omenapiirakan/omenapiirakkaa. Täällä tuoksuu letuilta. Äiti on varmasti tehnyt lettuja. Täällä tuoksuu piparkakuilta. Äiti on varmasti tehnyt piparkakkuja.

KAPPALE 30, HARJOITUS 9
halpa – kallis, hauska – ikävä, huono – hyvä, iloinen – surullinen, iso – pieni, kaunis – ruma, kevyt – painava, korkea – matala, kuuma – kylmä, likainen – puhdas, lyhyt – pitkä, moderni – vanhanaikainen, märkä – kuiva, nuori – vanha, paksu – ohut, kapea – leveä, kirjava – yksivärinen, köyhä – rikas, suora – vino

KAPPALE 31, HARJOITUS 1
lapsena, pienenä, isona, kymmenvuotiaana, koululaisena, 15-vuotiaana, liikeapulaisena, tarjoilijana, opettajana, matkaoppaana, palomiehenä, kuninkaana, nuorena, mustana, lemmikkieläimenä

KAPPALE 31, HARJOITUS 2
jouluna, pääsiäisenä, sateisina päivinä, lämpiminä, pimeinä iltoina, tällaisena valoisana kesäyönä

KAPPALE 31, HARJOITUS 3
1: Sadussa kerrottiin, että hän muuttui käärmeeksi, sammakoksi, sisiliskoksi, korpiksi, ihmissudeksi, hiireksi, hirveksi, karhuksi, merenneidoksi
Sadussa kerrottiin, että hänen täytyi elää käärmeenä, sammakkona, sisiliskona, korppina, ihmissutena, hiirenä, hirvenä, karhuna, merenneitona

2: Sää muuttui kauniiksi ja lämpimäksi. Sää muuttui kylmäksi, tuuliseksi ja kosteaksi. Mieleni muuttui mustaksi.

KAPPALE 31, HARJOITUS 5
A: erikoinen, kauniimpi, harmaalta, lämpimistä, kylmää, vahvaa, ihmeelliseen, ihanat, surullista
C: Pekkasen novelli kertoo pojista, jotka asuivat meren rannalla. Kaukana meren keskellä oli saari, joka näytti pojista hyvin kauniilta. Pojat kysyivät isältä, minkälainen saari oli. Hän sanoi, että saareen oli vaikea päästä. Oli paljon asioita, jotka isän mielestä olivat aivan tavallisia. Poikien täytyi odottaa talvea, koska silloin voi hiihtää saareen. Isä ja äiti eivät nähneet, kun pojat lähtivät. Meillä on ihanaa, kun pääsemme saareen. Illalla he itkivät, koska elämä tuntui niin harmaalta ja ikävältä. He eivät itsekään tienneet, miksi he itkivät.

KAPPALE 32, HARJOITUS 1
a) hirveä, b) kiltti, c) lihava, d) vakava, e) vihainen, f) rakas, g) tuore, h) mahdollinen, i) liukas, j) hyödyllinen, k) tarkka, l) myöhäinen, m) pimeä, n) epävarma, o) rohkea

KAPPALE 32, HARJOITUS 2
aurinkoinen sää, jännittävä elokuva/kirja/matka, kuuma sauna, lämpimät kädet, painava reppu/kirja, paksu kirja, pitkä matka, rakkaat ystävät, seuraava asema, tuoreet hedelmät, vaaleat hiukset, ystävällinen hymy

KAPPALE 32, HARJOITUS 3
Aurinkoinen, kylmää, harvinainen, viimeisestä, kalliissa, siisti, leveä, Kova, tuoretta, Vihainen, Täydessä, Puhelias, valoisia, yksinäiseksi, pitkää, märät

KAPPALE 32, HARJOITUS 5
edullinen, kalliita, tyytymätön, tyytyväisiä, moderni/vanhanaikainen, vanhanaikaisia/
moderneja, epätarkkoja, kuumaa, kuumaa

KAPPALE 32, HARJOITUS 6
Kuinka suuria nuo huoneet ovat? Kuinka isoja keittiöt tavallisesti ovat? Kuinka leveitä nämä matot ovat? Kuinka pitkiä nämä sohvat ovat? Kuinka kalliita nämä lamput ovat? Kuinka vanhoja Jorman pojat ovat?

KAPPALE 32, HARJOITUS 7
Millainen Suomi on? Millaista Suomessa on kesällä? Millaista lumi on? Millaista tämä tee on? Millainen Tampere on? Millaista merivesi nyt on? Millainen sinä olet? Millainen sinun kotimaasi on? Millaista sinun kotimaassasi on nyt?

KAPPALE 32, HARJOITUS 8
Hänen hiuksensa ovat ruskeat. Hänen poskensa ovat punaiset. Minun silmäni ovat ruskeat. Jarin jalat ovat pitkät. Jorman kädet ovat isot. Mummon polvet ovat kipeät. Mikan kengät ovat isot. Jarin saappaat ovat lämpimät. Tuulan silmälasit ovat uudet.

KAPPALE 32, HARJOITUS 11
Hilkka Virolainen ja Jorma Virtanen ovat myyjiä. Pekka ja Kirsi ovat opiskelijoita. Jari ja Mika ovat koululaisia. Suvi ja Silva ovat pikkulapsia. Tyttäremme ja poikamme ovat terveitä vauvoja. Antti Mäkinen ja Irma Virtanen ovat eläkeläisiä.
Kissa ja koira ovat kotieläimiä. Ruusu ja tulppaani ovat suosittuja kukkia. Mänty ja koivu ovat kauniita puita. Mustikka ja puolukka ovat terveellisiä marjoja.

KAPPALE 32, HARJOITUS 12
A: kauniimpi, sinisemmät, parempaa, kylmempi, lyhyempi, kauniimpi, kalliimpia
B: korkein, kauneimpia, vaikein, tavallisin, vanhin, paras, parasta, tarpeellisimmat

KAPPALE 32, HARJOITUS 13
parempi, parempaa, isompi/suurempi, isommat/suuremmat, halvempia, hauskempia

KAPPALE 33, HARJOITUS 2
köyhiä ihmisiä, kuninkaalta, ihmeellisestä talosta, ihmeellisistä hevosista, vihaiseksi, edelliselle kuninkaalle, Kuninkaan, lainasta

KAPPALE 33, HARJOITUS 3
vanhoja, köyhiä, iso, hyvältä, rikas, uuden, uusia, viisaampi, mahdottomia, ovela, kauniita

KAPPALE 34, HARJOITUS 2
söisit, joisit, maalaisit, matkustaisit, ottaisit, lähtisit, valitsisit, kuuntelisit, muuttaisit

KAPPALE 34, HARJOITUS 5
Näyttäisittekö, Söisitkö, Lähtisittekö, Menisin, Saisitko, Osaisiko, vaihtaisivat

KAPPALE 34, HARJOITUS 6
1: Voisitko keittää kahvia? Voisitko viedä nämä lehdet paperinkeräykseen? Voisitko imuroida täällä? Voisitko paistaa tänään lettuja? Voisitko käydä kaupassa? Voisitko

odottaa hetkisen?
Voisitteko keittää kahvia? Voisitteko viedä nämä lehdet paperinkeräykseen? Voisitteko imuroida täällä? Voisitteko paistaa tänään lettuja? Voisitteko käydä kaupassa? Voisitteko odottaa hetkisen?
2: Auttaisitko minua? Veisitkö matot ulos? Pyyhkisitkö pölyt? Tulisitko taas huomenna? Lähtisitkö mukaan?
Auttaisitteko minua? Veisittekö matot ulos? Pyyhkisittekö pölyt? Tulisittteko taas huomenna? Lähtisittekö mukaan?

KAPPALE 34, HARJOITUS 7
Voi kun tapaisin hänet! Voi kun hän tulisi! Voi kun kesä olisi lämmin! Voi kun viikonloppuna olisi kaunis ilma! Voi kun viikonloppuna ei sataisi! Voi kun pääsisin Lappiin!

KAPPALE 35, HARJOITUS 2
olen herännyt, olet lentänyt, on tehnyt, olemme rakastaneet, olette syöneet, ovat menneet, olen kerrannut, olet lähtenyt, on kuunnellut, olemme alkaneet, olette valinneet, ovat päättyneet, olen noussut, olet jäänyt, on tuhlannut, olemme näyttäneet, olette löytäneet, ovat varanneet

KAPPALE 35, HARJOITUS 3
olisin tarvinnut, olisit saanut, olisi tiennyt, olisimme ymmärtäneet, olisitte juosseet, olisivat käyneet, olisin ajatellut, olisit kieltänyt, olisi osannut, olisimme saapuneet, olisitte työskennelleet, olisivat kävelleet, olisin kertonut, olisit kuullut, olisi lopettanut, olisimme pyytäneet, olisitte tykänneet, olisivat vaihtaneet

KAPPALE 35, HARJOITUS 4
olisi auttanut, olisitte kutsuneet, olisit lähtenyt

KAPPALE 35, HARJOITUS 5
Miksi et mennyt bussilla? Olisit mennyt bussilla! Miksi et matkustanut yksin? Olisit matkustanut yksin! Miksi et kirjoittanut minulle? Olisit kirjoittanut minulle! Miksi et ostanut suklaajäätelöä? Olisit ostanut suklaajäätelöä! Miksi et varannut huonetta? Olisit varannut huoneen! Miksi et käynyt kirjastossa? Olisit käynyt kirjastossa! Miksi et tullut heti? Olisit tullut heti! Miksi et lähtenyt lomalle? Olisit lähtenyt lomalle! Miksi et puhunut hänen kanssaan? Olisit puhunut hänen kanssaan! Miksi et auttanut häntä? Olisit auttanut häntä!

KAPPALE 35, HARJOITUS 6
Voi kun en olisi puhunut asiasta! Voi kun en olisi mennyt sinne! Voi kun en olisi ostanut tätä! Voi kun en olisi kirjoittanut näin! Voi kun en olisi ollut hänelle vihainen! Voi kun en olisi lähtenyt sinne! Voi kun en olisi syönyt niin paljon mansikoita!

KAPPALE 36, HARJOITUS 4
viitenä päivänä, kuudentoista ja kahdenkymmenen asteen, seitsemältätoistatuhannelta paikkakunnalta, joka viides suomalainen, kahtakymmentäkolmea eri kulttuuria, kolmentuhannen euron, sadankahdenkymmenen kilometrin, kolmessa tunnissa, viidentoistatuhannen osallistujan

KAPPALE 37, HARJOITUS 1
A: jäädä, jättää, nousta, löytää, tuhlata, täyttää, harjoitella, hiihtää, surra, tietää, lähettää, lähteä, unohtaa, tuntea, yrittää, laulaa, sulkea
B: suunnitellaan, huomataan, tuuletetaan, maataan, päästään, valitaan, valitetaan, leikitään, viihdytään, matkustetaan, matkustellaan, uidaan, pelataan, pelätään, aiotaan, kaadetaan, revitään
C: oltiin, luettiin, opetettiin, alettiin, elettiin, noustiin, mentiin, ajateltiin, tuotiin, käveltiin, saavuttiin, haluttiin, häirittiin, autettiin, uitiin, pyöräiltiin, opittiin

KAPPALE 37, HARJOITUS 2
opiskeltaisiin, kirjoitettaisiin, kuunneltaisiin, kerrattaisiin, pantaisiin, kiellettäisiin, myytäisiin, tultaisiin, nukuttaisiin, juostaisiin, kerrottaisiin, maksettaisiin, tarvittaisiin, käytäisiin, odotettaisiin, esitettäisiin, imuroitaisiin

KAPPALE 37, HARJOITUS 4
Jos siellä olisi puhuttu englantia, olisin ymmärtänyt. Jos minulta olisi kysytty, olisin osannut neuvoa. Jos olisi herätty aikaisemmin, olisit saanut aamiaista. Jos minua ei olisi häiritty, olisin saanut työn pian valmiiksi. Jos lapset olisi viety elokuviin, he olisivat olleet iloisia.

KAPPALE 37, HARJOITUS 5
annettaisiin, unohdettaisiin, luettaisiin, varastettaisiin, lähetettäisiin, valittaisiin

KAPPALE 38, HARJOITUS 4
A: rauhallisen huoneen, uuden oppaan, ukon, akan ja kuninkaan, joen, tunturin ja retkeilykeskuksen, pitkän vai lyhyen retken, pylvään
B: pitkää retkeä, retkeilykeskusta, uutta opasta, huonetta
C: kirjettä, lehteä, polkupyörää, pyykkiä, vanhaa omenapuuta
D: kahvia, kermaa, teetä, voita, maitoa, kalaa, kuumaa mehua, olutta vai viiniä, tätä yskänlääkettä
E: ystävää, häntä, seuraavaa bussia, naapuria

KAPPALE 38, HARJOITUS 5
ikkunan, ikkuna, Kaupat, minua, uuden talvitakin, uusi takki, nämä kirjat, pitkä ulkomaanmatka, teetä, kahvia, halpaa asuntoa, heitä, tämä kirja, sinua, käsineet, avainta, astioita

KAPPALE 38, HARJOITUS 6
Minä en tunne naapureita. Hän ei ymmärtänyt kysymyksiä. Minä en ole varannut lippuja. Mummo ei ole ottanut lääkkeitä. Emme huomanneet virheitä. En kastellut kukkia. Älä maksa näitä laskuja tänään! Miksi ikkunoita ei suljettu?

KAPPALE 38, HARJOITUS 7
Minä tulen. Tuletko sinä? En tiedä. Olisin tullut, jos minulla olisi ollut aikaa. Pidän sinusta. Näetkö minut? Onko sinulla jano? Mitä hän sanoo? Mitä hän sanoi? Saammeko laskun? Mihin menette? Missä olette olleet? (Teitittely: Missä te olette ollut?) He menevät naimisiin. Anteeksi. – Ei se mitään. Kiitos.

KAPPALE 39, HARJOITUS 1
Menen kylpyhuoneeseen pesemään pyykkiä. Menen rannalle ottamaan aurinkoa. Menen keittiöön tekemään ruokaa. Menen kirjastoon lainaamaan kirjoja. Menen parvekkeelle polttamaan tupakkaa. Menen jäähalliin pelaamaan jääkiekkoa. Menen pihalle etsimään avaimiani. Menen metsään keräämään mustikoita. Menen kylpylään viettämään lomaa. Menen kouluun tapaamaan lasten opettajaa.

KAPPALE 39, HARJOITUS 2
1: menen lentämään, menet syömään, hän menee pelaamaan tennistä, menemme nukkumaan, menette pyöräilemään, he menevät katsomaan ottelua, menin tekemään valituksen, menit tapaamaan naapureita, hän meni uimaan, menimme tanssimaan, menitte tutkimaan perhosia, he menivät juoksemaan
2: alan ajatella asiaa, alat työskennellä, hän alkaa suunnitella matkaa, alamme pakata, alatte syödä, he alkavat käydä oopperassa, aloin juosta, aloit keittää kahvia, hän alkoi kuunnella levyjä, aloimme kirjoittaa, aloitte lukea, he alkoivat maalata tauluja
3: joudun kuuntelemaan valituksia, joudut puhumaan paljon, hän joutuu kävelemään pitkiä matkoja, joudumme odottamaan, joudutte työskentelemään liikaa, he joutuvat lainaamaan rahaa

KAPPALE 39, HARJOITUS 3
Äiti pyysi lasta viemään roskat ulos. Isä pyysi poikia viemään koiran ulos. Hän pyysi minua tuomaan kaupasta maitoa. Opettaja pyysi opiskelijoita kirjoittamaan joka toiselle riville.

KAPPALE 39, HARJOITUS 4
menemään, katsomaan, harjoittelemaan, pesemään, näkemään, tulemaan, nousemaan, löytämään, odottamaan, myymään, tekemään, kiehumaan, jäämään, tulemaan

KAPPALE 40, HARJOITUS 1
tutkia, kerrata, keskustella, laulaa, lukea, veistää, maalata, soittaa, tanssia, laihduttaa, leipoa, valmistaa, ommella, liikkua, tietää, ulkoilla, säästää, suunnitella, valokuvata, viittoa, jatkaa

KAPPALE 41, HARJOITUS 2
1: Keittiöön keittämään kahvia. Kylpyhuoneeseen pesemään pyykkiä. Leikkipuistoon leikkimään. Yökerhoon tanssimaan. Rovaniemelle tapaamaan ystäviä. Parvekkeelle tupakoimaan.
2: Jäähallista pelaamasta jääkiekkoa. Metsästä keräämästä sieniä. Tampereelta tapaamasta sukulaisia. Pankista tilaamasta luottokorttia. Uimarannalta ottamasta aurinkoa. Aikuisopistosta opiskelemasta kuvankäsittelyä.
3: Jäähallissa katsomassa jääkiekko-ottelua. Lapissa hiihtämässä. Torilla ostamassa perunoita. Kirjastossa lainaamassa kirjoja. Uimahallissa uimassa. Metsässä juoksemassa.

KAPPALE 41, HARJOITUS 3
Lakatkaa hyppimästä ja huutamasta! Lakkaa penkomasta Sarin tavaroita! Lakkaisitte jo riitelemästä! Voisitko lakata hetkeksi soittamasta!

Kappale 41, harjoitus 4
Äiti kielsi poikia menemästä ulos. Äiti kielsi Liisaa huutamasta. Isä kielsi lapsia menemästä heikoille jäille. Kielsikö hän sinua puhumasta asiasta?

Kappale 41, harjoitus 5
1: Käsken ystävän mennä uimakouluun. Käsken isän ja äidin kuunnella. Käsken lasten/lapsien kääntyä takaisin. Käsken äidin säilyttää vanhan, kauniin puseron.
2: Kiellän äitiä heittämästä pois vanhaa, kaunista puseroa. Kiellän Mikaa kiipeämästä katolle. Kiellän poikia olemasta liian myöhään ulkona. Kiellän koiraa hyppäämästä sohvalle. Kiellän naapuria kiroilemasta.

Kappale 41, harjoitus 6
hiihtämällä, soutamalla, pyytämällä, työntämällä, vetämällä, liimaamalla, lukemalla, kertaamalla, kuuntelemalla, katselemalla, puhumalla

Kappale 42, harjoitus 1
soittaminen, laulaminen, matkustaminen, uiminen, kopioiminen, kuunteleminen, pyöräileminen, tekeminen, avaaminen, pelaaminen, pelkääminen, häiritseminen

Kappale 42, harjoitus 2
1: Soittaminen on hauskaa. Harrastan soittamista. Tanssiminen on hauskaa. Harrastan tanssimista. Piirtäminen on hauskaa. Harrastan piirtämistä. Maalaaminen on hauskaa. Harrastan maalaamista.
2: Pidätkö hiihtämisestä? Pidätkö laulamisesta? Pidätkö juoksemisesta? Pidätkö lukemisesta?
3: Metsässä hiihtäminen on hauskaa. Kuorossa laulaminen on hauskaa. Moottoripyörällä ajaminen on hauskaa.
4: Ihmisten/Ihmisien katseleminen on mielenkiintoista. Kirjallisuuden opiskeleminen on mielenkiintoista. Muotokuvien maalaaminen on mielenkiintoista. Kansanlaulujen laulaminen on mielenkiintoista.

Kappale 42, harjoitus 3
Niin, on tosi ihanaa nukkua myöhään. Niin, on tosi kallista käydä kahvilassa. Niin, on tosi kivaa pelata muistipeliä. Niin, on tosi tärkeää harjoitella ääntämistä. Niin, on tosi mukavaa ulkoiluttaa koiraa. Niin, on tosi tärkeää lajitella jätteet. Niin, mökillä oli tosi raskasta kantaa vettä järvestä saunaan.

Kappale 42, harjoitus 4
valokuvaamista, lentämistä, polttamisen, leipomisesta, juoksemisesta, siivoamiseen, heräämisen, imuroimista

Kappale 42, harjoitus 5
puhumista, sanomista, pelkäämistä, näkemistä, muistamista, kysymistä, siivoamista, järjestämistä, tiskaamista, pesemistä

Kappale 42, harjoitus 6
kieltää, pyytää, käskeä, ehdottaa, kehottaa, vaatia, toivoa, toivottaa, kysyä, vastata

He ratsastavat. He sukeltavat. He uivat. He työntävät kuulaa. He heittävät keihästä. He nostavat painoja. He juoksevat. He hiihtävät. He luistelevat. He soutavat. He hyppäävät korkeutta.

Kappale 42, harjoitus 7
lentokone, pesukone, löytötavaratoimisto, kaatopaikka, päivähoitopaikka, lähtöpaikka, kuulokoje, suruaika, muuttopäivä, jatkokurssi, pääsykoe, hiihtoretki, ajokortti, paloauto

Kappale 42, harjoitus 8
1: saapumisaika, alkamisaika, tapaamispaikka, perustamisvuosi, oppimistulokset
2: sukellusvene, valituskirje, kalastuslupa
3: kuunteluharjoitus, kävelyretki

Kappale 42, harjoitus 9
pyyntö, tervehdys, kysymys, kielto, käsky

Kappale 43, harjoitus 3
Ostin auton, kun olin käynyt autokoulun ja saanut ajokortin. Mitä sinä teit, kun olit tavannut hänet? Hän soitti minulle, kun hän oli saanut tietää enemmän asiasta. Lähetimme kirjeen heti, kun olimme kirjoittaneet sen. Vastasitteko viestiin heti, kun olitte lukeneet sen? Pojat lähtivät hiihtämään, kun he olivat lukeneet läksynsä.

Kappale 43, harjoitus 4
Kun Jorman isä oli kuollut, Tuula ja Jorma muuttivat Jorman kotitaloon. Kun vuokralainen oli lähtenyt pois, mummo muutti yläkertaan. Kun Tuula ja Jorma olivat muuttaneet maalle, Tuula meni melkein heti työhön. Kun mummo oli jäänyt eläkkeelle, hän hoiti Saria. Kun Tuula oli muuttanut pois Lappeenrannasta, hänen vanhemmillansa oli ikävä häntä.

Kappale 43, harjoitus 5
Kun olin työskennellyt monta tuntia, lähdin ulos. Kun hän oli jäänyt eläkkeelle, hän matkusti maailman ympäri. Menette pyöräilemään, kun olette korjanneet polkupyörän. Kun Tuula on tullut töistä, hän laittaa ruokaa. Tulin kotiin märkänä, kun olin kävellyt sateessa. Kun Elli oli palannut matkalta, hän valitti kaikesta.

Kappale 43, harjoitus 6
Kun pöytä oli maalattu, maalasimme tuolit. Kun oli syöty, kaikki saivat kahvia. Kaikki olivat tyytyväisiä, kun työ oli tehty. Kun auto oli myyty, kuljimme bussilla.

Kappale 44, harjoitus 2
muuttanut, muutettu, aloittanut, aloitettu, lopettanut, lopetettu, tavannut, tavattu, syönyt, syöty, juonut, juotu, kuollut, kuoltu, noussut, noustu, ymmärtänyt, ymmärretty, mennyt, menty, tullut, tultu, osannut, osattu, kuunnellut, kuunneltu, oppinut, opittu, ostanut, ostettu, lentänyt, lennetty, juossut, juostu, käynyt, käyty, hoitanut, hoidettu, vastannut, vastattu, istunut, istuttu, nähnyt, nähty, imuroinut, imuroitu

Kappale 44, harjoitus 3
käynyt, ostanut, muuttanut, kuunnelleet, nähnyt, syöty, imuroitu, tulleet, juotu, vastannut

KAPPALE 44, HARJOITUS 4
I. sanottu, kysytty, katsottu, nukuttu, luettu, kirjoitettu
II. tuotu, viety, tupakoitu, kopioitu
III. kävelty, ajateltu, opiskeltu
IV. avattu, pelattu, pelätty, vihattu
V. tarvittu, häiritty, valittu

sanottuaan, kysyttyään, katsottuaan, nukuttuaan, luettuaan, kirjoitettuaan, tuotuaan, vietyään, tupakoituaan, kopioituaan, käveltyään, ajateltuaan, opiskeltuaan, avattuaan, pelattuaan, pelättyään, vihattuaan, tarvittuaan, häirittyään, valittuaan

KAPPALE 44, HARJOITUS 6
Olin iloinen, kun olin ymmärtänyt asian. Olin väsynyt, kun olin kävellyt monta kilometriä. Muistin asian vasta, kun olin lopettanut puhelun. Olin väsynyt, kun olin työskennellyt kauan. Haluan tavata hänet heti, kun olen palannut. Menen lepäämään, kun olen syönyt. Olin surullinen, kun olin soittanut hänelle. Olen pirteä, kun olen nukkunut tarpeeksi. Olin vihainen, kun olin odottanut monta tuntia.

KAPPALE 44, HARJOITUS 7
Lastenlasten käytyä katsomassa isoäitiä hänellä oli hyvä mieli. Naapurin kaadettua omenapuut piha näytti tyhjältä. Matkaoppaan kerrottua kaupungin historiasta turistit lähtivät kiertoajelulle. Vauvan herättyä äiti lämmitti hänelle maitoa. Vieraiden lähdettyä isäntä tiskasi astiat. Veden kiehuttua voimme laittaa teetä. Kurssin päätyttyä te osaatte hyvin suomea. Auringon noustua ilma alkaa lämmitä. Ystävien jätettyä hänet yksin hän oli surullinen. Opiskelijoiden kirjoitettua tenttivastaukset opettaja keräsi paperit.

KAPPALE 44, HARJOITUS 8
Jäätyään eläkkeelle isoäiti hoiti Saria. Annettuaan kotitehtävät opettaja lähti luokasta. Vietyään lapset päivähoitoon äiti meni työhön. Luettuaan kirjan pojat tietävät asiasta enemmän. Otettuaan valokuvia turistit nousivat bussiin. Kuunneltuaan luennon opiskelijat menevät kahville. Leikittyään koulua Sari ja isoäiti lepäsivät.

KAPPALE 45, HARJOITUS 2
Kyllä, katselen televisiota syödessäni aamiaista. / Ei, en katsele televisiota syödessäni aamiaista. Kyllä, silitän pyykkiä katsellessani televisiota. / Ei, en silitä pyykkiä katsellessani televisiota. Kyllä, laulan siivotessani. / Ei, en laula siivotessani. Kyllä, itken katsoessani surullista elokuvaa. / Ei, en itke katsoessani surullista elokuvaa. Kyllä, huudan suuttuessani. / Ei, en huuda suuttuessani. Kyllä, pelkään kävellessäni pimeällä kadulla. / Ei, en pelkää kävellessäni pimeällä kadulla. Kyllä, jännitän puhuessani yleisön edessä. / Ei, en jännitä puhuessani yleisön edessä. Kyllä, punastun valehdellessani. / Ei, en punastu valehdellessani. Kyllä, voin pahoin matkustaessani bussissa. / Ei, en voi pahoin matkustaessani bussissa. Kyllä, käytän uimalakkia uidessani. / Ei, en käytä uimalakkia uidessani. Kyllä, kuorsaan nukkuessani. / Ei, en kuorsaa nukkuessani. Kyllä, kuuntelen musiikkia lukiessani. / Ei, en kuuntele musiikkia lukiessani.

KAPPALE 45, HARJOITUS 3
syntyessäsi, täyttäessäsi, ollessasi, halutessasi, nähdessäsi

Kappale 45, harjoitus 5
1: Odottaessasi junaa luit lehteä. Ajaessaan pyörällä he käyttävät kypärää.
2: Sinun kirjoittaessasi lapset eivät saa tulla huoneeseen. Hänen puhuessaan puhelimessa kaikkien täytyy olla hiljaa.
3: Istuessaan pilkillä Ville ajattelee asioita. Juodessaan aamukahvia äiti ja isä suunnittelevat päivän töitä.
4: Vauvan alkaessa itkeä äiti meni sen luokse. Herätyskellon soidessa Tuula hyppäsi ylös sängystä. Auringon noustessa Ville istuu jo juomassa aamukahvia. Vieraiden tullessa kaikki oli valmista. Pääskysten/Pääskysien palatessa Suomeen alkaa kesä.

Kappale 45, harjoitus 6
En syö koskaan katsellessani televisiota. Me istumme keittiössä juttelemassa hänen laittaessaan ruokaa. Mummo oli väsynyt hoidettuaan Saria koko päivän. He olivat huonolla tuulella etsiessään avaimiaan. He olivat hyvin nuoria mennessään naimisiin. Keskustellessamme huomasimme, että olimme samaa mieltä asiasta. Soita minulle palattuasi! Käytyään peruskoulun hän meni ammattikouluun. Hän oli iloinen minun pyydettyäni häneltä anteeksi. Olin iloinen pyydettyäni häneltä anteeksi. Bussi ajoi ohi teidän jutellessanne pysäkillä. Poikien nukahdettua äiti menee keittiöön. Kaikki lakkasivat puhumasta meidän tullessamme huoneeseen. Käydessämme täällä viimeksi tapasimme koko perheen. Sammuttakaa valot lähtiessänne! Kuun noustua taivaalle maisema näytti erilaiselta.

Kappale 46, harjoitus 2
Tyttö istui rannalla katsellen merelle. Tulimme kaupasta kantaen painavia paketteja. Lapset seisoivat jäätelökioskin vieressä syöden jäätelöä. Kissa tuli sisään likomärkänä naukuen surkeasti. Kissa makasi mummon sylissä kehräten tyytyväisenä. Ystäväni tuli luokseni näyttäen hyvin surulliselta. Lapset telmivät rannassa roiskuttaen vettä. Tyttö käänsi päänsä pois yrittäen salata punastumisensa. Äiti kertoi uutisen hiljaisella äänellä pyyhkien kyyneliä silmistään.

Kappale 46, harjoitus 3
Vietitkö koko illan katsellen elokuvia? Hän viettää lomansa matkustellen. Vietimme ensimmäisen lomaviikon kiertäen Suomea. Vietitte hauskan illan muistellen au pair -vuotta.

Kappale 46, harjoitus 6
1. Panin kolme herätyskelloa soimaan herätäkseni varmasti ajoissa. Sinun täytyy lähteä ajoissa tullaksesi ajoissa perille. Hän soitti siskolleen saadakseen tietää, mitä oli tapahtunut. Tulimme tänne tavataksemme hänet. Te säästätte rahaa ostaaksenne omakotitalon. He tekevät kahta työtä hankkiakseen rahaa lomamatkaa varten.
2: Opiskelijat opiskelevat ahkerasti valmistuakseen nopeasti. Liisa otti kirjeen käteensä repiäkseen sen, mutta sitten hän muutti mielensä. He matkustavat Lappiin nähdäkseen revontulia. He työskentelivät ahkerasti päästäkseen lähtemään aikaisin kotiin. Erik lähti luontoretkelle tutustuakseen kasveihin.

Kappale 46, harjoitus 7
Tapauksen selvittämiseksi otetaan yhteyttä asiantuntijaan. Paikallisten asukkaiden rauhoittamiseksi järjestettiin useita kokouksia. Syyllisen löytämiseksi kuulusteltiin useita henkilöitä. Ongelman ratkaisemiseksi kokeiltiin monia keinoja.

KAPPALE 47, HARJOITUS 1
itki, puhdistan, laitan, oli

KAPPALE 47, HARJOITUS 2
Opettaja sanoi: "Lehdet kirjoittavat asiasta usein." Opiskelija sanoi: "Tentti menee varmasti hyvin." Hän sanoi: "Muistan kaiken." Naapuri sanoi: "Kävelen töihin." Sanoin: "Ajattelen asiaa." Elli sanoi: "Matka maksaa liian paljon."

KAPPALE 47, HARJOITUS 3
Poika sanoi käyvänsä maalla joka toinen viikko. He sanoivat myyvänsä auton huomenna. Minä sanoin tulevani ensi viikolla. Sinä väität olevasi aivan varma asiasta. Huomasimme yhtäkkiä olevamme väärässä junassa. Te luulitte myöhästyvänne junasta.

KAPPALE 47, HARJOITUS 4
1: Kauppias ilmoitti kahvin hinnan nousevan. Äiti kertoi poikien tarvitsevan uudet sukset. Jari väitti kirjan maksavan vain kymmenen euroa. Myönnän ongelman olevan vaikea. Hän luuli kaikkien ymmärtävän asian. Uskotko ilmaston lämpenevän? Lääkärinä toivon teidän liikkuvan enemmän. En kuvittele jokaisen pystyvän siihen. Arvelen sinun muistavan lupauksesi. Muistin naapurin osaavan venäjää. Kukaan ei tiedä sinun olevan täällä. Lapset ymmärsivät isän olevan väsynyt työpäivän jälkeen. Jari huomasi Mikan nukkuvan ja sammutti valot. Hän näki minun olevan samaa mieltä. Kuulimme teidän muuttavan maalle.
2: Kauppias ilmoitti avaavansa uuden myymälän. Äiti kertoi tarvitsevansa uuden takin. Jari väitti laulavansa huonosti. Myönnän olevani usein myöhässä. Hän luuli ymmärtävänsä asian. Uskotteko muistavanne kaiken? Toivon tapaavani teidät mahdollisimman pian. En kuvittele pystyväni siihen. Arveletko saavasi paikan? He muistivat tuntevansa minut. Hän tietää oppivansa nopeasti. Mies ymmärsi olevansa vakavasti sairas. Jari huomasi väsyvänsä nopeasti. Hän näki olevansa vaarassa. Kuulimme pääsevämme työhön.

KAPPALE 47, HARJOITUS 5
1: Tiesin, että lapset kuuntelivat oven takana. Soitin ja kerroin, että olin myöhässä. Luulitteko, että näitte minut, kun näitte sisareni? Luuliko hän, että minä katselin häntä? Ymmärsivätkö he, että he häiritsivät?
2: Sanoin, että puhun asiasta hänen kanssaan joskus myöhemmin. Uskoin, että lapset ovat aina kilttejä. Kerroitko, että olet sairas? Hän sanoi, että naapurit aikovat muuttaa uuteen asuntoon. Hän sanoi, että hän istuttaa puutarhaan marjapensaita. Radiossa sanottiin, että aurinko nousee huomenna kello neljä.

KAPPALE 47, HARJOITUS 7
Käydessään täällä hän kertoi haluavansa muuttaa ulkomaille. Ollessaan menossa saunaan he kuulivat jonkun huutavan apua. Katsellessaan elokuvia hän kuvittelee olevansa filmin päähenkilö. Lentäessämme pelkäämme aina lentokoneen putoavan. Mitä teitte huomatessanne istuvanne väärässä junassa?

KAPPALE 47, HARJOITUS 8
jokaisen, kaikkien, teidän kaikkien, näiden, noiden, jonkun, kenenkään, minkään, Kenen, Kumman

Kappale 48, harjoitus 2
Tiedän, että Mika viihtyi hyvin. Tiedän, että kaverit olivat Mikan mielestä kivoja. Tiedän, että pojat kertoivat illalla teltassa jännittäviä juttuja. Tiedän, että yhden pojan tavarat kastuivat ja yksi poika joutui käymään lääkärissä. Tiedän, että vierailupäivä sujui hyvin.

Kappale 48, harjoitus 3
tavanneen, viihtyneen, saaneen, käyneen, nukkuneen, puhuneen, juosseen, kuulleen, nähneen, oppineen
puhuneen, viihtyneen, nähneensä, oppineensa, saaneensa, kuulleeni, käyneen, nukkuneen, juosseen, tavanneensa

Kappale 48, harjoitus 4
Tiedämme Jorman tavanneen Tuulan Lappeenrannassa. Kuulin poikien hiihtäneen jo monta kilometriä tänä talvena. Sanot lukeneesi koulussa englantia. He sanovat käyneensä lomalla etelässä. Hän väittää olleensa kotona. Luulin kaikkien olleen jo kotona. Toivon teidän valinneen hyvän presidentin. Uskon kaikkien ymmärtäneen asian. Hän myönsi valehdelleensa.

Kappale 48, harjoitus 5
Leikin sanotaan olevan lasten työtä. Päiväkodin on huomattu olevan monelle lapselle erittäin tärkeä paikka. Lasten tiedetään oppivan leikkiessään sosiaalisia taitoja. Sarin muistetaan leikkineen pienenä mielellään koulua. Poikien kerrotaan harrastaneen kesällä juoksua ja talvella hiihtoa.

Kappale 49, harjoitus 3
vieraat tulivat yllättäen, kamera unohtui pöydälle, polkupyörä meni rikki, juna oli myöhässä, turisti tuhlasi kaikki rahansa, nainen joi liikaa kahvia, junat lähtivät illalla

Kappale 49, harjoitus 4
vieraat, jotka tulivat yllättäen; kamera, joka unohtui pöydälle; polkupyörä, joka meni rikki; juna, joka oli myöhässä; turisti, joka tuhlasi kaikki rahansa; nainen, joka joi liikaa kahvia; junat, jotka lähtivät illalla

Kappale 49, harjoitus 5
pyörällä kaatunut tyttö, viisi vuotta täyttänyt lapsi, järven ympäri soutanut mies, liikennettä ohjanneet poliisit, ohi ajanut auto, viime keväänä päättynyt kurssi, tien yli juossut hirvi

Kappale 49, harjoitus 6
Lehden artikkelin aiheena oli vaalit voittanut puolue. Lehden artikkeli kertoi vaalit voittaneesta puolueesta. Uutisen aiheena oli merellä tapahtunut onnettomuus. Uutinen kertoi merellä tapahtuneesta onnettomuudesta. Novellin aiheena oli kaupunkiin muuttanut poika. Novelli kertoi kaupunkiin muuttaneesta pojasta. Televisio-ohjelman aiheena oli viime vuonna kuollut kirjailija. Televisio-ohjelma kertoi viime vuonna kuolleesta kirjailijasta. Dekkarin aiheena oli pankkiryöstön tehnyt mies. Dekkari kertoi pankkiryöstön tehneestä miehestä. Elokuvan aiheena oli muistinsa menettänyt mies. Elokuva kertoi muistinsa menettäneestä miehestä. Näytelmän aiheena oli onnettomasti rakastunut tyttö. Näytelmä kertoi onnettomasti rakastuneesta tytöstä. Romaanin

aiheena oli sodasta palannut mies. Romaani kertoi sodasta palanneesta miehestä.
Runon aiheena olivat jäätyneet kyyneleet. Runo kertoi jäätyneistä kyynelistä. Sadun
aiheena oli sammakoksi muuttunut prinssi. Satu kertoi sammakoksi muuttuneesta
prinssistä.

KAPPALE 49, HARJOITUS 7
Rikki mennyt polkupyörä. Myöhässä ollutta junaa. Kaikki rahansa tuhlannutta turistia.
Liikaa kahvia juoneella naisella. Illalla lähteneessä junassa. Matkalle lähteneet tuttavani.
Uudenvuodenpäivänä ensimmäiseksi syntyneelle lapselle. Kilpailun voittaneesta
urheilijasta. Voittajalle kaksi sekuntia hävinnyt kilpailija.

KAPPALE 49, HARJOITUS 8
Metsään eksynyt vanhus löydettiin eilen. Autiolle saarelle joutunut mies huomattiin
helikopterista. Pojan pelastanut koira sai palkinnon. Koulumatkalla olleet lapset näkivät
suden. Maahan saapuneet turistit ihmettelivät monia asioita.

KAPPALE 49, HARJOITUS 9
lasku maksettiin toissapäivänä, kirja julkaistiin viime vuonna, auto myytiin halvalla,
elokuva kiellettiin lapsilta, retki luvattiin lapsille

KAPPALE 49, HARJOITUS 10
käsin kirjoitetut kirjeet, televisiossa esitetyt filmit, halvalla myydyt asunnot, avatut
ikkunat, uuteen eduskuntaan valitut kansanedustajat, hyvin suunnitellut retket, äsken
pestyt kattilat

KAPPALE 49, HARJOITUS 11
paistettuja perunoita, kaadettua puuta, luettuja lehtiä, ulkomailla painettua kirjaa,
alennusmyynnissä myytyjä tavaroita

KAPPALE 49, HARJOITUS 12
varastetussa, lainattua, pudotetussa, lähetetyn, piirretyistä, kielletyt, avatun, vedetyt,
revittyjä

KAPPALE 49, HARJOITUS 13
Poika on maalannut pöydän. Pöytä on maalattu. Äiti on ommellut napit. Napit on
ommeltu. Tyttö on tiskannut lautaset. Lautaset on tiskattu. Naapuri on täyttänyt
lottokupongin. Lottokuponki on täytetty. Mies on lukenut lehden. Lehti on luettu.
Nainen on siivonnut makuuhuoneen. Makuuhuone on siivottu. Mies on varastanut
polkupyörän. Polkupyörä on varastettu. Kirjailija on julkaissut romaanin. Romaani on
julkaistu.

KAPPALE 49, HARJOITUS 14
Lautaset tiskannut tyttö kasteli hihansa. Tiskatut lautaset ovat kuivauskaapissa.
Lottokupongin täyttänyt naapuri lähti viemään sitä kioskiin. Täytetty lottokuponki
oli taskussa. Polkupyörän varastanut mies saatiin kiinni. Varastettu polkupyörä saatiin
takaisin.

KAPPALE 50, HARJOITUS 2
tiedetään, tiedettiin, tiedetty, tiedettävä; päätetään, päätettiin, päätetty, päätettävä;

kannetaan, kannettiin, kannettu, kannettava; laitetaan, laitettiin, laitettu, laitettava; saadaan, saatiin, saatu, saatava; käydään, käytiin, käyty, käytävä; lajitellaan, lajiteltiin, lajiteltu, lajiteltava; siivotaan, siivottiin, siivottu, siivottava; valitaan, valittiin, valittu, valittava

Kappale 50, harjoitus 3
ohjata, syödä, juoda, nähdä, ymmärtää, heittää

Kappale 50, harjoitus 5
Jarin ja Mikan täytyy työskennellä ahkerasti. Jarin ja Mikan on työskenneltävä ahkerasti. Jarin ja Mikan on pakko työskennellä ahkerasti. Heidän täytyy auttaa äitiä. Heidän on autettava äitiä. Heidän on pakko auttaa äitiä. Tuulan täytyy nousta aikaisin. Tuulan on noustava aikaisin. Tuulan on pakko nousta aikaisin. Monien ihmisten täytyy olla työssä myös yöllä. Monien ihmisten on oltava työssä myös yöllä. Monien ihmisten on pakko olla työssä myös yöllä. Vauvojen täytyy nukkua paljon. Vauvojen on nukuttava paljon. Vauvojen on pakko nukkua paljon. Hänen täytyy suunnitella asiat etukäteen. Hänen on suunniteltava asiat etukäteen. Hänen on pakko suunnitella asiat etukäteen. Sadun ukon täytyi kertoa jotakin ennen kuulematonta. Sadun ukon oli kerrottava jotakin ennen kuulematonta. Sadun ukon oli pakko kertoa jotakin ennen kuulematonta. Hoviväen täytyi sanoa kuulleensa ukon jutut. Hoviväen oli sanottava kuulleensa ukon jutut. Hoviväen oli pakko sanoa kuulleensa ukon jutut. Kuninkaan täytyi antaa rahaa ukolle. Kuninkaan oli annettava rahaa ukolle. Kuninkaan oli pakko antaa rahaa ukolle.

Kappale 50, harjoitus 6
Heidän ei tarvitse lähteä mihinkään. Heidän ei ole pakko lähteä mihinkään. Minun ei tarvitse tilata sitä lehteä. Minun ei ole pakko tilata sitä lehteä. Mikan ei tarvitse viedä vanhoja leluja kirpputorille. Mikan ei ole pakko viedä vanhoja leluja kirpputorille.

Kappale 50, harjoitus 7
Se on pestävä. Ikkuna on pestävä. Ne on pestävä. Ikkunat on pestävä. Se on kasteltava. Nurmikko on kasteltava. Se on leikattava. Ruoho on leikattava. Sille on avattava ovi. / Se on päästettävä ulos. Koira on päästettävä ulos.

Kappale 50, harjoitus 8
Hänen oli laitettava aamiaista. Hänen oli herätettävä toiset. Hänen oli syötävä jotakin. Hänen oli luettava lehti. Hänen oli kuunneltava uutiset. Hänen oli kirjoitettava ostoslista. Hänen oli lähetettävä poika kouluun. Hänen oli vietävä pienet kaksoset päiväkotiin. Hänen oli kaivettava auto esiin lumen alta. Hänen oli saavuttava ajoissa kotiin.

Kappale 50, harjoitus 9
Meillä ei ollut enää mitään sanottavaa. Sinulla on vielä paljon opittavaa. Tule auttamaan minua! Keittiössä on paljon tehtävää. Löytyisiköhän kioskista jotakin luettavaa junamatkalle?

KAPPALE 51, HARJOITUS 1
punaiset, vihreät, mustat, vaaleat, raidallinen, kirjava, tummanruskeat, siniset, värikkäät, kukikas, valkoinen

KAPPALE 51, HARJOITUS 3
1: ihmiset, jotka käyvät taidenäyttelyssä; poika, joka kuuntelee musiikkia kirjastossa; lapset, jotka pelaavat tietokonepelejä; matkustajat, jotka pelkäävät lentämistä; turistit, jotka ottavat valokuvia; juna, joka seisoo asemalla; työnhakija, joka osaa suomea ja ruotsia
2: yksin omassa kodissaan asuvat vanhukset; rannikolla sijaitseva kaupunki; muotokuvia maalaava taiteilija; jalkapalloa harrastavat tytöt; marjoja myyvä torikauppias; pysäkillä bussia odottavat ihmiset

KAPPALE 51, HARJOITUS 5
nukkuvaa, kävelevän, tarvitsevaa, itkevän, keräävälle, syöviä, jatkuvaa, taluttavan, itkevältä, muuttuvassa, Nousevien, laskeutuvien

KAPPALE 51, HARJOITUS 6
A. täytettävä lottokuponki, lämmitettävä sauna, haastateltava ministeri, talutettava lapsi, kaadettava puu, tuotava paketti, jaettava posti
B. avainta etsivä lapsi, lattiaa imuroiva siivooja, rakennusta sammuttava palokunta, kalaa paistava kokki, leikkimökkiä rakentava kirvesmies, sinfoniaa soittava orkesteri

KAPPALE 52, HARJOITUS 3
Mikan, Jarin, Erikin, viranomaisten, koiran, arkkitehti Carl Ludvig Engelin, kiven, Yrjö Metsälän, Teuvo Pakkalan, Jorman, Mikan kummitädin

KAPPALE 52, HARJOITUS 4
silittämä, ompelema, ompelemat, kiillottamat, kirjoittaman, maalaaman, laittamasta, antamat, ohjaamia, kirjoittamista

KAPPALE 52, HARJOITUS 5
rakennus, jonka palokunta sammutti; kalliomaalaus, jonka arkeologi löysi; tohveli, jonka koira repi; sinfonia, jonka Sibelius sävelsi; lippu, jonka unohdit pöydälle; henkilö, jonka he tuntevat; seinäkello, jonka isovanhemmat lahjoittivat; haastattelu, jonka toimittaja teki; resepti, jonka lääkäri kirjoitti; taulu, jonka ripustin seinälle; talo, jonka rakensit; ovi, jonka hän lukitsi; viesti, jonka luitte; piha, jonka asukkaat siivosivat

KAPPALE 52, HARJOITUS 6
yhdistyksen järjestämä juhla, naapurin maalaama aita, äidin kuorima omena, toimittajan haastattelema ministeri, leipurin leipoma kakku, orkesterin soittama sinfonia

KAPPALE 52, HARJOITUS 7
Yrittäkää olla riitelemättä! Yrittäkää olla huutamatta! Yritä olla keikuttamatta tuolia! Yritä olla raapimatta hyttysenpuremia!

KAPPALE 52, HARJOITUS 8
Ei, se jäi pesemättä. Ei, ne jäivät kastelematta. Ei, se jäi sulkematta. Ei, ne jäivät harjaamatta.

KAPPALE 52, HARJOITUS 9
Lähdin työhön syömättä aamiaista. Hiivin sisään herättämättä ketään. Ajoimme koko yön pysähtymättä kertaakaan. Hän tuijotti eläintä uskomatta silmiään. Panin laatikon takaisin hyllylle ottamatta siitä mitään.

KAPPALE 52, HARJOITUS 10
Kynnet ovat vielä lakkaamatta. Huulet ovat vielä maalaamatta. Silmät ovat vielä meikkaamatta. Pusero on vielä silittämättä. Kengät ovat vielä kiillottamatta. Aurinkolasit ovat vielä etsimättä.

KAPPALE 52, HARJOITUS 12
Partaa. Parrattomalla miehellä ei ole partaa. Perhettä. Perheettömällä ihmisellä ei ole perhettä. Aurinkoa. Auringottomana päivänä ei näy aurinkoa. Puita. Puuttomalla alueella ei ole puita. Lehtiä. Lehdettömässä puussa ei ole lehtiä. Yllätyksiä. Yllätyksettömästä elämästä puuttuu yllätyksiä.

KAPPALE 52, HARJOITUS 13
asunnoton, kalaton, hajutonta, unetonta, kiireettömän, yöttömäksi, parittomia, subjektittomia

KAPPALE 52, HARJOITUS 15
syyllinen, syytön, uskollinen, uskoton, hyvä, parempi

KAPPALE 52, HARJOITUS 17
1: tekemätön työ, odottamaton tapaus, hoitamaton puutarha, kampaamaton tukka
2: sietämätön kipu, uskomaton juttu, käsittämätön väite
3: syntymätön lapsi, unohtumaton ilta, lakkaamaton melu, ymmärtämätön ihminen

KAPPALE 53, HARJOITUS 4
Lapsi tulee luokseni leluineen ja kuvakirjoineen. Pojat menevät luistinradalle luistimineen ja jääkiekkomailoineen. Lapset menevät juhliin vanhempineen. Kalle lähtee maalle vaimoineen, lapsineen, koirineen ja kissoineen. Älä tule juuri siivottuun huoneeseen likaisine kenkinesi!

KAPPALE 53, HARJOITUS 5
a) tulipalo b) lautta c) juuttua d) purje e) suunta f) harvoin

KAPPALE 54, HARJOITUS 3
Lama jatkuu mahdollisesti vielä useita vuosia. Meidän täytyy varmaankin lähteä. Luultavasti kaikki tietävät, mistä on kysymys. Avustuslähetykset saapuvat todennäköisesti perille tänään. Arvellaan, että lentokone on törmännyt vuoreen. Työntekijät ovat ilmeisesti saaneet palkkansa. Kukaan teistä ei varmaankaan muista, miltä tämä seutu näytti ennen. Kaikesta päättäen alueen ensimmäiset asukkaat eivät ole olleet suomalaisia. Kirja käännetään ilmeisesti ruotsiksi. Kaikille on varmaankin ilmoitettu tapauksesta.

KAPPALE 54, HARJOITUS 5
Suomi saa mitalin. Suomi saanee mitalin. Voi kun Suomi saisi mitalin! Asuntojen hinnat eivät nouse. Asuntojen hinnat eivät nousse. Voi kun asuntojen hinnat eivät nousisi! Hänestä tulee presidentti. Hänestä tullee presidentti. Voi kun hänestä tulisi presidentti! Puolueen puheenjohtaja eroaa. Puolueen puheenjohtaja eronnee. Voi kun puolueen puheenjohtaja eroaisi!

KAPPALE 55, HARJOITUS 1
A. hevonen, ehdotus, mielipide, harrastus, retki, lentokone, oppilas, vuode, vuokralainen, virhe, kokous, uni
B. saappaani, vaatteeni, liittolaiseni, seurueeni, sormeni, asiakkaani, hameeni, toivomukseni, eläkkeeni, uima-altaani, lapsenlapseni, vereni, polveni, tutkimukseni
C. hatut, piiput, lusikat, tiedot, lounastunnit, kuitit, jalat, kädet, käsivarret, kengät
D. vikani, laukkuni, tapani, mieliruokani, juttuni, tätini, voileipäni, pyykkini, tuntomerkkini, mattoni

KAPPALE 55, HARJOITUS 2
A. Ostin takin Lahdesta. Olet ratkaissut ongelman. Hän otti kynän. Näimme kuninkaan. Olette myyneet talon. He kertoivat uutisen.
B. Pesin sukat. Unohdit avaimet kotiin. Hän kaatoi pihakoivut. Huomasimme virheet. Järjestitte kaapit. Virtaset jättivät lapset isoäidin hoitoon. Tuula kutsui naapurit kahville.
C. Hän pani uudet kengät kaappiin. Johtaja esitteli uuden sihteerin. Hän näytti meille uudenmallisen kännykän. Voisitko lukea meille kauniin runon? Hän otti pienen pojan syliinsä. Hän opetti pienet pojat pelaamaan jalkapalloa. Haluaisin maalata tuon kirjoituspöydän.

KAPPALE 55, HARJOITUS 3
1: Pesen jalkani. Pesen tukkani. Leikkaan kynteni. Kiillotan kenkäni. Parsin sukkani. Silitän paitani.
2: Hän kampasi tukkansa. Hän ajoi partansa. He puristivat kätensä nyrkkiin. He panivat hattunsa hyllylle.

KAPPALE 55, HARJOITUS 4
Minun on löydettävä lompakko. Meidän täytyy maksaa lasku. Avatkaa laukku! Heidän pitää kirjoittaa osoite tähän. Sinun on aika tehdä harjoitus.

KAPPALE 55, HARJOITUS 5
polveni, sormeni, varpaani, nilkkani, korvani

KAPPALE 55, HARJOITUS 6
hänen hiuksiensa väri, hänen lastensa nimet, hänen vanhempiensa ikä, hänen sisariensa ja veljiensä syntymäpäivät

KAPPALE 55, HARJOITUS 7
äidilläni, äidiltäni, äidilleni, äidistäni, äitiini

KAPPALE 55, HARJOITUS 8
1: Kalle auttaa isäänsä. Tuula soittaa vanhemmilleen. Elli kertoi matkastaan. Jorman äiti

tutustui tulevaan miniäänsä.
2: Kalle auttaa meidän isäämme. Elli kertoi heidän matkastaan. Kuulin uutisen hänen pojaltaan. Olemme kyllästyneet heidän vanhoihin juttuihinsa.

Kappale 55, harjoitus 9
Hänen tyttärellään on kaksi lasta. Lapset pitävät isoäidistään ja isoisästään. Koputin hänen ovelleen. Kysyin hänen nimeään.

Kappale 55, harjoitus 10
varvas, monikko: varpaat; polvi, monikko: polvet; kylki, monikko: kyljet; selkä, monikko: selät; vatsa; pää; käsi, nenä

Kappale 55, harjoitus 11
1c, 2d, 3f, 4b, 5g, 6h, 7a, 8e

Kappale 56, harjoitus 2
He kertovat meille toisistaan. He keskustelevat toistensa kanssa. He tutustuivat toisiinsa kesällä. He kysyvät asioita toisiltaan. He auttavat toisiaan. He ovat kiinnostuneita toistensa asioista. He antavat toisilleen lahjoja. He käyvät toistensa sukulaisten luona.

Kappale 56, harjoitus 3
Ei kenenkään. Ei kenelläkään. Ei kenellekään. Ei kenestäkään. Ei ketään. Ei keneltäkään.

Kappale 56, harjoitus 4
Kenenkään ei tarvinnut jäädä sairaalaan. Kenelläkään ei ollut pahoja vammoja. Kenellekään ei tarvinnut antaa tekohengitystä. Kenestäkään ei ollut lehdessä valokuvia. Ketään ei syytetty onnettomuudesta. Keneltäkään ei vaadittu korvauksia.

Kappale 56, harjoitus 5
En tavannut ketään. Etkö voi puhua asiasta kenellekään? Hän ei voi puhua täällä omaa kieltään kenenkään kanssa. En ole vielä tutustunut keneenkään/kehenkään. Hän on vihainen kaikille, hän ei pidä kenestäkään. Kysyin asiaa monelta ihmiseltä, mutta en saanut kunnon vastausta keneltäkään. Kukaan ei ymmärrä minua.

Kappale 56, harjoitus 6
A. Ihailen itseäni. Pidän itseäni hyvin kauniina. Katselen usein itseäni peilistä. Puhun vain hyvää itsestäni. Ostan lahjoja vain itselleni.
B. Hän rakastaa itseään. Hän pitää itseään kauniina. Hän katselee itseään kaikista peileistä. Hän puhuu itsestään aina ja kaikkialla. Hän ei osta koskaan lahjoja kenellekään muulle, vain itselleen.

Lisäharjoituksia, harjoitus 2
B. Mikä tuo on? Mikä se on? Kenen se on? Keneltä he ovat saaneet sen? Tiedätkö, minkä maan pääkaupunki Kuala Lumpur on? Missä maassa vuoden 1992 olympialaiset pidettiin? Mikä on maailman tärkein viljalaji? Mitä auringonkukan siemenistä tehdään? Mitkä ovat maailman pisimmät joet? Kuinka pitkiä ne ovat? Mitä sinä etsit? Missä sinulla oli se viimeksi? Mihin laitat sen tavallisesti, kun olet maksanut? Mistä olet

etsinyt sitä? Mistä löysit sen? Minkä eläimen he näkivät? Minkä eläimen jälkiä nämä ovat? Mistä eläimestä sinä pidät? Mitä eläintä pelkäät? Mistä kukista pidät? Mistä ostit lehden? Mihin unohdit käsineesi? Miltä salmiakki maistuu? Miksi kysyt niin paljon?

Lisäharjoituksia, harjoitus 3
a) mitään, kaikki, mistään, Mikään, Minkään, Missään
b) kumpaakaan, molemmat, kummastakaan, Kumpikaan, Kummankaan, Kummassakaan

Lisäharjoituksia, harjoitus 4
a) Molemmista. b) En kummastakaan. a) Molemmille. b) En kummallekaan.
a) Molemmilta. b) En kummaltakaan. a) Molempiin. b) En kumpaankaan.
a) Molempien. b) En kummankaan. a) Molemmat. b) En kumpaakaan.

Lisäharjoituksia, harjoitus 5
1: Ihan sama, mitä vaan. Ihan sama, missä vaan. Ihan sama, mistä vaan. Ihan sama, mihin vaan. Ihan sama, millä vaan. Ihan sama, mitkä vaan.
2: Kenen kanssa tahansa. Ihan kenen kanssa vaan. Keneltä tahansa. Ihan keneltä vaan. Kenelle tahansa. Ihan kenelle vaan. Ketä tahansa. Ihan ketä vaan. Kuka tahansa. Ihan kuka vaan.
3: Koska vaan, ei mitään väliä. Miten vaan, ei mitään väliä. Kuinka kauan vaan, ei mitään väliä. Kuinka monta vaan, ei mitään väliä.
4: Ihan kummat vaan. Ihan kummalla vaan. Ihan kumpaa vaan. Ihan kumpaan vaan. Ihan kummalle vaan.

Lisäharjoituksia, harjoitus 6
En mitään. En mistään. En millään. Ei mihinkään. Ei missään. Ei kukaan. Ei kenenkään. Ei kukaan. Ei mikään.

Lisäharjoituksia, harjoitus 7
jostakin/jostain, jonkin, jotakin, jollekin, joltakin, jotakin, johonkin, jokin, jossakin, jokin, jonakin, joksikin, jollakin, joitakin/joitain, joiltakin/joiltain, joidenkin

Lisäharjoituksia, harjoitus 9
Harvat osaavat. Harvat suomalaiset osaavat japania. Useat opiskelevat. Useat aikuiset opiskelevat. Harvat ovat. Harvat ihmiset ovat tyytyväisiä palkkaansa. Monet pelkäävät. Monet ihmiset pelkäävät ukkosta. Jotkut pelaavat. Jotkut tytöt pelaavat jääkiekkoa.

Lisäharjoituksia, harjoitus 11
En ehdi, En uskalla, En raaski, En pysty, En jaksa

Lisäharjoituksia, harjoitus 12
En ehdi tulla. Aika ei riitä. – En jaksa syödä enempää. Vatsani on täynnä. – En tarkene mennä ulos. On liian kylmä. – En uskalla kävellä yksin yöllä. Olen arka. Pelkään. – En kehtaa koskaan sanoa mitään kokouksissa. Olen liian ujo. – En viitsi mennä ulos. Olen haluton, laiska. – En raaski ostaa sitä. Se on liian kallis. – En pysty ostamaan tuota autoa. Se maksaa liikaa. – En pysty sanomaan "ei". Luonteeni ei ole riittävän vahva. – En pysty kävelemään. Jalkani on kipeä.

LISÄHARJOITUKSIA, HARJOITUS 13
jatkaa, jatkuu; jätä, jäivät; keräsimme, kerääntyivät; liittyi, liitettiin; lopetatte/lopetitte, loppuu; löytyi, löydä; muuttaa, muuttunut; nostamme, nousemme; Näetkö, näe, näkyy; poistaa, poistua; päässyt, päästä; riippuu, ripustaa; sammuu, sammuttaa; soi, soitti; suutuit, suututtaa; syttyi, sytytin; Unohdin, unohtui; valmistetaan, valmistuu; varoa, varoitin

Liite

Ideoita opettajalle

A.
Ääntämisen harjoittelua

Kappale 1
Lue sekä oppikirjan että harjoituskirjan fraasit malliksi ja pyydä toistamaan kuorossa. Rohkaise jokaista esittelemään itsensä mallien mukaan.

Harjoituskirjan Jutellaan-harjoituksissa dialogit luetaan ensin lause kerrallaan sujuvaksi. Kaikki sanovat jokaisen lauseen. Sitten luetaan kokonaiset dialogit. Kun opiskelijat tekevät parityötä (Kysy! Opiskelutoveri vastaa), kuuntele ja tee havaintoja, mutta älä korjaa.

Kappale 2
Lue malliksi. Kuvaan liittyvän lukutekstin voisi lukea niin, että ensimmäinen opiskelija lukee yhden lauseen ja toinen seuraavan jne.

Kappale 3
Lue malliksi.

Harjoituskirjan harjoitus 1: Opiskelijat lukevat väitteet, kukin yhden väitteen. Toiset sanovat, onko väite totta.

Harjoitukset 2 ja 3: Lue paikannimet malliksi. Harjoituta ääntämään niin kuin suomeksi äännetään. Tässä voi harjoitella yksittäisten äänteiden tarkkuutta. Jutellaan-dialogin voi harjoitella ensin sujuvaksi lause lauseelta. Parityön aikana kuuntele ja tee havaintoja, mutta älä korjaa.

Kappale 4
Oppikirjan dialogissa "Minä osaan laskea" voi harjoitella eläytyvää lukemista: muistakaa puheen sävyt!

Huomaa sana *kylmä*. Kannattaa harjoitella sitä hyvin ja opettaa samalla sana *kuuma*. Niiden erottaminen on tärkeää.

Hyvän mahdollisuuden ääntämisen harjoitteluun antaa puuhailu lukusanojen parissa; siksi harjoituskirjassa on paljon tehtäviä niistä.

Kappale 5
Tässä kappaleessa on tarkoitus harjoitella nimenomaan ääntämistä. Lue ensin kirjan dialogi elävästi, kiinnittäen huomiota intonaatioon ja rytmiin. Opiskelijat toistavat repliikit mallisi mukaan ensin repliikki kerrallaan. Sitten luetaan koko

Liite

dialogi ja säilytetään elävyys.

Lue myös esimerkkilauseet (oppikirjan s. 25 ja s. 26) eloisasti, vaihtele tunnesävyjä. Pyydä opiskelijoita toistamaan ne samalla sävyllä. Ne kannattaa lukea kuorossa. Vasta sitten tarkkaillaan yksittäisiä äänteitä.

Kirjainten nimet kannattaa opetella. Niitä tarvitaan esimerkiksi, kun joutuu sanomaan nimensä kirjaimet.

Harjoituskirjan nimiharjoituksissa (harjoitukset 2 ja 3) voi harjoitella äänteiden selvää ääntämistä.

Nyt on saatu kokemusta ääntämisestä. Kun pyritään tarkkuuteen, on yksi hyvä keino se, että opiskelijat sanelevat lauseita tai sanoja toisilleen. Kuuntelija toistaa sanotun. Jos sanelija ei saa viestiä perille, auta ääntämisneuvoin.

Kappale 6
Oppikirjan dialogi "Pääkaupungit" sopii taas eloisan lukemisen harjoitukseksi. Harjoituskirjassa hyödynnetään edelleen erisnimiä. Kirjoitettavatkin harjoitukset kannattaa lukea ääneen.

Kappale 7
Keksi opiskelijoiden kanssa puhumista oppikirjan kuvista. Harjoitelkaa tekstissä olevia verbejä, mutta auta opiskelijoita ilmaisemaan, mitä muuta he haluavat sanoa.

Kappale 8
Infinitiivien ja imperatiivien yhteydessä on hyvä ottaa esille loppukahdennus. Sen käyttöön harjaantuminen lisää sujuvuutta.

Harjoituskirjan harjoitus 4: Esitä kysymyslauseet malliksi erilaisilla tunnesävyillä (vihaisesti, yllättyneesti jne.).

Kappale 9
Oppikirjan dialogi "Mitä Timolle kuuluu?" on niin pitkä, että opiskelijat kannattaa laittaa lukemaan sitä pareittain, kaikki yhtä aikaa. Tämän porinan jälkeen voit korjata yleisesti, jos olet kuullut ääntämisessä jotain ongelmallista.

Oppikirjan sivulla 44 olevaa Erikin postikorttia voisi käyttää näin: Kun teksti on ymmärretty, työskennellään parin kanssa ja kuvitellaan, että toinen on saanut sen kortin ja kertoo nyt toiselle omin sanoin, mitä Erik kirjoittaa.

Kappale 10
Harjoitelkaa oppikirjan dialogit hyvin. Kun teette harjoituskirjan toisen Jutellaan-harjoituksen, esittäkää dialogit pieninä näytelminä. Kuvitelkaa, että ryhmä on teatteriseurue.

LIITE

KAPPALE 11
Oppikirjan sivun 50 dialogeista saa suullisen harjoituksen esimerkiksi näin: Opiskelijat keksivät dialogien henkilöille nimet. Sitten he selostavat, mitä henkilöt kertovat itsestään. Näin tulee harjoitelleeksi pitempää puheenvuoroa.

KAPPALE 12
Harjoituskirjan harjoituksen 1 voi tehdä yhdessä: Piirrä taululle pitkä rakennusrivi. Opiskelijat ehdottavat, mitä rakennuksia ne ovat. Sitten kerrotaan mallin mukaan ääneen, miten mennään rakennuksesta toiseen. On tarkoitus harjoitella sijamuotoja, mutta niitä sanoessaan ei saa painottaa päätettä. Paino pysyy ensimmäisellä tavulla.

Harjoitus 10: Harjoituksesta tulee elävämpi, jos lauseiden sanoja voi samalla näyttää paikat kartasta. Huomaa: Kun opetellaan illatiivia, kannattaa korostaa siinä olevaa pitkää vokaalia. Genetiivin ja illatiivin ero pitää säilyttää niin ääntäessään kuin kirjoittaessaan.

KAPPALE 13
Kun opiskelijat ovat kirjoittaneet harjoituskirjan Jutellaan-harjoituksessa pyydetyn tekstin ja lukevat sen ääneen, kuuntele ja tee havaintoja ääntämisestä. Käsittele esitysten jälkeen ongelmakohtia yleisesti.

KAPPALE 14
Tässä yhteydessä voidaan kiinnittää huomiota joihinkin puhekielisten dialogien piirteisiin.

KAPPALE 15
Harjoitelkaa oppikirjan dialogit niin kuin olisi kyseessä teatteriesityksen ensimmäinen lukuharjoitus.

KAPPALE 16
Oppikirjan sivulla 65 olevan sukunimitilaston lukusanat kannattaa lukea moneen kertaan, ensin selkeästi, sitten niin kuin arkipuhekielessä on tapana.

KAPPALE 17
Tämän kappaleen teksteissä ja varsinkin harjoituksissa on paljon uusia sanoja. Ehkä niiden mieleenpainumista auttaisi, jos niiden ääntämistä harjoiteltaisiin erityisen huolellisesti. Valitse ensin sopivan tuntuinen määrä sanoja ja harjoitelkaa ne yhdessä. Sitten opiskelijat voivat valita itse sanoja ja sanella ne toisilleen. Kuuntelijan täytyy sanaa näkemättä toistaa tai kirjoittaa se.

KAPPALE 18
Monikon partitiivin opiskeleminen saattaa olla raskasta, ja säännöt ja harjoitukset kannattaa hajottaa useiden opetustuokioiden yhteyteen, vaikka ne on tässä

LIITE

kasattu yhteen kappaleeseen. Tässä voisi kokeilla samantapaista tehtävää kuin kappaleen 17 sanojen harjoittelussa.

Tässä vaiheessa keskityt opiskelijoiden kanssa ehkä enemmän kirjalliseen ilmaisuun – tekstien ymmärtämiseen ja kirjoittamiseen –, mutta tarvittaessa kannattaa aina suunnitella jotakin, millä voi kehittää ääntämistä ja suullista ilmaisua.

B.
Miten kieliympäristöä voisi hyödyntää, jos opettaa suomea Suomessa?

Oppikirjan kappaleiden 1–4 aikana olisi hyvä saada kurssille vierailijoita. Siten opiskelijat voisivat harjoitella kysymyksiä ja vastauksia (nimet, kielet, asuinpaikka ym.) myös muiden kuin opettajan ja kurssitoverien kanssa.

Kappaleen 3 aikana voisi pyytää opiskelijoita kirjoittamaan muistiin kotimatkansa katujen nimet. Samoin he voisivat kirjoittaa matkan varrella olevien huomattavien rakennusten nimiä. Tunnilla he voivat sitten kertoa, missä rakennukset ovat: Baari Sejase on Postikadulla, Ateneum on Kaivokadulla jne.

Oppikirjan kappaleen 5 sanoja ja ilmauksia voi lukea usean oppitunnin aikana, vähitellen. Samalla voi pyytää opiskelijoita keräämään kurssin ulkopuolella sanoja, joita he haluaisivat harjoitella ääntämään. He voivat kerätä niitä kylteistä, mainoksista, otsikoista, lööpeistä ym.

Kappaleissa 7 ja 8 opitaan paljon verbejä ja verbinmuotoja. Nyt voitaisiin katsoa video tai filminpätkä, tai jos se ei ole mahdollista, sanomalehtien kuvia, joissa tapahtuu jotakin kiinnostavaa. Kuvista voi kertoa, mitä ihmiset tekevät. Videon tai filmin jälkeen muistellaan, mitä niissä tehdään.

Kappaleen 10 tilanteissa saa ainakin yhdestä idean: pyydetään opiskelijoita katsomaan kirjastossa tai jossakin kioskissa tai kaupassa, mitä sanomalehtiä siellä on. Vaihtoehdot: mitä suomenkielisiä lehtiä / mitä Suomessa ilmestyviä lehtiä / mitä ulkomaisia lehtiä?

Kappaleen 11 jälkeen voisi pyytää opiskelijoita tekemään pienen haastattelun. Luultavasti jokainen tuntee jonkun suomalaisen, jolta voi kysyä jotakin. Oppitunnilla sitten selostettaisiin, mitä on saanut selville.

Kappaleen 13 yhteydessä opiskelijat voisivat selostaa reitin, esimerkiksi matkan kotoa opiskelupaikkaan: Kuljen ensin…, käännyn … jne.

Kappaleiden 13 ja 14 jälkeen opiskelijat voisivat suunnitella matkan opiskelupaikkakunnalta johonkin toiseen paikkaan (millä, milloin, kauanko matka kestää, mitä maksaa jne.). Pitäisi käyttää apuna internetiä tai käydä kysymässä jostakin.

LIITE

Kappaleen 15 yhteydessä voitaisiin etsiä tietoja jonkin koulun, laitoksen tai työpaikan ruokalistasta. Voidaan ottaa selville, mitä mahdolliset lyhenteet ja symbolit (esim. G, L, VL) tarkoittavat.

Kappaleen 16 yhteydessä voitaisiin laatia kuvaus opiskelupaikan ympäristöstä. Voidaan antaa eri opiskelijoille tehtäväksi luetteloida eri asioita (rakennukset, liikkeet, maisema jne.).

Opiskelijoille voisi antaa havainnointitehtävän tähän tapaan: Kuinka monta punaista autoa näit matkan varrella, kuinka monta lintua näit, kuinka monta ovea avasit, kuinka monta kertaa vaihdoit kulkuneuvoa jne. Tähän harjoitukseen voi ujuttaa uusia sanoja.

Kappale 17 voisi johdattaa opiskelijat kertomaan sekä rakennuksesta, jossa he asuvat, että omasta asunnostaan tai huoneestaan.

Kappaleen 18 jälkeen voisi lukea kotona pussien ja pakettien, säilykepurkkien yms. tekstejä ja esitellä toisille jonkin pakkauksen sisällön. Voi myös katsoa, kuinka monella kielellä ja millä kielillä pakkauksen selostukset on kirjoitettu.

Opiskelijat voisivat etsiä jonkin lastenlaulun tai kansanlaulun ja opettaa sen (sanat tai melodiankin) toisille.

Kappale 19: Voisiko tässä kohdassa harjoitella puheluja? Opettaja voisi keksiä soittajien roolit ja puhelun aiheet ja opettaa sitten tarvittavia fraaseja.

Kappale 20: Voitaisiin yhdessä tarkastella päivän televisio- ja radio-ohjelmaa ja keskustella siitä.

Kappale 21: Todennäköisesti ei ole mahdollista tehdä retkeä maatilalle, mutta jos on, se kannattaa tehdä. Muuten voisi tutustua esitteiden avulla maatilamatkailuun ym. Jos opiskelijoilla on kokemuksia maalla olosta, maalaistöistä jne., he voivat kertoa niistä.

Kappale 22: Jos opiskelijoilla on lapsia tai he tuntevat lapsia, he voisivat kertoa näiden leikeistä.

Kappale 24: Nyt olisi taas hyvä haastatella jotakuta, jonka kanssa voi puhua suomea. Aiheena olisi loman vietto. Ennen haastattelua voitaisiin yhdessä suunnitella kysymyksiä.

Kappale 25: Ohjelmaan sopisi käynti museossa, mielellään yhdessä, mutta jos se ei järjesty, jokainen kävisi itsekseen. Jokainen puhuisi sitten kurssilla paikasta, jossa kävi, ja kertoisi, miksi siellä kannattaa käydä.

Kappale 26: Jos aihe yhtään kiinnostaa, voisi käydä tutustumassa rautakauppaan tai muuhun sellaiseen paikkaan, jossa on remontti- ja rakennustarvikkeita. Pitäisi kerätä esimerkiksi kymmenen uutta sanaa ja opettaa ne sitten toisille. Pitäisi myös varautua kysymään jotakin myyjältä, jos tämä sattuisi tiedustelemaan asiakkaan asiaa.

Kappale 27: Opiskelijat voisivat laatia yhdessä tai yksin selostuksen jostakin nähtävyydestä. Sitä varten olisi kerättävä tietoa ja muokattava tiedot suulliseen esitykseen. Jos nähtävyys olisi opiskelupaikkakunnalla, voitaisiin siellä käydä ja kuunnella oppaan selostus.

Kappale 28: Opiskelijat voisivat verrata oman maansa ja Suomen luontoa (jotakin yksityiskohtaa, esim. kasveja tai eläimistöä). Sitä varten joutuisi keräämään tietoja ja havaintomateriaalia.

Olisi hienoa, jos opettaja voisi viedä opiskelijat johonkin kouluun, kerhoon tms. kuuntelemaan esitelmän tai katsomaan näyttelyä.

Kappale 29: Voitaisiin ottaa selville, mitä muutoksia opiskelupaikkakunnalla on tapahtunut. Tietoa saa lehdistä, paikkakunnan verkkosivuilta, historiateoksista ja haastattelemalla ihmisiä.

Kappale 30: Sairaudet ovat ikävä aihe, mutta ehkä voisi keskustella esimerkiksi flunssasta ja ottaa selvää, miten ihmiset hoitavat sitä.

Voitaisiin tarkastella jonkin tavallisen särkylääkepakkauksen ohjetekstiä.

Kappale 32: Opiskelijat voisivat kerätä kurssin ulkopuolella ihmisiltä kokemuksia siitä, mitä ongelmia heillä on ollut matkoilla ja mitkä asiat ovat sujuneet hyvin. Keruun tuloksia voidaan sitten vertailla ja niistä tehdä kooste.

Kappale 34: Voisivatko opiskelijat tehdä kyselyn ihmisten toiveista? Uskaltaisivatko he mennä vaikka pareittain johonkin paikkaan, missä liikkuu ihmisiä (kioski, kahvila yms.)?

Kappale 36: Voitaisiin pitää viikon ajan kirjaa paikkakunnan säästä, päivän pituudesta, ihmisten toimiin vaikuttavista seikoista.

Opiskelijat voisivat tarkkailla kulkureittinsä varrella olevien liikkeiden tms. aukioloaikoja ja harjoitella sanomaan, mistä mihin (päivät ja kellonajat) ne ovat auki.

Kappale 37: Jos opiskelijat ovat olleet suomalaisilla syntymäpäiväkutsuilla, he voisivat kertoa niistä. Jos eivät ole olleet, löytyisi varmaan joku haastateltava, joka voisi kertoa omasta tai läheisensä juhlasta.

Kappale 38: Opiskelijat voisivat tehdä havaintoja paikkakunnan pihoista (sopivalla pienellä alueella, jossa voi kuljeskella). Voitaisiin myös tutustua lehtiin, joissa esitellään ideoita pihoihin, puutarhoihin ja parvekkeille.

Kappaleet 40–42: Voitaisiin tutustua jonkin aikuisoppilaitoksen kurssiesitteeseen ja keskustella kurssitarjonnasta. Minkälaisia kursseja on eniten? Onko jokin kurssi tai kurssityyppi yllättävä? Mikä opiskelijoita kiinnostaisi?

Kappaleet 43–45: Opettaja voisi tuoda opiskelijoille valokuvia tai lehtikuvia ihmisistä. Jokainen saisi yhden kuvan, ja tehtävänä olisi keksiä kuvan henkilön elämäntarina.

Kappale 46: Opiskelijat voisivat valita kukin yhden kukan tai muun kasvin ja etsiä siitä tietoa. He esittelisivät sen toisille suullisesti tai kirjallisesti. Jos joku voisi ottaa kuvia kasveista (kesällä luonnonkasveista, talvella huonekasveista), ryhmä voisi tehdä niistä pienen kuvateksteillä varustetun kuvakirjan.

Yhdessä voitaisiin etsiä lauluja eläimistä tai kukista.

Kappale 49: Voisivatko opiskelijat katsella jonkun ihmisen kanssa tämän valokuvia ja kysellä niistä? Jos he saisivat lainata niitä oppitunnille, he voisivat kertoa niistä toisille. Jos opiskelijoilla on puhelimessaan kuvia, he voivat näyttää niitä ja kertoa niistä.

Kappale 50: Opiskelijat voisivat selostaa, miten heidän asuintalossaan tai asuinalueellaan on järjestetty jätteiden lajittelu.

Kappale 51: Tähän yhteyteen sopisi käynti taidenäyttelyssä. Opettaja voisi laatia sitä varten tehtäviä, joihin etsitään vastaus näyttelyssä.

Kappale 52: Voisi tehdä havaintoja ympäristöstä ja harjoitella opittujen ja opittavana olevien muotojen käyttöä: Mitä hoitamattomia asioita näkee, mitä jonkun tekemiä, mitä hyvin tai huonosti tehtyjä jne. Mitä itse tekisi tai jättäisi tekemättä?

Kappale 53: Voisi kerätä esim. verkosta sanastoa, joka liittyy luonnonkatastrofeihin. (Mutta ehkä ei, jos ryhmässä on katastrofin kokeneita.)

Kappale 55: Opiskelijat voisivat tarkastella lehtien lukijanpalstoja ja kerätä havaintoja siitä, mitkä asiat kirjoittajia harmittavat, huolestuttavat, pelottavat jne.

Opiskelijoita voisi pyytää keräämään muutamia puhekielisiä ilmauksia. Niitä voi kuulla esimerkiksi televisiossa tai radiossa haastateltujen ihmisten puheesta tai nähdä kirjoitettuina mainoksissa tai lehdissä ja kaunokirjallisuudessa.